ANDERS REISEN GRENZENLOS

HERAUSGEGEBEN VON LUDWIG MOOS

Anders reisen ist die Kunst, sich einzulassen auf das Leben anderswo. Und sich dabei zu verändern.
ANDERS REISEN GRENZENLOS überschreitet die Grenzen der Sachinformation, nähert sich der Außenwelt über die Pfade der Innenwelt.

Eine Reise, wie man sie nur einmal macht. Das war Ted Simons Fahrt mit dem Motorrad um die Welt, eine Odyssee durch äußere und innere Landschaften – «Jupiters Fahrt». Nach vier Jahren in ständiger Bewegung sucht er wieder Fuß zu fassen, im alten Europa und auf Neuland in Kalifornien. Ein harter Versuch, denn der Reiz anderer Lebensweisen, die er erfahren hat, bleibt sehr gegenwärtig. Lebendige Rückblenden, verwoben mit neuen Erfahrungen, erzählen von der Lust zum Aufbruch und der Schwierigkeit des Ankommens – «Fahrt des Lebens».

FAHRT DES LEBENS

Vom Unterwegssein und Ankommen

von Ted Simon

Übersetzung aus dem Englischen
Teja Schwaner

rororo Rowohlt

Die englische Originalausgabe erschien unter dem Titel
«Riding Home» bei Viking / Penguin Books 1984
Deutsche Erstausgabe
Umschlagentwurf Sabine Mamat
(Fotos Peter Frey / The Image Bank und Ted Simon)
Veröffentlicht im Rowohlt Taschenbuch Verlag GmbH,
Reinbek bei Hamburg, Juli 1985

Satz Sabon (Linotron 202)
Gesamtherstellung Clausen & Bosse, Leck
Printed in Germany
1280-ISBN 3 499 17562 2

Für Teresa

Meine Mutter sagte: «Komm um vier nach Hause.» Ich ging allein auf den Spielplatz. Nach einer Weile, als ich alles ausprobiert hatte, ging ich wieder zurück an die Schaukel, und ich wagte es das erste Mal, ungehorsam zu sein: Ich stellte mich auf den Sitz, und dann schien ich zu fliegen. Ich dachte: «Das ist gut, das ist herrlich, etwas Besseres gibt es nicht. Ich kann höher und höher fliegen, und vielleicht schaffe ich es einmal ganz rundherum.» Und von Mal zu Mal strengte ich mich mehr an. Und als ich sah, daß die Zeiger der Spielplatzuhr auf fünf standen, dachte ich: «Es ist noch lange hin bis vier Uhr», und ich versuchte es weiter, bis meine Mutter kam, um mich zu holen. Ich sah, daß sie ärgerlich war, aber das machte mir nichts aus, denn ich wußte ja, daß es noch nicht vier Uhr war. Als ich ihr das erklärte, schlug sie mich so hart, wie sie es noch nie getan hatte, und ich brach in Tränen aus und dachte: Es gibt keine Gerechtigkeit.
Und nichts war mehr wie zuvor.

1

Sechs Jahre vor meinem großen Abenteuer kaufte ich eine uralte Ruine tief im ländlichen Frankreich, wo das Leben von der Neuzeit noch so gut wie unberührt ist.

In jenen Tagen kochten viele Leute noch auf Holzfeuern, und Pferde halfen ihnen bei der Arbeit in den Weinbergen. Die alten Steinhäuser, zum gegenseitigen Schutz aneinandergekauert, waren schattig und kühl im Sommer, dunkel und eiskalt im Winter, und an jeder Feuerstelle wachte eine schwarzgekleidete Großmutter aus dem neunzehnten Jahrhundert.

Teile meines Gebäudes waren sechshundert Jahre alt, und die Nachbarn, die es mir verkauften, schienen kaum jünger, was ihre Ansichten und ihr Verhalten betraf. Es waren Bauern, so knorrig und verschroben, so genügsam und robust wie die Weinstöcke, die sie pflegten. Vier Mitglieder gehörten zur Familie: ein alter Mann, seine ältliche Frau, seine Stieftochter und deren unehelicher Sohn. Sie lebten nebenan auf eine so schlichte Weise, daß man es sogar dort als altmodisch empfand. Eine Glühbirne, zwei Betten, der Wasserhahn in der Küche, der Herd und die kleine Hütte mit dem Plumpsklo befriedigten ihre häuslichen Bedürfnisse.

Der alte Mann führte in diesem altersschwachen Hühnerstall das Regiment, launisch und von Zeit zu Zeit auch jähzornig, aber dennoch lebten sie behaglich und zufrieden. Wenn überhaupt, waren sie nur selten krank, und es war eher ihre Unwissenheit als ein materieller Zwang, die sie in Schranken hielt. Ein so großer Teil ihrer Lebensweise hatte unverändert die Jahrhunderte überdauert – die Arbeit, die sie verrichteten, die Werkzeuge, derer sie sich bedienten, die Nahrung, die sie anbauten und aßen – daß es kaum Bedeutung zu haben schien, in welchem Jahrhundert sie sich zu leben entschlossen hatten. Mit einer Ausnahme war der Zugriff der hochtechnisierten Welt auf das kleine Dorf unerheblich. Er beschränkte sich auf zwei Telefone, das Radio und eine schwankende Stromversorgung, die in den dreißiger Jahren eingerichtet worden war. Diese eine Ausnahme war jedoch so extrem, daß sie kaum begreifbar schien.

Unser Dorf lag auf jener Flugschneise, die die Techniker in Toulouse gewählt hatten, um das erste Überschall-Passagierflugzeug der Welt zu erproben. Und mindestens einmal die Woche ließ ein ohrenbetäubender Knall die Steinmauern vibrieren und erschütterte die Ruhe des Tals, und die Dorfbewohner sahen auf von ihrer Feldarbeit, um der Concorde nachzuschauen, die durch die Stratosphäre zischte wie ein greller Blitz aus heiterem Himmel.

Der alte Mann verkaufte mir sein Gebäude nur aus einem einzigen Grund. Das Dach war eingestürzt, und sehr schnell hatte er den Grund dafür erkannt. Er war überzeugt, daß der Überschallknall dies bewirkt hatte. Außerdem war es nicht das erste Mal, daß er Störenfriede vom Himmel für ein persönliches Unglück verantwortlich machte.

Ungefähr sechzehn Jahre zuvor, als seine Stieftochter auf rätselhafte Weise schwanger wurde, hatte er der Dorfbevölkerung erklärt, sie sei der Leidenschaft eines «durchreisenden Fliegers» zum Opfer gefallen, der mit dem Fallschirm auf dem Weinberg gelandet sei, wo sie arbeitete, und sie vergewaltigt habe. Diese rührende Version eines griechischen Mythos vermochte die Nachbarn jedoch nicht zu überzeugen. Sie hielten es für wahrscheinlicher, daß es der Alte selbst, und kein moderner Zeus gewesen war, der sie zwischen den knospenden Reben verführt hatte, und ihr Argwohn schien gerechtfertigt, denn als die Jahre vergingen, mehrten sich die Zeichen, daß der Junge ganz und gar kein Halbgott, sondern eher ein Schwachkopf war. Biologische Gründe für dieses Mißgeschick gab es nicht, denn der alte Mann und seine Stieftochter waren nicht blutsverwandt, aber das moralische Urteil fand darin seinen schlagenden Beweis.

Als nun das Gebäude des alten Mannes einstürzte, waren die Leute eher geneigt, dies seiner Nachlässigkeit zuzuschreiben und nicht dem Einfluß himmlischer Mächte. Höchstwahrscheinlich war das Dach eingebrochen, weil er nichts getan hatte, dem vorzubeugen. Regen und Nager hatten ihm schwer zugesetzt, und der langsame Verfall über die Jahrhunderte war vorgedrungen bis ins Herz der dicksten Eichenbohlen. Schließlich war dann unter dem erstaunlichen Gewicht seiner mächtigen Steinplatten der gesamte Mittelteil des Daches, zehn Meter lang und fünf Meter breit, auf die Fliesensteine hinuntergekracht.

Trotzdem blieb der alte Mann bei seiner Geschichte. Ich sah ihm eines Tages zu, wie er inmitten der Ruinen stand und das Ereignis schilderte. Er war ein kleiner, unverwüstlicher Gnom, der Wurzeln zu schlagen schien, wo er stand, so unerschütterlich wie die Krüppeleichen auf den öden Berghängen um uns herum. Seine blauen Arbeitshosen waren weit hochgezogen über die ausladenden Gesäßbacken, die noch stramm und elastisch waren, weil er sich sein Lebtag niedergebeugt hatte, um mit den Fingern in der Erde zu graben. Das Gurtband seiner langen, groben Wollunterhosen war um den schweren Ledergürtel gekrempelt, der seine kecke Wampe umfaßte. Sein kleiner Glatzkopf, vorstrebend auf einem faltigen Hals, erinnerte mich an eine Schildkröte.

Mit einem Arm deutete er dramatisch in die Höhe.

«Eine Feuersbrunst war am Himmel», rief er. «Es war die Concorde. Ich habe an den Präsidenten geschrieben und Schadenersatz verlangt, aber nie eine Antwort erhalten. Was sagen Sie dazu? Äh?»

Vor dem Einsturz hatte das alte Gebäude als Stall für eine kleine Schafherde gedient, die seine Frau täglich zum Grasen auf die Berghänge führte. Es sei ein Wunder gewesen, sagte er, daß die Katastrophe während des Tages eingetreten sei. Er glaubte an Wunder, und einmal im Jahr reiste die Familie nach Lourdes, um der Wunder willen.

Er schien vergessen zu haben, daß er den einen Arm noch immer in den Himmel reckte, und wies jetzt mit dem anderen auf die Türöffnung.

«Ein Segen, daß die Schafe schon fort waren», rief er, «sonst wären sie alle getötet worden.»

Er verharrte mit zwei ausgestreckten Armen, der eine senkrecht, der andere waagerecht, und mehr denn je sah er aus wie ein kleiner Baum.

«Et alors, ich entschloß mich zu verkaufen.»

Zuerst verkaufte er die Schafe, und dann, als die Regengüsse durch die zerschmetterten Fliesensteine in den darunterliegenden Keller zu dringen begannen, verkaufte er das Gebäude an mich, für ein Butterbrot. Ausgemacht war dabei, daß ich das Haus reparierte und dadurch seine Keller trockengehalten wurden.

Das alte Gebäude und ich kamen zueinander wie in einem Traum. Ich wußte nicht, daß ich auf der Suche nach ihm war. Es mag durchaus so gewesen sein, daß es auf eigentümliche Weise nach mir gesucht hatte. Andere hatten es auch gesehen, hatten die Möglichkeiten geahnt, die in ihm steckten, aber dann, nach einigen schwindelerregenden Phantasieflügen, von ihm abgelassen, geleitet, wenn auch mit Bedauern, von ihrem gesunden Menschenverstand. Sie hatten sich einschüchtern lassen von der extremen Baufälligkeit, den rissigen Wänden, den verrotteten Dachbalken, dem Schafmist, der in einer dicken Schicht den durchlöcherten Boden bedeckte, aber sie hatten einen lebhaften Eindruck von seinen ganz besonderen Qualitäten mitgenommen. Manche von ihnen waren Freunde eines Freundes von mir, und durch sie verbreitete das Gebäude die Kunde von seiner Existenz und wartete geduldig, bis genau die richtige Person seinem Zauber verfiel. Als ich es sah, gab es keinen Moment des Zögerns, denn ich erkannte auf der Stelle, daß ich eben diese Person war.

Ich geriet ganz durch Zufall in jene abgelegene Ecke im Südwesten Frankreichs, hatte vierundzwanzig Stunden totzuschlagen und dachte nicht im Traum daran, etwas zu kaufen, aber meine Freunde überredeten mich, Ausschau zu halten, und das alte Gebäude lauerte mir auf. Auf diese seltsame Weise, auf diese beste erdenkliche Weise, veränderte sich mein Leben vollständig.

Wie verfallen und heruntergekommen es auch sein mochte, das Gebäude hatte stolze Tage hinter sich. Es war ein mittelalterliches Pförtnerhaus, dessen Torbogen die schmale Straße in das schöne und unverdorbene Dorf überspannte, das zu verteidigen es erbaut worden war. Es stand am Rand eines Tals und blickte hinab auf säuberlich angelegte Gemüsegärten und einen murmelnden Bach. Seine großen Fenster, während der Renaissance kunstvoll ausgemeißelt, waren jetzt zugemauert, und das Haus wirkte so wie ein blinder Riese, der seinen Feinden noch immer Trotz bot und nicht wahrhaben wollte, daß die Zeit sie längst begraben und vergessen hatte.

Zum erstenmal sah ich es an einem heißen Augustnachmittag, und als ich zwischen seinen dachlosen und zerborstenen Mauern stand, stellte ich mir vor, wie bewaffnete Banden von Marodeuren es einst von den Höhen der Berge habgierig beobachtet haben mochten. Ein goldenes Licht schien auszugehen von den bloßen Sandsteinblöcken um mich herum, und die Sonne, unerträglich gleißend, schickte ihre Strahlen durch alle Ritzen und warf Schatten von schmerzhafter Schärfe. Hinter gähnenden Türrahmen lauerten düstere Höhlen, so schwarz wie Melasse.

Von allem entkleidet, enthüllte das Gebäude Einzelheiten seiner Konstruktion, und ich konnte erkennen, wie die Wände sich im Laufe der Jahrhunderte aufgereckt hatten, eingefallen waren, sich wieder aufgereckt hatten. Da waren interessante Gewölbereste und ein höchst ungewöhnliches, gemeißeltes Steinobjekt, das ich schließlich als einen mittelalterlichen Eisschrank identifizieren konnte. Ich stellte fest, daß es mich in den Fingern juckte, die geschwärzten Eichenbalken anzupacken, das Dach wieder zu errichten, jene herrlichen Fenster zu öffnen. Der Drang, Teil seiner Geschichte zu werden, war unwiderstehlich. Innerhalb von Augenblicken hatte ich mich entschlossen, das Stadtleben, das sowieso schon in Auflösung war, hinter mir zu lassen und mich der Herausforderung zu stellen, die ich so laut und deutlich hörte, als habe das Haus zu mir gesprochen.

Am nächsten Morgen begann ich die Verhandlungen. Arm wie ich war, erwies sich der niedrige Preis dennoch nicht als Problem. Ich wollte auch die Kellerräume kaufen, aber der alte Mann weigerte sich, und er hatte gute Gründe, denen ich nichts entgegensetzen konnte. In einem Kellerraum machte er seinen Wein und im anderen lagerte er Futter für sein Pferd. Es gelang mir jedoch, ihm die schriftliche Zusicherung zu entlocken, daß ich das Vorrecht vor jedem anderen Bewerber haben würde, sollte er sich irgendwann einmal entschließen, sie zu verkaufen.

Sobald ich konnte, verkaufte ich das wenige, was mir in London gehörte, und dann kam ich, um in meiner Ruine zu campieren und mich daranzumachen, sie zu restaurieren. Vier Jahre arbeitete ich daran, anfangs allein, dann mit einer Freundin. Ich bekam Schwielen an den Händen, aber wurde auch kräftig und einfallsreich, und ich lernte die andere Seite des Lebens kennen, die meine Schulbildung und meine Erfahrung in der Großstadt völlig ignoriert hatten und ohne die mein Leben, wie ich inzwischen meine, unglaublich oberflächlich verlaufen wäre.

Das Leben mit dem alten Mann als Nachbarn war eine ständige Plage. Sein natürlicher Dünkel, seine hartnäckige Weigerung, einzuräumen, daß auch ein anderer einmal recht hatte, ergrimmten auch die anderen Dorfbewohner, und diese Verbohrtheit, in Verbindung mit dem Skandal wegen seines unehelichen Enkelsohnes, hatte seine Familie schon von allen anderen isoliert. Sie waren oft verbittert und betrachteten die Welt mit Argwohn, überzeugt, man sei nur darauf aus, sie zu berauben und zu verhöhnen. Sie vermuteten Verschwörungen, wo es keine gab. Wie prahlerisch und einfältig er auch sein mochte, man konnte dem alten Mann einen gewissen Charme nicht absprechen, den zu nutzen er jedoch zu naiv war, und ich nehme an, es war diese Charaktereigenschaft, die mich ihn trotz alledem so schätzen ließ.

Unser Verhältnis zu ihm war immer ein wenig gespannt und wechselte mit den Phasen des Mondes und den Jahreszeiten, aber dank meiner Freundin war es nur selten feindselig, denn das unbezähmbar selbstgefällige Wesen des alten Mannes ließ sich von weiblicher Schmeichelei immer wieder beeinflussen.

Das Gebäude stellte gewaltige Anforderungen an uns. Es gab sehr viel zu tun, und unsere Mittel waren beschränkt. Die Arbeit war sehr schwer und nur möglich mit einem gewissen Maß an Fanatismus. Mit der Zeit wurde das Haus bewohnbar, ja sogar schön, aber es blieb immer primitiv und verlangte stetig neuen Einsatz. Im vierten Sommer brachen wir schließlich unter der Last zusammen, als sei einmal mehr das Dach eingestürzt.

Aus unserer Ernüchterung, aus Schmerz und Trennung wurde die Reise geboren.

Wenn mich Leute später fragten, warum ich mich entschlossen hatte, auf einem Motorrad um die Welt zu fahren, hatte ich Dutzende klug erdachter Erklärungen parat. Die Frage wurde gewöhnlich von Menschen gestellt, die mich interviewten, und man erwartete von mir, daß ich sie mit meinen Antworten unterhielt. Ich sprach von Neugier, von meinem Interesse an der Natur der Armut, von der Suche nach Selbsterkenntnis und von einem Widerstreben, die Welt zu verlassen, ohne einen Großteil von ihr gesehen zu haben. Die ehrliche Antwort war zu kurz und zu unbequem: Ich tat es, weil mir danach war. Alles andere war die Konsequenz daraus.

Es mußte schon ein ungewöhnlich starkes Bedürfnis gewesen sein, eher schon eine Leidenschaft, die es mir ermöglichte, so lange zu überleben und so viele Schicksalsschläge zu überstehen. Viele Leute hielten es für reichlich seltsam, daß ein zweiundvierzigjähriger Mann sich auf eine derartige Reise einließ.

«Sind Sie nicht ein bißchen zu alt dafür, um die Welt zu reisen?» fragte ein junger Radioredakteur. Für ihn und für andere wie ihn war ich ein Freak, ein Verrückter. Ich hatte noch nicht einmal einen einleuchtenden Vorwand, wie jemand ihn sich einfallen läßt, wenn er etwas Außergewöhnliches vorhat, aber dennoch seine Respektabilität wahren möchte. Ich wollte mich weder auf eine Expedition begeben, noch war ich Mitglied der Royal Geographic Society. Ich hatte nicht vor, die Güte irgendeines Produktes zu beweisen, ich wollte keinen Film machen, keinen Rekord brechen, ich tat es nicht «für England». Ich war noch nicht einmal ein Motorradfreak, denn bis dahin hatte ich noch nie auf einem solchen Gefährt gesessen.

Es war die Zügellosigkeit meines Vorhabens, die es so schwer begreiflich machte. Hätte ich meinen Ehrgeiz auf die erste Etappe der Reise beschränkt, sagen wir von Londen nach Kapstadt, wäre es vielleicht eher einleuchtend gewesen. Ein derartiges Abenteuer hätte in ein paar Monaten bewältigt werden können (in der Tat benötigte ich fünf Monate dazu) und wäre dennoch im Rahmen eines «normalen» Lebens geblieben. Das hätte ausgereicht, all die Risiken heraufzubeschwören, die ganze Bandbreite der Emotionen auszukosten, das Leben in seinem primitiven Zustand zu erleben, das der Menschen wie das der Tiere, und auszubrechen aus der wohlbehüteten Enklave westlicher Zivilisation in die wilde Welt, die jenseits davon liegt.

Von einer solchen Eskapade konnte ein Mensch zurückkehren und trotzdem erwarten, wieder seinen Platz in der Gesellschaft einzunehmen, seine Karriere weiterzuverfolgen, seine Pflichten und Obliegenheiten von neuem aufzunehmen, wie es sich für einen normalen Burschen gehört. Und wenn ich begierig auf eine bemerkenswerte Leistung gewesen wäre, mit der ich mich auf dem Totenbett hätte trösten können, nun, dann wäre London–Kapstadt auf dem Motorrad ganz sicher keine so üble Heldentat gewesen.

Aber noch fünfzigtausend Meilen dranzuhängen, durch Süd- und Nordamerika, durch Australien und Asien? Das war ganz sicher übertrieben. Vier Jahre unterwegs auf den Straßen, das war schon etwas anderes als fünf Monate. Nach vier Jahren verschwindet man aus den Adreßbüchern der Leute. Freundschaften können verkümmern, Bekanntschaften sich auflösen, Menschen können sich verändern und verschwinden. Ich glaube, es beunruhigte meine Freunde, daß ich etwas derartig Extremes vorhatte. Und doch kann ich sagen, wenn die Frage zum x-tenmal gestellt wird, daß mir mein Vorhaben jederzeit als uneingeschränkt lohnend erschien, als das Beste, was ich tun konnte.

Ich bin jetzt zu der Überzeugung gekommen, daß mein Bedürfnis seinen Ursprung in den lange zurückliegenden Streifzügen der Vorfahren meines Vaters hatte. Verstärkt wurde es noch von seinen eigenen, bis heute rätselhaften Wanderungen durch Europa, bis er schließlich in England ankam. Und in mir reifte es wahrscheinlich aus meinen eigenen unersättlichen Sehnsüchten und vielen sporadischen Ausbruchsversuchen.

Anfangs, als ich auf dem Weg nach Afrika war, auf angstvolle Weise unsicher, wie weit meine Kräfte und mein Mut reichen würden, wurde ich immer wieder von schrecklichen Anfällen des Heimwehs und der

Reue geplagt. Die Unstimmigkeiten, die zu der Trennung von meiner Freundin und von meinem Haus geführt hatten, erschienen mir banal, und ich hatte das Gefühl, es könne nur eine Frage der Zeit sein, bis wir unser gemeinsames Leben wieder aufnahmen. Dann aber, als die Reise von mir Besitz ergriff und ich spürte, daß ich meinen Platz in der gigantischen Weite des afrikanischen Kontinents gefunden hatte, traten die plötzlichen Anfälle von Schmerz und Wehmut in den Hintergrund. Ich sah sie als Entzugssymptome von einer Sucht nach Eigentum und Monogamie, die sich wie eine große Barrikade vor einem Leben auftürmte, von dem ich eine neue, offene Vision hatte, die mich lockte.

Je weiter ich reiste, desto größer wurden meine Zuversicht und mein Selbstvertrauen, bis mir der Gedanke unvorstellbar wurde, ich könne mich je wieder darauf einlassen, von den Fesseln der Häuslichkeit eingeschränkt zu sein. Und doch ließ ich genau das schließlich zu – vielleicht, weil ich zu weit gereist war.

Die Reise erwuchs aus der Asche eines ganz anderen und gegensätzlichen Traums, dem ich in meinem alten Gebäude in Frankreich gefolgt war, eines Traums, zu dem ich am Ende zurückkehrte, so daß mein Leben hin und her schwang wie ein Pendel zwischen den beiden grundlegenden und widersprüchlichen Bedürfnissen, zu wandern und zu bauen. Und mit den Bewegungen dieses Pendels beschäftigt sich dieses Buch.

2

Ich fuhr neben Bruno. Er saß in seinem ramponierten weißen Renault und ich auf meiner Triumph. Wir waren gemächlich die Nordküste von Peru hinaufgefahren, wo es niemals regnet. Wir waren ausgetrocknet von der Sonne und den heißen Winden, unsere Haut salzig vom Ozean, unsere Habseligkeiten staubig vom Sand der Strände. Mein Kopf war voller Bilder von selbstzufriedenen Pelikanen, die über den Wellen segelten, von Austern, so groß wie Steaks, von leuchtend rotblauen Fischerbooten, hinaufgezogen auf den Strand, von silberfarbenen Pumpen, die unermüdlich zwischen den verlassenen Felsen über Ölquellen nickten, von der Frau im kurzen schwarzen Rock und der gelben Strickjacke mit einem rosafarbenen Tuch um den Kopf, und den drei Fischern, die sie ins Wasser warfen, mit all ihren Kleidern, wieder und wieder, weit entfernt unten am Strand, zu weit, als daß ich Gelächter oder Zorn hätte hören können. Es war wie ein Stummfilmausschnitt, der sich wiederholte, immer wenn ich hinsah, bis es den Anschein hatte, daß ich es war, der durch sein Hinsehen die rätselhafte Szene immer wieder von neuem ablaufen ließ.

Wir aßen Fisch und tranken Tee und schliefen jede Nacht unter denselben Sternen und ließen uns nordwärts treiben, weder langsam noch schnell, sondern gleichsam auf den Wogen der Zeit, hinauf an die Grenze nach Ecuador.

Dort veränderte sich alles so plötzlich und unerwartet, daß wir keine Möglichkeit hatten, uns ohne Schwierigkeiten umzustellen. Die Küste schwang fort von den Bergen und bot mächtigen Regenwolken Platz, sich aufzutürmen und sich in Gewittern über dem Land zu entladen. Von der kristallenen Wüste stürzten wir ohne Vorwarnung in eine dampfende tropische Brühe.

Und da immer eine verdammte Schwierigkeit auf die andere folgt und der Weg aus dem Regen prompt in die Traufe führt, tauchten alle möglichen, nicht miteinander verknüpften Probleme auf, um uns am Vorankommen zu hindern. Der Beamte von der Einreise ließ sich viel Zeit mit unseren Papieren, die er peinlich genau kontrollierte. Der Geldumtausch von Soles in Sucres wurde zum kostspieligen Ärgernis. Die nervöse ecuadorianische Armee hielt uns sechsmal hintereinander bei Straßensperren an, da man offensichtlich fürchtete, wir seien die Vorhut einer peruanischen Invasionstruppe.

Die Straße wurde schlimmer und obendrein naß. Auf dem Motorrad bekam ich es natürlich besonders zu spüren: Gestern noch eine Eidechse, heute schon eine Kröte. Mein wasserdichter Anzug, zerrissen und behelfsmäßig geflickt nach achtzehn Monaten auf der Straße, gab mir das Gefühl, als müsse ich ersticken. Meine Brille beschlug, und unter einem niedrigen Himmel schien die Welt mich in den Würgegriff zu nehmen. Schlamm strudelte über die Straße und spritzte von den Reifen überholender Lastwagen, als der Verkehr stärker wurde. Ich spürte, wie die Feuchtigkeit in meine Stiefel kroch und durch die Nähte in meinen Schoß sickerte. Ich sehnte mich danach, daß der Tag zu Ende ging, daß wir irgendwo ankamen, wo es trocken war und man uns willkommen hieß, und in meiner Vorstellung flüchtete ich aus den Unannehmlichkeiten in alte Phantasieträume von hochherrschaftlicher Gastlichkeit, großartigen Festmahlen und erlesenen Weinen.

Wir waren auf dem Weg nach Guayaquil, einer Stadt im Tiefland mit einer Million Einwohnern oder mehr, und es konnte kein Zweifel mehr bestehen, daß die Nacht hereinbrechen würde, lange bevor wir dort ankamen. Ich haßte es, im Dunkeln auf nassen und unsicheren Straßen zu fahren, haßte es noch mehr, bei Nacht in unbekannten Städten anzukommen, und daher hätte ich nur allzu gern irgendwo bei einer Herberge am Straßenrand angehalten, ja sogar mein Zelt auf dem durchgeweichten Grund aufgebaut. Aber die Straße war inzwischen nur noch von armseligen Hütten, eingezäunten Grundstücken oder undurchdringlich dichter Vegetation gesäumt, und die Küste, die in Peru so gastlich und einladend gewesen war, erstreckte sich jetzt weit entfernt von der Straße, sumpfig und unerreichbar.

Unsere letzte Hoffnung, eine Stadt namens El Triunfo, an einem Straßenknotenpunkt gelegen und auf der Landkarte groß ausgewiesen, entpuppte sich als ein moddriger Morast mit einigen Verkaufsständen und Tankstellen. Um acht Uhr, zwei Stunden nach Einbruch der Dunkelheit, überquerten wir eine riesige Brücke über den Guayas und fanden unseren Weg zu den Plazas der Innenstadt. Die guten Hotels überstiegen bei weitem unseren Etat, und wir gaben uns mit einer schäbigen Unterkunft zufrieden, die absurderweise nach dem Crillon in Paris benannt war.

Es wäre falsch, den Eindruck zu erwecken, als seien wir niedergeschlagen gewesen von den Strapazen des Tages. Im Gegenteil, unsere Stimmung war durchaus fröhlich. Wir hatten beide, auf unsere jeweils eigene Weise, schon weit Schlimmeres überstanden. Was war schon ein regennasser Abend in Ecuador verglichen mit den Flüssen auf dem bolivianischen Hochland, in die ich gestürzt war? Und was machten mir schon ein paar peinlich genaue Filzereien von irgendwelchen Beamten aus, verglichen mit meinen Verhaftungen in Ägypten und dem Gefängnisaufenthalt in Brasilien? Ich machte mich an die gewohnte Routine, in der Großstadt mein Motorrad sicher im Hotel unterzubringen, schraubte alles ab, was andere hätten abschrauben können, und schaffte dann mein seltsames Sortiment von Beuteln und Boxen in das verlotterte Hotelzimmer. Ich fand ein Paar trockene Jeans, hängte die nassen über einen Stuhl und machte mich dann mit Bruno auf den Weg, irgendwo ein Bier und einen Hamburger zu finden und über uns und die Welt zu lachen. Aber dennoch ließ sich meine absurde Wunschvorstellung von sauberen, frisch gebügelten Laken, von einem Menü mit fünf Gängen und einer Flasche Burgunder nicht so leicht vertreiben, sondern suchte mich weiterhin heim, wenn auch schwach, und machte mich ein wenig empfindlich.

Als wir ins Hotel zurückkehrten und in dem Zimmer, das wir uns teilten, die nackte Glühbirne einschalteten, die von der Decke hing, hasteten die Kakerlaken in den Schatten mit einem Geräusch wie von knirschenden Korsettstangen. Ich duschte und sah dabei, daß der Gipsputz über meinem Kopf losgebrochen war und den Ablauf der Dusche des Zimmers im Stockwerk darüber sichtbar werden ließ. Der Sanyo Widemaster-Ventilator quälte sich mühsam auf höchster Stufe durch die Nacht, und wir schliefen unruhig unter einem heißen Wirbelwind feuchter Luft, in dem Heerscharen von Moskitos verzweifelt darum kämpften, ihre Flugbahn zu halten.

Am Morgen mußte ich mich als erstes auf die Bank begeben. Ich hatte einen Packen Reiseschecks dabei, die mir in Peru ausgestellt worden waren und sich als ständiges Ärgernis erwiesen. Es waren ausschließlich Hundert-Dollar-Schecks, weit mehr, als ich je auf einmal hätte einwechseln wollen. Daher war ich gezwungen, viel mehr einheimisches Geld bei mir zu tragen, als ich benötigte, und es dann an den Grenzen, immer mit Verlust, einzutauschen. Dollarnoten wären weitaus ökonomischer und brauchbarer gewesen, aber bis dahin war es unmöglich gewesen, sie zu kaufen. Jetzt, in der Banco des Discuento, informierte mich ein Angestellter, er könne meine Reiseschecks in Dollars wechseln. Ich wollte ihm nicht glauben, aber er blieb beharrlich.

«Sie müssen nur die Schecks gegenzeichnen», sagte er leicht verdrossen, als hätte er ein aufmüpfiges Kind zu besänftigen.

«Und Sie werden mir Dollars geben», wiederholte ich.

«Ja, gewiß, natürlich.»

Ich zeichnete sie alle gegen, achthundert Dollars insgesamt. Er nahm die Schecks, und nachdem er lange fort gewesen war, kam er mit einem fetten Bündel ecuadorianischer Sucres zurück. Augenblicklich und unklugerweise war ich aufgebracht.

«Esos no sirven para nada», rief ich verbittert aus. «Die nützen mir gar nichts. Sie haben mir Dollars versprochen. Wo sind sie? Ich muß Dollars haben.»

Er betrachtete mich mit höchstem Mißfallen.

«Es ist unmöglich», erwiderte er formell. «Regierungsbestimmungen. Sie können nur Sucres bekommen. Oder ich kann Ihnen die Schecks zurückgeben.»

«Aber jetzt sind die Schecks alle gegengezeichnet. Sie sind nutzlos, und es liegt an Ihrer Dummheit. Que tonteria! Que lata ...»

Ich sah, wie er sich verkrampfte und seine Lippen schmal wurden. Während ich in meiner Wut weiterschimpfte, wußte ich doch, daß alles zu spät war. Er würde seinen Fehler niemals zugeben, und ich konnte nichts beweisen.

Meine Art zu reisen brachte einen großen Nachteil: Ich konnte keinen Staat machen bei den höhergestellten Geschäftsleuten in Südamerika. In einem gutgebügelten Anzug, mit frischgewaschenem Hemd, geputzten Schuhen und womöglich noch mit diskretem Hut wäre es mir vielleicht gelungen, mich vorzukämpfen zur Direktion der Bank und dort irgendeine Art von Entschädigung herauszuschlagen. In Jeans jedoch, mit Stiefeln und einem zerknautschten T-Shirt hatte ich nicht die geringste Chance. Verachtung für den lausigen Gringo und sein anmaßendes Benehmen war dem blasierten Gesichtsausdruck des Bankangestellten abzulesen.

Ich nahm meine gegengezeichneten Schecks höchst widerwillig zurück und stürmte zornentbrannt aus dem Gebäude, denn ich wußte, daß ich mit ihnen von nun an noch größere Schwierigkeiten haben würde. Und in der Tat gelang es mir erst Monate später in Panama, meine Dollars zu bekommen, und auch dort nur dank der großzügigen Intervention eines hohen amerikanischen Marineoffiziers. Es war, als wollte ich den Leuten ihre Zähne ziehen. Es handelte sich um Schecks der Citibank, und später verfluchte ich dieses Geldinstitut mit einem passenderen Namen: Shitty bank.

Bruno, der ebenfalls gehofft hatte, daß sich seine Schecks wie durch ein Wunder in Dollars verwandeln würden, war fast genauso enttäuscht wie ich. Wir brauchten dringend etwas, um unsere Stimmung zu heben. Leider gab es ungeschriebene Gesetze, die es schwierig machten, ein derartiges Problem zu lösen.

Obwohl ich genug Geld bei mir hatte, befolgte ich sehr strenge Regeln, was Anfälle von hemmungsloser Genußsucht betraf. Gewöhnlich standen ganz deutlich zwei verschiedene Lebensweisen zur Auswahl: die einheimische und die importierte. Wenn man sich für die einheimische entschied, nur konsumierte, was an Ort und Stelle produziert wurde, und sich überdies ausschließlich an bescheidene Lokalitäten hielt, war das Leben spartanisch, aber gesund und wahrhaft billig. Die andere Ebene war die Welt der Drinks, Tischtücher, Weinkarten, livrierten Kellner, des echten Kaffees, der Wäschereien und Taxis. Dieser Luxus (abgesehen von gutem Wein und Kaffee) war, gemessen an normalen westlichen Maßstäben, zu durchaus günstigen Preisen zu haben, aber dadurch hätten sich meine Lebenskosten verzehnfacht, und da es sich bei alledem um Annehmlichkeiten handelte, die ich höchst schätze, mußte ich eine schon fast fanatische Askese betreiben, um sie aus meinem täglichen Leben zu verbannen. Meine Methode bestand darin, der Reise die unantastbare Heiligkeit eines religiösen Kreuzzugs zuzuschreiben und durch Einfachheit und Selbstbeschränkung Reinheit zu erlangen.

Auf dem größeren Teil meiner Reise durch die ländlichen Gebiete der Welt klappte es vorzüglich mit dieser Haltung. Einerseits stimmt es nämlich, daß Einfachheit und Mäßigung, wenn sie freiwillig praktiziert werden, sich als sehr lohnend erweisen. Und andererseits war diese meine Tugendhaftigkeit um so leichter zu praktizieren, als die sündhaften Vergnügungen, die ich mir nicht leisten konnte, sowieso nicht zur Verfügung standen. In einer schauderhaften Stadt wie Guayaquil erscheint jedoch alles in einem anderen Licht. Wenn die ländliche Einfachheit der städtischen Verwahrlosung weicht, kann die Selbstbeschränkung ihren Reiz und ihre Schönheit verlieren und den Eindruck erwecken, als grenze sie unangenehm dicht an Dummheit.

Nach der nervtötenden Episode in der Bank, in einer stickigen und rattenverseuchten Stadt, die nicht im geringsten den Eindruck erweckte, als hätte sie kostenlose Freuden oder interessante Aspekte zu bieten, wäre es die natürlichste Sache der Welt gewesen, in die nächstgelegene Bar zu schlüpfen, sagen wir mal, einen Gin mit Campari auf Eis zu bestellen, und dann, in einer rosaroten Selbstzufriedenheit badend, sich den Unbilden der Welt zu verweigern. Da es mir jedoch meine selbstauferlegten Gebote nicht gestatten, für derartigen Firlefanz Geld auszugeben, tat ich das Nächstbeste. Ich machte mich an die Aufgabe, ihn umsonst zu bekommen.

Bevor ich England verließ, hatte ich einen Freund besucht, der bei der Olympiade in Tokio als Segler in der Flying Dutchman-Klasse eine Silbermedaille gewonnen hatte. Ein so berühmter Skipper würde automatisch in allen wichtigeren Yacht-Clubs der Welt persona grata sein. Als Abschiedsgeschenk hatte er mir versprochen, daß ich von seinen Sportskollegen voller Wärme und Sympathie empfangen würde, wenn ich mich ihnen als sein Freund vorstellte und in aller Bescheidenheit die unglaublichen Taten erwähnte, die ich auf meinem Motorrad vollbrachte. All das ging mir in meiner genußsüchtigen Gier durch den Kopf, als ich bemerkte, daß auf meinem zerfledderten Stadtplan die Nummer 7, am Flußufer eingekreist, als der Yacht Clube ausgewiesen war.

Es war etwas später als elf Uhr morgens. Die Clubmitglieder – ich konnte sie vor meinem geistigen Auge sehen – versammelten sich ganz sicher gerade vor der auf Hochglanz polierten Mahagonibar. Kellner mit weißen Epauletten und Handschuhen wieselten diskret über den Teppichboden des Salons und brachten Tabletts mit Whisky, Gin, bernsteinfarbenem Sherry und rubinroten Aperitifs an die Tische vor den hohen Fenstern mit Blick auf die Flußmündung. Bronzefarbene Segler aus Ecuador würden sich wohlmeinend an die Meisterleistungen meines Freundes in Tokio erinnern, und ganz sicherlich war mit genügend Wärme und Sympathie zu rechnen, um Bruno wie mir wieder zu der uns angemessenen Menschenwürde zu verhelfen.

Der Club war nur einen kurzen Fußweg entfernt. Als wir ihn erreicht hatten, wurde mein Optimismus größer. Es war ein altes Gebäude aus der Kolonialzeit, weiß verputzt und Reichtum ausstrahlend.

«Wir haben Glück», sagte ich. «Das ist genau das richtige. Wer weiß, vielleicht auch noch Lunch dazu. Hummer eventuell ...»

Der Hummer an dieser Küste war hochgerühmt, aber bisher waren wir noch keines dieser köstlichen Meerestiere ansichtig geworden.

«Warte. Ich gehe zuerst hinein und stelle mich vor.»

Ich ließ Bruno an der Flußpromenade und ging über die Gangway. Das Clubhaus war am Flußufer auf Pfählen errichtet. Es kam mir seltsam vor, daß keine Anlegeplätze und überhaupt keine Boote zu sehen waren. Der Ort hatte eine gewisse unpassende Atmosphäre von Verschlafenheit. Die Tür war verschlossen, und es dauerte eine geraume Weile, bis ein Pförtner auf mein Klopfen reagierte. In sorgfältigem Spanisch verkündete ich, daß ich Grüße bestellen sollte von einem berühmten englischen Olympia-Segler und gerne einigen der Mitglieder des Clubs vorgestellt werden würde. Der Mann schien über dieses Ansinnen ebenso verwirrt wie über mein Auftauchen.

«Hier sind keine Segler anzutreffen, Señor», sagte er. «Die Mitglieder sind keine Segler. Sie kommen nur zum Trinken her.»

Ich konnte wohl kaum eingestehen, daß auch ich keine andere Absicht gehabt hatte. Höchst enttäuscht machte ich auf dem Absatz kehrt und schlurfte davon. Wahrhaftig, dachte ich, dieser Ort schafft mich.

Bruno, der länger in Südamerika gelebt hatte als ich, konnte sich durchaus vorstellen, daß es Segler gab, die lieber innerlich mit dem feuchten Element in Brührung kamen als äußerlich. Er hatte sich schon einen anderen Plan zurechtgelegt, um dieser trüben Stadt noch eine gewisse Freude abzutrotzen. Am Fluß entlang schlugen wir die östliche Richtung ein, um die Altstadt von Guayaquil in Las Peñas zu finden. Die Sonne hatte ihre Schwierigkeiten, den stickigschwülen Dunst zu durchdringen, während wir uns schwitzend einen kleinen Hügel hinauf- und dann wieder hinunterquälten, um den Zauber einer alten Welt aufzutun. Vielleicht war mein inneres Auge schon getrübt, denn ich konnte nichts anderes entdecken als einen abstoßenden und schmutzigen Slum. Wie die hungernden Katzen um uns streunten wir ziellos durch den Nachmittag und kamen erst kurz vor Einbruch der Dämmerung wieder auf eine der großen Avenuen. Am Tisch eines Straßencafés beschäftigten wir uns damit, Guayaquil als einen der wahren Schuttabladeplätze dieser Welt zu schelten.

«Weißt du, warum es so schlimm ist», sagte ich. «Weil es nicht mal schlimm genug ist, um wirklich interessant zu sein. Das macht es echt scheußlich.» Ich verbiß mich in diese Theorie. Die Hitze war unangenehm, aber nicht ungewöhnlich groß. Die Schwüle war nur normal drückend. Die Speisen, die man uns vorgesetzt hatte, waren nur kläglich gewesen. Die Gebäude waren schäbig, aber unromantisch. Die Straßen waren schmutzig, aber es handelte sich nur um faden Unrat. Der Hafen war zu weit von der Küste entfernt, um von der Frische des Ozeans zu profitieren, und andererseits auch zu weit entfernt von den Bergen, als daß von da klimatische Linderung zu erwarten wäre. Nicht mal die Kakerlaken waren außergewöhnlich groß.

«Warum», fragte ich, «sind wir hier?»

Bruno wußte keine Antwort. Wir saßen da und tranken schlechten Kaffee, wurden heimgesucht von Fliegen und Schuhputzern, konnten dem Ort auch nicht eine einzige versöhnliche Qualität abgewinnen. Und dann flüsterte mir eine Stimme ins Ohr: «Dubonnet.»

Normalerweise hätte ich dem gut ein Dutzend Drinks vorgezogen, aber in Guayaquil, in dieser Situation, wirkte allein schon die Erwähnung von Dubonnet elektrisierend. Ich drehte mich um und erkannte einen kleinen, abgerissenen Mann, der nervös eine braune Papiertüte umklammert hielt, die die Umrisse von zwei Flaschen ahnen ließ. Er zog eine davon am Hals hervor, und bevor er sie eilends in der Tüte verschwinden ließ, drehte er sie so, daß ich nur kurz einen Blick auf das berühmte Etikett erhaschen konnte, als sei es extrem unanständig. Aber sogar auf diesen Blick wirkte das Etikett so abgewetzt und müde wie der Mann selbst.

«Dubonnet», wiederholte er. «Einhundertundfünfzig Sucres.»

Um ehrlich zu sein, wußte ich schon da, daß es sich um Betrug handelte. In Ecuador waren, wie in den meisten südamerikanischen Ländern, importierte Luxuswaren himmelschreiend teuer. In den wenigen Läden, die solche Sachen verkauften, konnte eine Flasche guten Weins durchaus dreißig Dollar oder mehr kosten. Und sogar für eine geschmuggelte Flasche, die ganz schnell losgeschlagen werden mußte, waren die fünf Dollar, die er verlangte, als Verhandlungsbasis viel zu gering. Ich hätte ihn ignorieren können, ja, es wäre das beste gewesen, aber der Gedanke an den Geschmack von Dubonnet hatte mein gesundes Urteilsvermögen schon außer Kraft gesetzt. So ist der Stoff, aus dem die Träume sind. Statt den Mann auf der Stelle fortzuschicken, machte ich ein lächerlich geringes Gegenangebot und hoffte, die Versuchung möge sich so in Wohlgefallen auflösen.

«Dreißig Sucres», sagte ich, verächtlich.

Er reagierte mit einer derartigen Bereitwilligkeit, daß mir klar wurde: nicht echt. Eins zu einer Milliarde. Unglücklicherweise war der Reiz, eine Flasche Dubonnet zum Gegenwert von einem Dollar zu bekommen, ebenso unwiderstehlich. Ich sah zu Bruno hinüber, wollte feststellen, was er von der Sache hielt. Doch er hatte seinen Spaß mit einer Meute von Jungen, die sich alle die Chance erhofften, seine Stiefel putzen zu dürfen.

Der Himmel verdunkelte sich, in der Straße gingen die Lichter an, und es wimmelte von Leuten, die einfach nur paradierten, einkauften oder von der Arbeit nach Hause gingen. Sie umschwärmten unseren Tisch. Der perfekte Augenblick, dachte ich, für einen Aperitif. Ich fischte die drei Zehn-Sucres-Scheine aus meiner Hemdtasche, und der Mann zog die Flasche noch einmal aus seiner Papiertüte.

«Bien», sagte ich. «All right. Aber zuerst will ich sehen, was in der Flasche ist.»

Ich nahm die Flasche, er streckte mir seine Handfläche entgegen, und unerklärlicherweise gab ich ihm das Geld.

Angestrengt und lange mußte ich später darüber nachdenken, was mich veranlaßt haben mochte, ihm das Geld zu geben, bevor ich die Flasche geöffnet hatte. Ich würde gern glauben, daß es sich bei mir um ein Gespür für ausgleichende Gerechtigkeit, für fair play, handelte, für ein angenehm zivilisiertes Begehren, andere als gleichberechtigt zu behandeln und ihnen den Gefallen zu erweisen, sie nicht vorzuverurteilen. Wahrscheinlicher ist jedoch, daß ich aus einer tiefverwurzelten Angst handelte, nur nicht jemandem auf die Füße zu treten. Eben diese Angst macht mich in kritischen Situationen so hilflos.

Es dauerte nur eine Sekunde, das gefälschte Siegel zu lösen, die Verschlußkappe abzuschrauben und die Flasche an die Nase zu heben, aber bevor noch die ersten säuerlichen Dämpfe des Essigweins meine Nasenflügel zu Falten verzogen, war der Mann in der Menge verschwunden.

Ich lehnte mich mit einem dummerhaften Grinsen zurück und sagte zu Bruno, daß wir jetzt wenigstens Essig für unseren Salat hätten. Ich hatte gedacht, daß er meinen Handel kaum mitbekommen hatte, und daher war die Überraschung um so größer, als er wutentbrannt aufsprang.

«Putain», schrie er, «den Hundesohn werde ich mir schnappen», und dann schoß er einige Minuten lang die Straße auf und ab. Ohne Erfolg. Schließlich wandte er sich wieder seiner kleinen Gefolgschaft von Schuhputzjungen zu.

«Zehn Sucres für den, der ihn zuerst findet», sagte er. «Tot oder lebendig.»

Sie kreischten vor Vergnügen und stoben in alle Richtungen davon.

«Sagt ihm, ich will die andere Flasche auch noch kaufen», rief ich ihnen nach. Keine so schlechte Idee.

Ich nahm einen kleinen Schluck aus der Flasche. Billiger Wein, schlecht geworden. Ich reichte Bruno die Flasche. Auch er kostete und verzog voller Abscheu den Mund.

«Wahrhaftig, es ist fürchterlich», sagte er auf französisch.

Was uns beide besonders traurig machte, war die Tatsache, daß es sich um echten Wein handelte. Rote Tinte oder Altöl hätte ich leichter abtun können. Aber eine Flasche mit richtigem Wein, der nicht trinkbar ist – tragisch.

Der erste von Brunos Pfadfindern kam bald zurück, schwenkte die Arme und rief: «Er ist dort. Ich habe ihn gesehen. Gib mir das Geld!»

Dann kam ein weiterer Junge aus der entgegengesetzten Richtung mit einer detaillierten und überzeugenden Geschichte.

«Ich habe ihn mit einem anderen Mann gesehen. Er ist da oben, zwei Blocks entfernt. Ich kann es zeigen.»

Im Geblubber der Variationen eines und desselben Themas entschied sich Bruno, mit dem zweiten Jungen fortzugehen. Weil ich meine eigene Blödheit so intensiv spürte, blieb ich davon verschont, aktiv teilzunehmen. Es fiel mir schwer, ungnädig zu sein, denn es war schließlich mein eigener Fehler gewesen. Und sowieso, es war nur ein Dollar. Ich dachte an meine Tage der Armut vor langer Zeit in Paris. Was hatten wir damals getan, um schlechten Wein wiederzubeleben? Sollte ich ihn vielleicht erhitzen, mit Zucker und Gewürzen? Mon dieu, aber so schlimm wie dieser war der Wein nie gewesen. Dennoch, warum nicht versuchen ...

Es dauerte etwas, bevor Bruno zurückkehrte. Der Junge hatte ihn von der Hauptstraße in eine schmale Nebenstraße und dann in die Einmündung einer Gasse geführt. Er hatte auf einen extrem grob und häßlich aussehenden Mann gewiesen, der in einem Türeingang stand. Die Gegend war verlassen.

«Ich wartete eine Weile, aber niemand kam, und ich konnte nicht sehen, wer sonst noch im Eingang stand.» Er zuckte mit den Achseln. «Also hab ich's sein lassen.»

Ich zollte seiner Logik Beifall, und wir kamen überein, daß wir wenigstens ein gutes Abendessen verdient hatten. Am Ende gaben wir dafür weit mehr aus als geplant, denn schließlich waren wir bemüht, unsere vorangegangenen Enttäuschungen auszugleichen. Hauptgericht war Hummer, aber der schmeckte nicht wie erhofft, und diese weitere Enttäuschung schien vom Schicksal vorausgeplant zu sein. Als wir ins Hotel zurückkehrten, hatte ich immer noch die Flasche schlechten Wein bei mir.

Wir verließen Guayaquil früh am nächsten Morgen – ohne Bedauern. Es regnete wieder, aus einem schweren, grauen Himmel. Einige der Bündel, die ich gewöhnlich hinten auf das Motorrad schnallte, sollte Bruno in seinem Kombi mitnehmen. Im letzten Moment verstaute ich da auch die Flasche Wein. Ich hätte nicht erklären können, warum ich mich ihr so verbunden fühlte, ich wußte nur, daß ich mit dem Geschehnis noch nicht abgeschlossen hatte. Bruno gestattete es sich nicht, etwas zu erwähnen, aber er muß mich für ziemlich exzentrisch gehalten haben.

Wir überquerten die große Brücke und nahmen dann dieselbe Straße, die wir schon von Peru aus genommen hatten, bis wir wieder an die Kreuzung bei Triunfo kamen, und dann bogen wir links nach Riobamba ab. Die Straße trug uns an der feuchtüppigsten Vegetation vorbei, die ich seit Tansania gesehen hatte. Die Gräser standen fünf, sechs

Fuß hoch, und zwischen ihnen, auf Pfählen, ragten einfache Holzhäuser empor, dunkelfleckig und triefend vor Nässe. Und dann die Plantagen, meilenweit Bananenbäume, deren große Purpurzungen unter dem Gewicht der großen Stauden reifender Früchte schwer niederhingen. Dann begannen wir endlich unseren Aufstieg in die Anden.

Es war ein schönes Gefühl, wieder in den Bergen zu sein und die schwüle Hitze hinter sich zu lassen. Die Hügel erhoben sich steil und grün um uns herum, sanfter, als sie in Peru gewesen waren, mit weniger felsigen Vorsprüngen, fruchtbarer, intensiver kultiviert, aber dennoch ein wildes, weites und offenes Land. Am frühen Abend waren wir über achttausend Fuß aufgestiegen und sahen uns nach einem Ort um, wo wir die Nacht verbringen konnten.

Hier und da hatte ich an den Berghängen Farmhäuser gesehen, beschattet von Bäumen in prachtvoller Blüte. Die Häuser waren weiß, mit schindelgedeckten Dächern, Veranden und Balkonen. Ihre klassischen Formen und der Wohlstand, den sie vermittelten, ließen alte Träume erwachen, einmal in eine der großartigen spanischen Haciendas eingeladen zu werden, aber alle Häuser waren weit entfernt von der Straße gewesen und hatten keinen augenfälligen Zugang. Und dann, als wir schon fast vorbei waren, sah ich über die Straßenbegrenzung zu meiner Rechten hinab und erblickte ein ähnliches Haus nahe an der Straße. Da ich auf dem Motorrad höher saß und uneingeschränkten Ausblick hatte, sah ich mehr als Bruno aus seinem geschlossenen Kombi.

Ich hielt an, und als Bruno zu mir auffuhr, wies ich ihn auf das Haus hin. Wir kamen überein, daß es einen Versuch wert war, und bogen von der Straße ab, einen steilen Pfad hinab. Als wir uns näherten, wurde es offenkundig, daß das Haus nichts von jenem Glanz besaß, den ich mir vorgestellt hatte, aber inzwischen hatte ich mich an diese Art Sinnestäuschungen gewöhnt und empfand sie oftmals eher als fruchtbar denn als enttäuschend.

Wir parkten unsere Fahrzeuge und gingen zu dem Haus. Es sah unbewohnt aus und ungepflegt. Vögel und Insekten verdrängten den Maschinenlärm, der noch in meinen Ohren war. Wir klopften und riefen – vergeblich.

Ich stieß die Eingangstür auf, die sowieso nicht verschlossen war, und ging hinein. Das Haus war leer, keine Möbel, nichts auf dem Boden. Und dann kam ein Mann um die Ecke des Hauses. Er war ärmlich gekleidet, mit einem grauen Schlapphut. Er nahm den Hut ab und begrüßte uns. An seiner Stelle wäre ich sehr nervös gewesen, wenn mich plötzlich seltsame Fremde besucht hätten, besonders, wenn einer so außergewöhnlich angezogen und ausgerüstet gewesen wäre wie ich selbst. Ich bewunderte ihn für die ruhige und selbstverständliche Weise, auf die er uns empfing. Er schüttelte uns die Hände und hörte todernst zu, als Bruno erklärte, daß wir hofften, für die Nacht Unterkunft zu finden, und fragten, welcher Art dies Haus sei. Darauf sagte er lächelnd, er sei der Hüter einer Schule, gegenwärtig seien keine Schüler anwesend, und er hieße uns willkommen.

Er zeigte uns einen Raum, so leer wie der Rest des Hauses. Der Fensterrahmen war ohne Glas. Ein Schrank ohne Türen war in die äußerste Ecke des Raumes eingebaut. Auf einem der Borde lagen etwas Gras und vier Hühnereier.

«Können wir etwas zu essen kaufen?» fragte ich. «Einige Eier oder vielleicht ein Hühnchen?» Ich dachte, er sei vielleicht froh, etwas zu verkaufen. In diesem Augenblick erschien eine Frau, die ich für seine Ehefrau hielt. Sie trug den wohlbekannten steifen Filzhut, an den wir uns seit Bolivien so gewöhnt hatten, und im Gegensatz zu dem Mann, der in Hemd und Hosen im Western-Stil gekleidet war, trug sie eine indianische Bluse und voluminöse Röcke. Hinter ihr standen, schüchtern versammelt, drei Kinder, ein Junge und zwei Mädchen. Die Mädchen trugen Miniaturversionen der Kleidung ihrer Mutter. Ihre steifen Bowler-Hüte hingen ihnen über die Ohren. Der Mann und die Frau sprachen einen Moment miteinander, und dann wies er uns den Weg hinunter, den wir soeben heraufgekommen waren. Ein Nachbar lebe da, der uns vielleicht ein Hühnchen verkaufen könne.

«Cerquita», sagte er. «Nicht weit.»

Wir dankten ihnen und gingen daran, uns auf die Nacht vorzubereiten. Es dauerte eine Weile, bis wir das richtige System gefunden hatten, unsere Hängematten zu befestigen. Bruno löste das Problem, indem er einen Zaunpfahl aufrichtete. Ich dachte, der Schulwart hätte seine Einwände, aber im Gegenteil, er schien an dem Einfall Gefallen zu finden und half Bruno sogar. Dann sammelte er die Eier aus dem Schrank ein und verließ uns.

Später gingen wir zusammen den Berg hinunter. Der Dunst war verflogen, und die Nachmittagssonne tauchte die weiten smaragdgrünen Hänge in eine Flut schimmernden Goldes. Schweigend ließ ich den unfehlbaren Zauber der Landschaft in mir wirken, und die Freude daran wurde so stark, daß sie schmerzte wie ein Vorgeschmack auf das Paradies. Ich wollte nur noch existieren wie ein körperloser Hauch zwischen Gipfeln und Strömen und wogenden Wiesen, mich vereinen mit dem Geist, der die Felsen, die Bäume und Gräser belebt und an meinem Herzen zerrte. Meine Reise veränderte im Laufe der Jahre oftmals ihren Sinn und ihre Weise, aber zwischen den grünen Bergen der Anden wurde sie immer wieder zu einer Suche nach Frieden und ländlicher Vollkommenheit.

Bruno hatte eine aktivere Vorstellung vom Himmel. Er war ein kleiner, leichtgewichtiger Mann, von der Statur eines Jockeys, und er besaß eine Leidenschaft für Pferde. Wieder begann er, von seinem Traum zu sprechen.

«Merde», rief er plötzlich aus. «Ich würde gern diesen Schweinekombi verkaufen und dafür ein paar Pferde anschaffen. Stell dir nur vor, wie es wäre, durch diese Berge zu reiten. Ich muß es einfach machen. Vielleicht in Kolumbien ... oder Guatemala. Was für eine Eskapade! Man kann hier billig Pferde kaufen, gute Pferde, an die Berge gewöhnt. Ich sag dir, es wäre phantastisch.»

Er schnaubte vor Vergnügen, schäumte über von seinen Plänen, beschrieb die Route, die er nehmen wollte, was er mitzunehmen gedächte, wie lange es dauern könne, was es kosten würde.

«Du mußt es machen», sagte ich. «Warum machst du es nicht?»

«Ja ... muß ich auch, irgendwie. Wir werden sehen.» Er seufzte.

Es war ein langer Weg, fast eine Stunde, bevor wir einige Hütten am Straßenrand fanden. Die Hühner kratzten auf einem Hinterhof. Drei Männer und eine Frau schienen mit ihnen zu tun zu haben. Anfangs zögerten sie, überhaupt eines zu verkaufen, dann diskutierten sie in aller Länge, welches zu opfern sie bereit seien. Sie boten uns den Hahn an, aber den hielten wir für zu teuer. Schließlich einigten wir uns auf ein gesprenkeltes Huhn für fünfzig Sucres. Es war eine schöne Jagd über den Hof, bis wir es endlich geschnappt hatten, und ich trug es den Berg hinauf, schwenkte es bei den Beinen. Ich hatte noch nie zuvor ein Huhn so getragen und war verblüfft über die Bewegungslosigkeit des Tieres nach all der hektischen Energie, die es bewiesen hatte, als es uns zu entkommen galt. Immer wieder sah ich mich veranlaßt, die hellen, scharfen Augen zu betrachten, um sicherzugehen, daß es noch am Leben war.

Beim Haus versuchte ich, dem Vogel den Hals umzudrehen, wie ich es einmal einen Bauern hatte tun sehen, aber auf grausame Weise blieb ich erfolglos, und daher entschieden wir uns für eine kurze und schmerzlose Enthauptung. Ich hielt den Vogel, und Bruno schwang die

Machete. Die Familie rupfte es, ich nahm es aus und schnitt es in Stücke. Dann kochte ich es auf meinem kleinen Petroleumkocher. Es war ein sehniges Tier, aber die Keulen waren fleischig, und die Familie gab uns zusätzlich noch einen Teller Schweinefleisch, so daß wir schließlich mehr als genug hatten.

Dann wandte ich meine Aufmerksamkeit dem schlechten Wein zu. Gemeinsam, im Kombi und auf dem Motorrad, waren wir, was Küchenutensilien betraf, ganz gut ausgestattet. Wir hatten braunen Zucker, Rosinen und diverse Gewürze. Ich erwärmte eine Tasse Wein und schenkte ihr meine behutsamste Sorgfalt, denn ich war entschlossen, irgendwie jene blöde Episode in Guayaquil zum Positiven zu wenden und eine gewisse Tugend aus der noch immer an mir nagenden Dummheit zu gewinnen. Als ich meinte, beurteilen zu können, daß die Zutaten Zeit gehabt hatten, sich zu vermischen, und das Gebräu über einer niedrigen Flamme schon vor sich hin simmerte, nahm ich einen Löffel voll, pustete und kostete. Abscheulich.

Bruno kam dazu.

«Wirf es weg», sagte er. «Mach die Flasche leer und Schluß damit. Ça ne vaut rien. Quäl dich doch nicht, es bringt nichts.»

Noch immer konnte ich es nicht über mich bringen, das Zeug wegzuwerfen. Ich schraubte die Kappe auf, stellte die Flasche mit dem Etikett zur Wand in die Ecke und entschloß mich, sie langsam aus meinem Gedächtnis zu streichen.

Am Morgen wurde ich vom hektischen Gegacker einer Henne geweckt. Nervös drehte sie ihre Pirouetten auf der Fensterbank, total verwirrt. Meine Hängematte war zwischen dem Fenster und dem Schrank gespannt, und das Vogelvieh wollte in sein Nest. Schließlich fand es den Mut, auf den Hängemattenstrick zu treten und versuchte sich im Seiltanz. Auf halber Strecke verlor es die Balance, und der Raum war erfüllt von einem gackernden, flügelschlagenden und federnlassenden Chaos.

Draußen war die Sonne golden, der Himmel blau, alle Wolken fort. Wir packten schnell, um weiterzukommen, und Bruno fuhr seinen Kombi den steilen Hang zur Straße hinauf. Seine Räder verloren den Halt auf dem lockeren Gestein, und er würgte den Motor ab, ließ sich rückwärts rollen, nahm einen längeren Anlauf, blieb wieder ohne Erfolg, kam noch weiter zurück, fast bis zum Haus, startete einen weiteren wütenden Angriff und kam mit Müh und Not über die Kante auf den Asphalt.

Ich wartete mit abgestützten Füßen auf dem Bike und sah den Schulwart, der zurück ins Haus gegangen war, in aller Hast herauskommen. Er rief mir etwas zu und schwenkte dabei die Dubonnet-Flasche in der Hand.

«Sie haben Ihren Wein vergessen», schrie er.

«Nein», sagte ich, «der ist für Sie», und dann fügte ich ziemlich lahm hinzu: «Es ist kein so guter Wein, aber wenn Sie ihn wollen ...»

Er schraubte den Verschluß ab und setzte die Flasche an den Mund. Ich wartete traurig, ahnend, daß er mannhaft kämpfen würde, um seine Enttäuschung zu verbergen. Statt dessen strahlte er in unmißverständlichem Vergnügen. Er mochte ihn. Er hielt ihn für köstlich.

«Muchas gracias», sagte er. «Muy bien. Thank you. Sehr gut. Mögen Sie mit Gott gehen.»

Die Dubonnet-Geschichte beleuchtet einigermaßen gut, wie ich mein Leben am liebsten gehabt hätte. Die Zeiten waren gut, dann schlecht, wieder gut – und immer interessant. Ich traf meine eigenen Entscheidungen, stellte mir meine eigenen Ansprüche und war, wenn es wirklich darauf ankam, auch erfolgreich. Jeder Tag war anders. Immer gab es etwas Neues zu lernen oder zu genießen, so daß sogar die schlechten Zeiten, auf ihre Weise, erfreulich wurden. Die Fehler, die ich machte, waren erleuchtend, oft amüsant, aber nicht tragisch. Ich machte Fortschritte, auf die befriedigendste Weise, die ich mir vorstellen konnte, hin zur Erreichung eines Zieles, das zumindest ich für ganz großartig gehalten hatte; die geistige und psychische Erkenntnis der Welt. Ich war niemandem ungemäß verpflichtet. Und ich war frei von Schulden.

An den Stränden von Peru hatten Bruno und ich uns über die Zukunft unterhalten, gewöhnlich seine Zukunft. Er war sechsundzwanzig Jahre alt und hatte ein Jahr in Paraguay als Berater der Baumwollpflanzer gearbeitet. Dort hatte er den Renault gekauft, schon reichlich abgenutzt, und den Plan gefaßt, vor dem Heimflug nach Paris damit nach Mexico City zu fahren. Es war eine lange Reise, fast siebentausend Meilen, und er hatte sich vier Monate dafür gegeben. Dies erschien ihm als lange Zeit, die längste Unterbrechung der unausweichlichen Folge Schule, Universität, Karriere. Gut sechs Wochen waren wir miteinander gereist. Ich erkannte, wie gut er gelernt hatte, den langsamen Rhythmus unserer Bewegung durch die Landschaft zu schätzen, zu erkennen, wie wichtig es ist, soweit Schritt zu halten, wie die Umstände es ermöglichten und angenehm machten. Manchmal jedoch konnte er seine Ungeduld nicht verbergen. Sie tickte in ihm wie ein Wecker und machte ihn nervös. Seine Aussichten in Paris waren durchaus nicht verlockend. Er würde sich einen Job verschaffen müssen, und das wahrscheinlich als ein kleines Zahnrädchen in irgendeiner gigantischen kommerziellen Maschinerie oder in der Regierungsbürokratie. Die Vorstellung, hier durch Südamerika zu hasten, wo man so unbeschwert mit ein paar Groschen in der Tasche Luftsprünge machen kann, nur um so schnell wie möglich zu jener Art Leben zurückzukehren, wollte nicht einleuchten. Das gab er ohne Umschweife zu, aber er konnte sich einfach nicht helfen. Er war jung und voller Energie, und er wollte das LEBEN anpacken. Er wußte, das, was wir taten, hatte seinen Wert, war einzigartig und mochte ihm vielleicht niemals wieder geschehen, aber er war dennoch konditioniert zu glauben, es könne nicht wirklich ernst sein. Es war nicht das LEBEN. Außerdem war da die Rede von einem Mädchen in Mexico City, aber auch daraus wurde nicht viel.

Als wir uns getroffen hatten, wußte ich schon, daß meine Reise, wenn ich sie beenden konnte, mindestens drei, wenn nicht gar vier Jahre dauern würde. Bruno erschien, wie fast allen sonst, der Gedanke, einen so immensen Zeitraum zu verreisen, als außerordentlich. Wenn er und die anderen sagten «Ich könnte so was niemals tun», versuchten sie, Bewunderung zu vermitteln, und ich wußte, daß wirklicher Respekt mitschwang, aber mehr als einmal ahnte ich hinter ihren Worten die unausgesprochene Einschätzung: ... weil ich so was nicht will. Es zählte nicht als LEBEN.

Während ich hingegen niemals etwas wie «leben» gekannt hatte. Es lag nicht daran, daß ich jemals, auch in den unbequemsten Augenblikken, gedacht hätte, anderswo ginge es mir vielleicht besser, mit einem Job oder als Familienvater. Es war nicht vorstellbar, eine bessere und fruchtbarere Lebensweise zu finden als die, die ich pflegte.

Zu jenem Zeitpunkt hatte ich schon fast die halbe Erde umrundet. Schon lange hatte ich die Ängste und Herzensqualen des Abschieds hinter mir gelassen, und ich war zu weit entfernt von der Heimkehr, um darüber nachzudenken, was sie bedeuten würde. Wenn ich an das Ende der Reise dachte, kamen mir unausweichlich Gedanken an den Tod. Ich mußte immer im Sinn behalten, daß meine Art zu reisen gefährlich war, und oft genug kam ich um Haaresbreite davon, um diese Gedanken auf nützliche Weise frischzuhalten. In der Tat hatte ich einen tödlichen Unfall als nicht absolut ausgeschlossen zu akzeptieren gelernt, und es war mir durchaus klar, daß ich mich mit diesem Risiko abfand.

Oft genug ging mir dieser Gedanke durch den Sinn, und daher empfand ich die Gewißheit, daß meine Reise um die Welt vielleicht meine letzte Tat sein könnte. Dieses Wissen war für mich weder morbide noch niederschlagend. Im Gegenteil, es brachte Überschwang. Ich wußte, die Reise war jeden Einsatz wert, und was auch immer danach kommen mochte – wenn es ein Danach geben sollte –, es lohnte nicht, daß ich Gedanken daran verschwendete.

Auf diese Weise hatte ich mich wie noch nie zuvor mit dem Tod angefreundet. Natürlich umwarb ich ihn nicht. Ich traf Vorkehrungen und tat mein Bestes, um zu überleben, aber das nur, um auf einem grundsätzlich gefährlichen Kurs fortzufahren. Ich wollte am Leben bleiben, um von Tag zu Tag zu tun, was ich tat. Und es kam mir nicht darauf an, irgendeinen in der Ferne liegenden Ehrgeiz zu befriedigen. In der Tat gehorchte ich, ohne mir dessen bewußt zu werden, den fundamentalen Prinzipien eines guten Lebens, und meine spätere Hinwendung zum Buddhismus und den Worten des Bhagavad-Gita stellte sich ganz natürlich ein. Auf ungewöhnliche Weise wurden mir materielle Annehmlichkeiten gleichgültig. Ich hielt mich relativ frei von menschlichen Umklammerungen. Es ging mir fast ausschließlich um die Gegenwart, eher als um die Zukunft oder die Vergangenheit, und ich lebte auf einer Wahrnehmungsebene, wie ich sie bis dahin noch nicht erfahren hatte. Ich hatte mich beinahe mit meiner eigenen Sterblichkeit abgefunden und war fest eingebunden in ein Vorhaben, das ständig an spiritueller Bedeutsamkeit zunahm. Nicht nur für mich selbst, sondern auch für andere.

Kein Wunder, daß ich mehr Frieden und Kraft in mir selbst fand, als ich je gekannt oder für möglich gehalten hatte. Natürlich wechselten meine Gefühle, aber die versetzten mich in die Lage, anderen ohne hintergründige Absichten und folglich auch ohne Argwohn zu begegnen. Schüchternheit ist, wie der Schriftsteller John Stewart Collis sagt, wahrhaft eine Form von Dünkel und zeigt Unkenntnis von der menschlichen Natur. Ich stellte fest, daß ich meine Mitmenschen um so mehr lieben konnte, als ich wußte, daß die Zeit, die uns gemeinsam blieb, kurz sein würde; und sie wiederum übertrafen sich selbst in dem Wissen, daß sie nur eine Weile Schritt halten mußten.

Während der Reise wurde ich physisch leichter, als ich es je als erwachsener Mensch gewesen war, und ich spürte diese Leichtigkeit in allen Teilen meiner Selbst, geistig wie emotional. Sie gab mir das Gefühl, durchsichtig zu sein, und sie schien mir zudem die Kraft zu verleihen, auch durch andere hindurchzusehen. Zu Recht oder Unrecht, ich hatte das Gefühl, die Persönlichkeiten und Probleme anderer Leute vor mir ausgebreitet zu sehen. Indem die Hunderte von Begegnungen zu Tausenden wurden, wandelte sich dieser unerwartete Zugang zu Fremden für mich in ein Wunder. Die Fähigkeit, auf der Stelle intimen Kontakt zu allen Arten von Menschen, ungeachtet ihrer Sprache, Klasse oder Nationalität, zu finden, brachte mir große spirituelle Befriedigung.

Nur in einer wichtigen Hinsicht drang die Zukunft in die Gegenwart ein. Ich war Writer und Rider, Fahrer und Schreiber. Es war für mich unmöglich, die Erfahrungen dieser Reise zu durchleben und eine derartige Skala von Emotionen zu empfinden, ohne das drängende Gefühl zu haben, darüber zu schreiben. In Afrika hatte ich schon ein ganzes Notizbuch gefüllt. Jetzt war ich halbwegs durch ein weiteres. Während der langen Stunden, die ich auf leeren Straßen verfuhr, über karge Berge und an verlassenen Küsten entlang, schwärmten die Leute, die ich nur so kurz, aber dennoch so gut kennengelernt hatte, in meine Erinnerung – hinreißende Wiederaufführungen hunderter lustiger Begebnisse und Mysterien. Falls und wenn die Reise endete, hatte ich ein Buch zu schreiben, aber wie und wo dies geschehen würde, und mit wem ich, wenn überhaupt, zusammenleben würde, konnte ich mir nicht vorstellen. Das Buch zu schreiben, dachte ich, wäre einfach eine Fortsetzung der Reise, und Aufschluß über ein zukünftiges Leben gäbe es nicht.

In der Reise hatte ich, solange sie dauerte, eine Lebensweise gefunden, die mich erhob. Warum sollte sie also je enden? Jetzt, da das Fahren und das Schreiben schon so lange hinter mir liegen, kann ich deutlicher sehen, daß ich in einen Widerspruch verstrickt gewesen war. Die Schönheit jener Erfahrung war untrennbar von der Tatsache, daß sie endlich und unwiederholbar war. Je näher man auf dieser Welt dem Idealzustand kommt, desto kürzer ist seine Dauer. Die Ekstase dauert nur einen Moment, großes Glück überlebt selten die Stunde, Zufriedenheit mag bestenfalls einen Tag lang ununterbrochen dauern. Eine grundsätzlich befriedigende Lebensweise für die Dauer mehrerer Jahre zu erwarten, heißt, reichlich viel zu verlangen. Hätte ich nicht das Ende vorausgesehen, hätte es nicht andauern können, solange es ging. Ich konnte mich nur so intensiv zufriedengeben mit den Angelegenheiten des Moments, weil ich wußte, daß zu gegebener Zeit das Ende kommen würde und ich niemals wieder dieselbe Erfahrung machen konnte.

Die meisten Menschen, die ich auf meinem Wege traf, waren weniger zufrieden mit ihrem Leben als ich. Je reicher sie waren und je bequemer sie es hatten, desto geringer war ihre Zufriedenheit. Der Grund dafür, so sah ich es jedenfalls, lag darin, daß sie alle frustriert waren – auf der Suche nach einem vorgestellten Idyll in der Zukunft. Und sie fürchteten, daß das Ende zu schnell käme und ihnen den Lohn nähme. Sie lebten nicht mit ihrer Bestimmung, wie ich es tat, sondern gegen sie. Sie versuchten, das Spiel zu gewinnen, während sie sich vor dem Leben in acht nahmen.

Mein ganzes Sinnen und Trachten bestand darin, mich dem Unerwarteten gegenüber so verletzlich zu machen, wie ich nur konnte, und mir zu erlauben, mich von ihm verändern zu lassen. Eine bessere Art, die unendliche Vielfalt der Welt zu erfahren, konnte ich mir nicht ausmalen.

«Ruhm sei Gott für die vielfältigen Dinge», sagt Gerard Manley Hopkins. «Für die zweifarbigen Himmel, die sind wie eine gescheckte Kuh / Für die Rosenmale, die da flecken die schwimmende Forelle / Frische Feuerkohle – Kastanie platzt; Finkenflügel / Landschaft, beackert und bestellt – Furche, Brache und Pflug / und all die Gewerbe, ihr Wirken und Werkzeug und Wert / Alle Dinge wider, ursprünglich, selten und seltsam / Er pflanzt fort, dessen Schönheit jenseits ist vom Wandel / Gelobt sei Er.»

Ich umreiste die Welt, um mich an ihren Seltsamkeiten zu entzücken, aber auch, um ein Maß von ihnen in mir selbst zu finden. Es war nicht nur die Faszination an den Eigentümlichkeiten, die mich weitertrieb, sondern die ständige Bemühung, sie einzuordnen in ein Verständnisschema, das mir vielleicht einen Eindruck geben konnte von ihrem Ursprung: «Der Vater, dessen Schönheit jenseits ist vom Wandel». Und indem ich mir dies wünschte, unterschied ich mich, wie ich meine, nicht sehr von den meisten denkenden Wesen – allein, ich hatte einen überaus intensiven und entschiedenen Weg gewählt, mich ihnen zu stellen.

3

Doch trotz all meiner wunderbaren Philosophie machte mir mein Charakter das Leben schwer. In Delhi, ausgebrannt von meiner Fahrt über die Dekka-Ebene, frustriert vom wochenlangen Warten auf Ersatzteile für das Motorrad, fühlte ich mich wie ein sinkender Stein. Noch immer zehntausend Meilen entfernt von Europa, schien das Ende der Reise schon drohend bevorzustehen. Was waren schon zehntausend Meilen für mich? Als körperliche Herausforderung stellten sie nichts dar als dreißig oder vierzig Tage Fahrt. Die Gefahren schießwütiger Stammesbrüder vom Khyber Paß, steinewerfender Kurden, der skrupellosen Polizei des Iran, der vereisten Pässe in die Türkei, all das ließ mich kaum mit der Wimper zucken. Und die Aussicht, viel zu erblicken, was reich und rar und schön war, ließ mich bedauerlich unbeteiligt.

In Delhi trank ich Bier, suchte Büros heim und stürzte mich in die Erwerbung von Andenken, welche ich bis dato verachtet hatte. In Kabul schwelgte ich in westlichem Wein und Essen und erschacherte mir einen Samowar. In Rasht ertrank ich dankbar in einem Meer von Gin und Tonic, und in Meshed kümmerte ich mich um Bettvorleger. Auf dem Wege schlug mein Herz immer wieder höher bei der Aussicht auf den Himalaya. So gut ich konnte, sprach ich an auf die Faszination Afghanistans, des Irans und der Türkei, aber die ständige Inspiration war fort, und vergebens jagte ich ihr nach. Ich war auf dem Rückweg, es war alles vorüber. Ich sehnte mich nach dem Ende, fürchtete es, war völlig unvorbereitet darauf, konnte aber dennoch meine Gedanken nicht von ihm lösen.

Weil das alte Gebäude noch da war, noch immer meins, hielt es mich in seinem Bann. Ich konnte mir nicht vorstellen, woanders hinzugehen. All meine Selbstkenntnis und meine hochfliegende Gleichgültigkeit verließen mich. Ich wollte nur wieder zurück sein an jenem wohlvertrauten Zufluchtsort, um meine Sinne zu sammeln, mein Buch zu schreiben und dadurch hoffentlich meine Kraft und meine Weisheit wiederzuentdecken. Und doch hatte ich schon eine dunkle Ahnung, daß solcherart Weisheit, wie ich sie gewonnen hatte, nicht bewahrt werden konnte, um in Augenblicken des Bedürfnisses herausgebracht und abgestaubt zu werden, sondern daß sie erneuert werden mußte durch die spirituelle Energie des Augenblicks. Und ganz ernsthaft stellte ich mir die Frage, ob ich mich ausgebrannt hatte, ob die Quelle jener Energie vielleicht für immer versiegt war. Jeden Tag fühlte ich intensiver die Furcht, geblendet zu werden und zu blenden. Und schließlich fuhr ich von Istanbul aus heim, als ginge es um mein Leben. Auf der Suche nach Zuflucht in meiner ureigenen Freistätte.

In dem alten Haus richtete ich mich allein ein. Meine ehemalige Partnerin hatte sich woanders heimisch gemacht, wenn auch nicht so weit entfernt, daß sie etwa in Vergessenheit geräte. Sie hatte ebenfalls einen Anspruch auf das Gebäude, aber sie war anfangs geduldig und machte ihn nicht übermäßig geltend.

Für mich ging es um nichts anderes als um das Buch. Die Reise war mir noch leuchtend gegenwärtig, und meine Erinnerung wollte schier bersten von wundervollen Einzelheiten. Aber sie war zerbrechliches Gut, und wie verzweifelt brauchte ich Ruhe, sie zu Papier zu bringen, bevor sie verwusch und verlorenging für immer.

Die physikalischen Gesetze des Universums leiten auch uns. Nichts kann auf dieser Welt angesammelt werden ohne eine entsprechende Schuld, nicht Erfahrung, nicht Schönheit, nicht Reichtum, nicht einmal Liebe. Und der Preis kann von dem, der ihn zahlen muß, niemals im voraus geschätzt werden.

Achtzehn Monate brauchte ich, um «Jupiters Fahrt» zu schreiben, mit kleinen Unterbrechungen. Zu lange für die, die mich umgaben. Ich hatte gelernt, mit Fremden beinahe auf der Stelle intimen Kontakt zu finden, aber ich hatte die Fähigkeit verloren, Beziehungen über einen längeren Zeitraum zu pflegen. Ich war buchstäblich ungeeignet geworden für ein geregeltes Leben.

Der alte Mann war noch am Leben, älter und zänkischer als je zuvor. Glücklich empfing er mich, anfangs, denn das war sein Stil, aber bald schon brachten ihn kleine Dinge auf die Palme. Da war ein Steinpfad, den wir uns teilten. Er wollte ihn zubetonieren. Ja, hätte man ihm die Möglichkeit zugestanden, er hätte das ganze Dorf zubetoniert. Wie immer widersetzte ich mich, aber jetzt konnte ich es mir einfach nicht leisten, diplomatisch zu sein. Da er von keiner Frau umgeben war, die ihn hätte weichmachen können, wurde er bockköpfig und absonderlich. Er behauptete, in seinem Keller lecke es schon wieder durch, und die Zündspule seines altertümlichen Treckers sei durch die Feuchtigkeit ruiniert. Das sei eine Katastrophe, nicht etwa, weil er nicht in den Weinstöcken arbeiten konnte (davon besaß er sowieso keine mehr), sondern weil er seine Familie nicht auf den Markt fahren konnte.

Keinem Mitglied seiner Familie sei es je gelungen, so erklärte der alte Mann, die Fahrprüfung zu bestehen, weil die Prüfer alle korrupt waren und Führerscheine nur denjenigen aushändigten, die Bestechungssummen zahlten. Das würde er gewiß nicht tun. Da auch das Pferd schon verkauft war, blieb der Trecker das einzige Vehikel, das er legal auf die Straße bringen durfte. Die Familie saß auf einem flachen Anhänger, gewöhnlich mit einer Plastikplane über den Köpfen. Jetzt, so sagte er, habe ich seine Zündspule verrosten lassen.

Eines Tages schrie er mich beschuldigend an, und ich war zu empfindsam, um mich daran zu erinnern, daß er immer zu schreien pflegte. Wir entfremdeten uns immer mehr, und seine Tochter mußte als Zwischenträgerin agieren. Und dann entwickelte sich eine Situation, die Außenstehenden lächerlich erscheinen mußte, mich jedoch zutiefst deprimierte.

Ohne Weinreben und ohne Pferd hatte er als Einkommen nur seine Pension und natürlich keinen Bedarf mehr für die Keller unter meinem Haus. Sein nächster Schritt war offenkundig. Er würde die Keller verkaufen. Für mich hätte es zu keinem schlimmeren Zeitpunkt geschehen können. Ich hatte nichts Erspartes. Ich konnte es mir nicht leisten, mit einem streitwütigen und irrationalen alten Mann in Verhandlungen zu gären. Schlimmer noch, er ließ wissen, daß er auf eine übertriebene Summe aus war.

Das machte mich tief betroffen, denn wir hatten uns, wenn auch nur mündlich, geeinigt, daß der Preis für seine Keller vernünftig sein würde, wenn einmal die Zeit zum Verkauf käme. Es war zuviel für mich. Da saß ich nun und versuchte, ein Buch zu schreiben, in dem es um große Ansprüche ging, um Visionen von Freiheit, um die Großzügigkeit des menschlichen Geistes, während unter mir und um mich herum ein Bauer krabbelte, anzüglich, mürrisch und geprägt von dem Gefühl, betrogen zu werden.

Ich schrieb ihm einen pompösen Brief, in dem ich ihn auf unser Abkommen hinwies und ihm die Summe anbot, die mir angemessen erschien, Inflation berücksichtigt. Am nächsten Morgen fand ich den Brief in winzigen Fetzen auf meiner Türschwelle.

Unglücklicherweise war einer der Keller untrennbar von dem Haus. Eigentlich war es gar kein Keller, sondern nichts als ein Raum direkt unter dem Zimmer, in dem ich arbeitete. Die Decke war aus Holz. Solange der Kellerraum nur als Lager benutzt wurde, hatte ich keine Schwierigkeiten. Sollte er aber je von Menschen benutzt werden, würden die Geräusche ihrer Aktivitäten durch den Fußboden widerhallen und mich ins Freie treiben.

Zuerst erschien die Aussicht, daß jemand anders den Raum kaufen wollte, fern. Ich brauchte nur zu warten, meine Ohren gegen das Gemurmel des alten Mannes zu verschließen und zu hoffen, daß das Buch mir irgendwann ein paar Mark einbringen würde. Leichter gesagt als getan. Die Familie hielt mich umzingelt. Sie lebte auf der einen Seite meines Hauses und hatte ihren Gemüsegarten auf der anderen Seite. Wir mußten aneinander vorbeigehen. Jedesmal, wenn wir es taten, waren unser gegenseitiges Schweigen und die Feindseligkeit peinlich und verdüsterten meine Gedanken. Aus meiner Küche sah ich sie jeden Abend in ihrem Garten, vornübergebeugt bei der Ernte ihrer Früchte. Ihre ausholenden Hinterteile reckten sich meinem Fenster entgegen. Und wenn der Brotwagen kam und vor meiner Tür parkte, spielten wir Versteck, um einander zu entgehen.

Das alte Gebäude, das einstmals das Dorf vor jedem Angriff geschützt hatte, wurde wieder zu einer Schutzburg. Dann aber kam etwas hinzu, das die Farce zum Höhepunkt brachte. Der alte Mann fand einen weiteren Käufer. Ein Pariser, der vor einigen Jahren ein kleines Ferienhaus ein paar Türen von mir entfernt gekauft hatte. Es handelte sich um einen scheinbar unaufdringlichen Buchhalter mit einem Zahnbürstenschnurrbart, einem keifenden Eheweib und einem klapprigen Sohn, die jeden Sommer für einen Monat kamen, angeblich, um sich zu entspannen.

Im Höhenflug meiner Träume unterschätzte ich auf bedauerliche Weise die habgierigen Instinkte dieses petit bonhomme. Mit der besitzergreifenden Beharrlichkeit einer Taschenratte nagte er im verborgenen und biß sich durch den benachbarten Besitz, um sein Imperium auszuweiten. Dank der komplizierten Weise, auf die sich die Häuser zueinander ordneten, mußte er in jenem Sommer feststellen, daß die Wand meines Kellers das Ende seines Tunnels war. Er konnte nicht gegen seine Natur handeln. Koste es, was es wolle, er mußte weiternagen.

Um nicht meine Arbeitssituation zu gefährden, entschloß ich mich zur Servilität. Eines Nachmittags näherte ich mich dem alten Mann in seinem Garten. Mir war übel von meiner Heuchelei, aber dennoch sagte ich, ich bedauere unser Mißverständnis und hoffe auf einen Kompromiß.

«Sehen Sie», sagte ich, «wenn ich da drüben arbeite, empfinde ich es als störend, wenn eventuell von unten Lärm kommt.»

«Ho!» rief er verächtlich. «Ho, Sie und Ihr Geschreibsel! Was geht mich das an?! Ich scheiße auf Ihre Schreiberei und Ihr lachhaftes Angebot. Den Keller werden Sie niemals bekommen! Niemals! Verstehen Sie? Niemals!»

«Sie müssen verrückt sein», sagte ich und ging davon. Die Bauern, dachte ich verbittert, sind zum Kotzen. Krieg.

Der Tratsch verbreitete sich im Dorf, und meine Verbündeten erstatteten mir Bericht. «Der Pariser hat ein Angebot gemacht.»

Ich spielte unbeteiligt.

«Na und?» sagte ich. «Mir müssen sie es zuerst anbieten.»

«Er hat eine große Summe Geld geboten.»

«Ich glaube es erst, wenn ich es geschrieben sehe», sagte ich.

Aber von meinem Fenster aus sah ich, wie meine Feinde kamen und gingen. Und als ich sah, wie der alte Mann aus seinem Garten Salat und Tomaten brachte und der Frau des Parisers gab sowie dankheischend rief: «Nichts. Bin gern zu Diensten», wußte ich, daß es ernst war, denn ich war schon einmal Ziel der Aufmerksamkeit gewesen, und ich wußte, daß es in einem solchen Moment geschäftlich wurde.

Dann hörte ich unheildräuende Geräusche im Keller unter mir. Der alte Mann und sein Enkel räumten auf und sangen während der Arbeit. Sie mochten dabei nichts Böses im Sinn gehabt haben, aber inzwischen fühlte ich mich belagert. Die Schützengräber unterminierten mein Fundament, die Haken und Leitern klapperten gegen die Wände, und der Feind brach schon in Triumphgesang aus.

Ich brauchte nur noch einen oder zwei Monate, um meine Arbeit zu beenden, und ich war bereit, alles zu tun, um Frieden zu haben. Ich schluckte meinen Stolz hinunter und ging den Pariser besuchen.

«Ich höre, Sie haben Interesse an dem Keller», begann ich, so sanft ich konnte, «aber vielleicht wissen Sie nicht, daß wir ein Übereinkommen haben, der alte Mann und ich, das vor zehn Jahren getroffen wurde. Er versprach damals, mir den Keller zu einem vernünftigen Preis zu verkaufen, wenn er keinen Bedarf mehr daran habe. Ich habe immer angenommen, daß dieser Keller zu einem Teil meines Hauses würde. Jetzt aber redet der Alte von einem Preis, der in die Millionen geht.»

Sein Gesicht blieb ausdruckslos höflich.

«Ah», sagte er. «Ich wußte nichts von der Existenz eines Abkommens. Ich habe einfach gesagt, daß ich im Falle eines Verkaufswunsches Interesse habe. Gewiß möchte ich keine Millionen zahlen.»

Als schlechter Geschäftsmann war ich über alle Maßen erleichtert. Endlich einmal kam mir meine Naivität zustatten, und ich konnte die ganze Angelegenheit aus meinem Geist verbannen. Die Feriensaison endete, der Pariser kehrte zurück nach Paris, der alte Mann und ich ignorierten einander, und das Kellerthema ging baden.

Achtzehn Monate sind eine lange Zeit. Das Schreiben ging ohne Unterbrechung vonstatten, aber alle meine Energie und Phantasie wendete ich auf, um die Vergangenheit wiederzuerleben. Für die Gegenwart hatte ich nichts übrig. Der Druck war groß, und ich war total aus dem Gleichgewicht. Ich war hungrig nach Zuneigung und Anreiz, hatte aber nichts zu geben. Meine Schuldgefühle machten mich Überempfindlich und tolpatschig. Um mich vor meinen eigenen Ängsten zu schützen, provozierte ich Feindseligkeit und beutete meine Freunde aus.

Am schlimmsten war, daß ich wußte, wie ich mein Leben im Widerspruch zu den Behauptungen in meinem Buch lebte. Da ich mein Territorium vor dem alten Mann, dem Pariser und anderen schützen mußte, hing ich um so mehr an ihm. Obwohl ich die Tugenden Freiheit und Unabhängigkeit von materiellen Dingen in den Himmel hob, wußte ich, daß ich mich wieder einmal an diesen Haufen alter Steine band. Während ich über die Vorteile einsamen Reisens schrieb, wußte ich, daß ich mich danach sehnte, geliebt, verstanden, geschützt und versorgt zu werden, was auch immer es mich an Freiheit kostete.

Mir widerstrebten diese Impulse, und ich kämpfte gegen sie an, aber das Pendel hatte zu weit in eine Richtung ausgeschlagen, und jetzt kam es mit unentrinnbarer Kraft zurück. Ich träumte von Gärten und Familien und machte Skizzen von den Verbesserungen an meinem Haus.

Als das Buch fertig war (und ich vielleicht ein bißchen zu schnell zum Ende gekommen war), wallten all diese unterdrückten Wünsche auf. Das Buch hatte mehr Erfolg, als ich je erwartet hätte, und auch darin fand sich eine gewisse Magie. Als hätte sich die Prophezeiung erfüllt. Ich begann zu glauben, daß ich die Kraft hatte, die innere Freiheit und Distanz des Reisenden wieder zu vereinen mit Wurzeln, Häusern und Familien.

Meine Euphorie steigerte sich über alle Maßen. Ich verliebte mich, und die Frau, die bald darauf meine Ehefrau wurde, hätte durchaus recht gehabt, sich zu fragen, ob sie nicht eher Opfer einer Flutkatastrophe als gleichberechtigter Partner in einer Ehe würde.

Mit einem Optimismus und einer Zuversicht, die eher einem Reisenden als einem Ehemann zukamen, brachte ich meine Frau in dasselbe alte Gebäude zurück, irgendwie überzeugt davon, daß meine Seligkeit und mein Glück dieselbe Zauberkraft auf andere hätten wie auf mich.

Das Gegenteil war wahr. Der alte Mann und der Buchhalter waren intensiver verstrickt in ihre Verschwörung als je, und sie ersannen ausgeklügelte Pläne, das Gesetz zu umgehen und uns zu besiegen. Und es gab andere Gerüchte sowie Störungen, die einfach nicht ersterben wollten. In allen Schränken war schmutzige Wäsche, und an jede Tür klopften Gespenster von gestern, und je mehr meine Frau das Gebäude zu lieben begann, desto häßlicher wurde es für sie. Schließlich, als es fast zu spät war, flohen wir so übereilt, wie wir gekommen waren. Verfolgt von den Furien, wild gemacht vom Pech und voneinander.

Zu solchen Zeiten mußte ich mich fragen, ob ich hier je fähig sei, mit einer anderen Person zusammenzuleben: ob meine vierjährige Reise mich mehr verändert hatte, als ich wußte – oder mich vielleicht nicht verändert hatte, sondern klar und unwiderruflich enthüllt hatte, wer ich wirklich war, ein einsames Wesen, unfähig, Harmonie zu finden mit einer geliebten Person.

Meine Gedanken kehrten ständig zurück zu Zeiten des Friedens und der Klarheit während meiner Reise, zu Gefühlen, die ich als Geschenk den anderen hatte mitbringen wollen, die jedoch auf französischem Grund und Boden weder Sinn noch Ort, noch Zweck hatten.

4

Zu rasch hatte ich gedacht, ich könne einen Holzklotz aus der Bay of Bengal angeln, aber ich wollte mein Angelzeug retten. Die Schnur riß und katapultierte das Senkblei in mein Auge, und das hätte genug sein können, um mir das Anrecht auf eine Augenklappe und einen Papagei auf der Schulter zu sichern. Gnädigerweise platzte mir nicht der Augapfel. Er füllte sich nur mit Blut. Als ich das Krankenhaus erreichte, starrten sie in den Erguß und sagten, sie sähen nichts und könnten auch nichts tun, bis das Blut verschwunden sei. Sie schlugen den einzigen Weg ein, der sich anbot, und legten das Auge still. Unglücklicherweise kann man ein Auge nur stillegen, wenn man auch seinen Besitzer stilllegt, und da ein Auge nicht stillsteht, während das andere sich bewegt, wurde ich blind gelegt, auf den Rücken, und man verbot mir alles, sogar Kekse.

Zum zweitenmal schmeckte ich Gefangensein. In Brasilien hatte mich die Polizei zwei Wochen lang in einen Raum eingeschlossen und in Furcht und Langeweile zappeln lassen, aber obwohl der Verlust von

Freiheit fast unerträglich war, besaß ich wenigstens Bewegungsfreiheit genug, um meine Frustration körperlich und durch Wutausbrüche abzureagieren. Ich erfand «Gefangenen-Squash» und hielt meinen Körper mehr oder weniger fit, indem ich eine Streichholzschachtel gegen die Wand warf und versuchte, sie trotz ihrer Querschläge zu fangen. Und, Gott sei größter Dank, ich konnte lesen und schreiben. Aber dennoch versagte ich kläglich bei dem Versuch, jenen philosophischen Gleichmut zu finden, den ich ersehnte.

Diesmal war ich weitaus eingeschränkter. Ich war eingesperrt im Kopf, und was ich dort fand, war nicht viel Selbstbestätigung. Zuerst half mir der Schock des Unfalls sehr wohl, und während der ersten Stunden des Wachseins war ich beschäftigt mit der Neuartigkeit meiner Lage. Ich fragte mich, ob mein rechtes Auge sich je erholen würde und was ich täte, wenn es nicht dazu käme. Nach vierundzwanzig Stunden war dieses Thema passé.

Ich sagte mir selbst, daß niemand auf Erden mehr von ein paar Tagen Blindheit profitieren könne als ich. Schließlich hatte ich drei Jahre Reiseerfahrung auf dem Buckel. Stunde um Stunde, manchmal mehr als zwölf am Tag allein auf dem Motorrad, durch sich kaum verändernde Landschaften in Afrika und Südamerika, empfand ich doch keinen Moment Langeweile. Ich bewegte mich fort, wie verzaubert von den Mysterien einer Welt, die ich neu entdeckt hatte. Ein riesiges Ensemble kam tanzend, humpelnd und geschäftig eilend auf die Bühne vor meinem geistigen Auge, und ich spekulierte endlos über ihre Natur und Bedeutsamkeit. Was sollte ich von ihnen halten. Sicher konnte ich sie jetzt wieder ins Leben rufen, vielleicht besser denn je!

Seltsamerweise versagten mir alle Hilfsquellen jetzt den Dienst. Es hatte den Anschein, als ob es der Akt des Reisens selbst war, der jene Erinnerungen ins Leben brachte. In der Dunkelheit, ohne das Dröhnen der Maschine unter mir, ohne die Bäume, die Hecken, das Grasland, die Flüsse, die Berge, die Ebenen, das Vieh und die Menschen, die vorüberflogen, wurde meine Phantasie so todessehnsüchtig wie mein Körper, der ausgestreckt auf dem Krankenhausbett lag.

Die Langeweile wurde zum Druck, zu einem Gewicht, das mich wahrhaft niederdrückte. Sie begann zu schmerzen. Sie wurde unerträglich. Verzweifelt suchte mein Geist nach einem Halt. Ich sah ihn als ein lebendiges Wesen, sah ihn wie einen wilden Vogel im Käfig meines Schädels, wie er wahnwitzig gegen die Wände seiner Zelle anrannte. In der Dunkelheit wurde ich zu der Differenz meiner Bestandteile. Da war ich: Der Beobachter. Da war ich: Der Körper. Da war mein Geist. Und da war meine Erinnerung. Und da mein Geist sich weigerte, daniederzuliegen mit dem Rest von uns, verfielen wir in eine Agonie der Verwirrung.

Vielleicht klingt diese Beschreibung ungemäß melodramatisch, aber keine aktive Person sollte allzu hastig urteilen, bevor sie mit einer Binde über den Augen einen ganzen Tag lang im Bett gelegen hat. Die meisten Menschen empfinden es als schwierig genug, die Augen zu schließen und auch nur eine Stunde lang ruhig zu bleiben. Auf mich jedenfalls war die Wirkung vernichtend.

Natürlich konnte ich niemandem die Schuld für meinen Geisteszustand zuweisen. Ich konnte mich glücklich schätzen, überhaupt in einem Krankenhaus zu sein, und das Penang General Hospital war, soweit ich sagen konnte, gut. Kostenlos war ich eingeliefert worden, ohne die geringsten Widerstände und ohne Theater, und ich lag auf einer geräumigen und luftigen Station mit neun weiteren Patienten. Die Krankenschwestern waren fröhlich und freundlich, manche malaiisch, manche chinesisch, und ihre Dienste belebten mich, denn sie durchbrachen die Monotonie. Eine von ihnen lehrte mich ein paar Wörter Chinesisch. Eine andere beschrieb das Leben unter der japanischen Besatzung und überraschte mich mit der Mitteilung, daß sie die Rückkehr der Briten bevorzugte. Es sei soviel sicherer, sagte sie, denn praktisch jedes Verbrechen werde mit dem Tode bestraft.

Der Spezialist, Dr. Manocha, war ein todernster und sanftmütiger Mann, der sich die Mühe nahm, sorgfältig zu erklären, was er tat (oder, in meinem Falle, eher nicht tat) und warum er es tat. Ich hatte Vertrauen zu ihm. Das einzige, was mir fehlte und in einem westlichen Krankenhaus zu haben gewesen wäre, war ein Radio, und in mir begann sich der Gedanke festzusetzen, daß ich ohne eins verrückt werden könne. Ich versuchte, meine Habseligkeiten zu zählen, um die besessenen Wirrgänge meines Geistes zu zähmen, aber das Ergebnis blieb immer wieder unbefriedigend, und ich war schockiert über mein Verhalten. Wenn ein Reisender eine Eigenschaft braucht, und zwar im Überfluß, dann ist es die Fähigkeit, mit Enttäuschungen fertigzuwerden und mit Einsamkeit. Das Unerwartete muß er stoisch und guter Dinge hinnehmen können. Bis zu jener dunklen Zeit in Penang hatte ich geglaubt, das Reisen habe meinen Seelenfrieden überaus gesteigert. Und doch war ich jetzt im Kriegszustand mit meinem Geist wie nie zuvor.

Dennoch gab es Episoden der Ruhe. Ich stellte fest, daß sich Muster in der Dunkelheit zu formen begannen, wenn meine Augen eine lange Zeit bedeckt gewesen waren, Muster, die ich nie zuvor gesehen hatte. Sie waren dreidimensional und erinnerten an die üppig ausgefeilten Holzschnitzereien gotischer Altäre oder an eine Kathedralenfassade. Weite Flächen feinster Strukturen und Teilchen breiteten sich vor mir aus und verschoben sich. Ich las alle möglichen Dinge in sie hinein, wie man es mit Wolken, mit Flammen und den Sternen zu tun pflegt.

Am zweiten Nachmittag kam ganz ungebeten eine Vision. Als ich angekommen war, hatte ich bemerkt, daß ein kleiner chinesischer Junge nicht weit von mir entfernt links in einem Bett lag, und jetzt sah ich ihn im dunklen Kino meines Geistes. Ich schaute zu, wie seine Ahnen nacheinander, einer um den anderen, kamen und sich zu ihm gesellten. In einem weiten Halbkreis saßen sie schließlich um das Ende seines Bettes und hielten die Augen auf ihn gerichtet, geduldig, aber intensiv. Es waren Indiviuen aller Altersstufen, manche von ihnen so deutlich ausgeprägt, daß ich sie wiedererkannt hätte, wäre ich ihnen später auf der Straße begegnet. Dies Tableau blieb eine Weile in meinem Geist fixiert. Natürlich dachte ich, darin läge etwas Prophetisches, und fürchtete, der Junge könne sterben, aber er verließ das Krankenhaus ein paar Tage später, und erholte sich, soweit ich weiß, wieder.

Am dritten Tag war das Blut so weit verschwunden, daß Licht in mein Auge dringen konnte. Ich nahm es als verharschten Schimmer wahr wegen der Tropfen Atropin, die mir zur Entspannung der Pupille eingeträufelt worden waren. Manocha leuchtete auf die Netzhaut und sagte, er könne nur einen sehr geringen Schaden ausmachen. Die beste Behandlung, sagte er mir, bestünde darin, weiter so fortzufahren und das Auge sich selbst heilen zu lassen. Eine weitere Woche der Dunkelheit stand mir bevor, und voller Verzweiflung war ich darauf aus, koste es, was es wolle, an ein Radio zu kommen.

Wie das Glück so spielte, kam mein erster und einziger Besucher an jenem Nachmittag. Völlig unerwartet. Ich kannte niemanden in Penang, der hinreichend Interesse an meinem Zustand hätte haben können. Die chinesische Krankenschwester erlaubte mir, für ein paar Minuten den Verband von meinem guten Auge zu nehmen, und mir wurde auf der Stelle warm ums Herz, als ich T'an an meinem Bett stehen sah.

T'an arbeitete und wohnte im Choong Thean Hotel am Rope Walk, wo ich ein Zimmer hatte und all mein Hab und Gut, einschließlich meines Motorrads mit der kaputten Lichtmaschine. Es war ein kleines Hotel, und T'an war der einzige Angestellte. Er mußte rund um die Uhr arbeiten. Es gab noch einen anderen Mann, der im Hinterstübchen den Mah Jong-Tisch überwachte, aber das nur abends. Zimmermädchen kamen und gingen und verrichteten wahrscheinlich auch viele andere Arbeiten. Und dann waren da die Prostituierten, behäbige indische Damen, die unten geduldig auf Kunden für fünf Dollar warteten. Ein Dollar und zwanzig Cents gingen davon an das Hotel – für das kleine stundenweise gemietete Hinterzimmer.

T'ans Aufgabenbereich im Choong Thean war weit gefächert, seine Entlohnung minimal. Gelegentlich hatte ich ihn schon mit einem Besen in der Hand gesehen oder wie er auf irgendeinem Botengang über die Gehsteige schlurfte, aber gewöhnlich hockte er dösend auf einem Küchenstuhl mitten im Eingangsbereich. Er war ein kleiner, vierschrötiger Mann mittleren Alters, und sein Körper war in einem bemitleidenswerten Zustand. Bauch und Brust hingen schlaff unter runden Schultern, seine Knöchel waren aufgescheuert, geschwollen und ausgedreht. Er bewegte sich wie unter einer schweren Last. Ausnahmslos trug er Sandalen, sandfarbene Baumwollhosen und ein zu weites gelbes T-Shirt, und wenn er auf seinem Stuhl hing, verrutschte ihm der Ausschnitt unweigerlich so, daß eine plumpe weibische Schulter sichtbar wurde.

Im Zustand der Gelassenheit, für ihn normal, war sein Gesicht ebenfalls nicht besonders gewinnend. Es war das runde und runzlige Gesicht eines ältlichen Chinesen, gekrönt von kurzgeschorenen grauen Haarstoppeln. Erst wenn er sprach, geschah das Wunder, und zumindest ich sah darin eines der ausdrucksvollsten Antlitze, die mir je vor Augen gekommen waren. Denn T'an besaß eine Eigenheit, die ihn auszeichnete: Er war teilweise zungenlahm. Die lebenslange Bemühung, diesen Mangel auszugleichen, hatte ihm eine verblüffende Kraft gegeben, Gefühl und Überzeugung zu vermitteln. Ein Talent, um das ihn der beste Schauspieler hätte beneiden können. Jede Silbe mußte durch energische Bewegung seiner Lippen und Wangenmuskeln geformt werden. Sorgfältig von Wort zu Wort vorwärts tastend, jedes einzelne prägend und es dann hinausstoßend, vorbei an seinem beeinträchtigten Gaumen, den Tonfall hebend und senkend, um größtmögliche Wirkung zu erzielen, wirkte er außerordentlich aufrichtig. Sein Gesicht, von Kindheit an eingestimmt, ihn bei diesem Bemühen zu unterstützen, war völlig dem Geist des Satzes gewidmet, den sein Mund so mühevoll zusammenpuzzelte. Und dieses Zusammenspiel war auf unwiderstehliche Weise überzeugend.

Vom ersten Moment an, da ich ihn hörte, war ich so überrumpelt von der Qualität seiner Stimme, daß ich, in intimen Augenblicken, versucht hatte, meinen Mund auf jede erdenkliche Weise zu verrenken, um ihn zu imitieren. Erst als ich meine Zunge fest gegen meinen Obergaumen preßte und sie dort hielt, während ich sprach, erreichte ich den besonderen Reiz seiner Wörter, die so bemerkenswert klangen. Die Silbenlaute rannen wie sanfte Wasserfälle, die Wörter «to do» klangen wie das Gurren von verliebten Tauben. Die Vokale waren lang und sinnlich klagend, und all seine Wörter wirkten zärtlich und nachdenklich. Ein paar Worte von T'an, ob er mich um eine Zigarette bat oder einen ganz besonderen Chow-Stand empfahl, berührten mich unfehlbar, und ich fühlte mich besser.

Die Magie war um so intensiver, als sie von einer so wenig versprechenden Person kam. Schweigend war er geradezu auswechselbar, aber wenn er sprach, verdiente er sich den Respekt, der einem großen Sprachkünstler gebührt. T'an stellte das alte Sprichwort auf den Kopf: Reden war Gold, Schweigen Dreck.

Er bewies ein natürliches Mitgefühl und eine ängstliche Besorgnis zu gefallen, die so ganz anders war als die hartkantige Höflichkeit, die ich von anderen Chinesen in Geschäften und Büros gewohnt war. Er schien irgendwie verwirrt, sich in so armseligen Lebensumständen wiederzufinden, und es hieß, daß er weitaus komfortablere Zeiten gekannt hat. Er sprach davon, eine hochfliegende Jugend gehabt zu haben, Spielen, schnelle Autos und Prassereien in Nachtclubs. In selbstmitleidiger Stimmung entsann er sich eines Tages an die «unglücklichen Zeiten» in den Jahren '73 und '74, als es keine Arbeit gegeben hatte und er seine Briefmarken- und Münzsammlung verkaufen mußte, um «etwas in den Magen» zu bekommen. Er sprach von einträglichen Jobs, die er hätte haben können, wenn nicht seine Sprachbehinderung gewesen wäre und er den Mut aufgebracht hätte, sich deswegen operieren zu lassen. Aber er sagte, er sei zu ängstlich gewesen, «den Schnitt» machen zu lassen.

Jetzt war es natürlich zu spät, viel zu spät. Er träumte davon, in der Lotterie zu gewinnen, ein Traum, den er mit nahezu jedem anderen Chinesen in Malaysia teilte. Einmal war die Rede von einem Stück Land, auf das er ein Anrecht zu haben glaubte, aber er wußte, daß sein Schicksal wahrscheinlich darin bestand, den Rest seiner Tage mit Gelegenheitsarbeiten zu verbringen oder von der Wohlfahrt abhängig zu sein. Er hatte schon auf umwerbende und hintergründige Weise angedeutet, daß auch ich meine Rolle haben könne in den Tagen seines

Niedergangs. Von einem Australier erzählte er, den er einst kennengelernt hatte.

«Oft schickte er mir aus seinem Heimatland einige Dollars in einem Brief. Er war so gut zu mir. Ich weiß nicht den Grund, warum ...»

Und dann hörten die Geschenke auf.

«Danach schrieb ich viele Male, aber eine Antwort erhielt ich nicht. Und dann erfuhr ich eines Tages, daß dieser Mann gestorben war.»

Es brach mir das Herz, wie es das seine brach. T'an sprach ein ungewöhnlich gutes, wenn auch eigenartiges Englisch, in dem der Ton des Missionarslehrers aus der Kolonialzeit mitschwang. Wörter wie «seldom» und «therefore» fielen wie reife Pflaumen aus seinem Mund. Das machte ihn nützlich im Hotel, denn weder der Besitzer noch seine Frau, ja noch nicht einmal der Mann mit dem Mah Jong-Business sprachen auch nur ein Wort Englisch. Und dennoch war wohl die Aussagekraft von T'ans Sprache, die mich so stark beeindruckte, auf chinesisch nicht so wirksam, jedenfalls waren seine Beziehungen zum Management nicht sonderlich gut, nach dem Ton zu urteilen, in dem ihn sein Boss drängte, doch endlich auf die Beine zu kommen und dies oder jenes zu erledigen.

Obwohl ich wußte, daß er mich als einen potentiellen Wohltäter hegte, konnte ich ihm deswegen nicht auch nur im geringsten böse sein. Was sollte er sonst tun? Wäre ich ein Zinn-Milliardär gewesen, hätte ich ihn auf meiner Veranda sitzen und vor sich hindämmern lassen. So jedoch konnte ich ihm die geschnorrte Zigarette hier und da und die ein, zwei Dollar nicht abschlagen, die er immer zurückzuzahlen versprach. Dabei bot er jedoch ein Schauspiel bemitleidenswerter Ehrlichkeit, das gleichsam dem Zweck diente, die Dollars behalten zu können. Deswegen aber war ich sein Lieblingsgast, und daran ergötzte ich mich.

Und nun stand er an meinem Bett und sagte: «Guten Tag, Mister Simon. Tut mir leid, von Ihrem Unfall zu hören.» Die formalhöfliche Begrüßung, zungenlahm gesprochen, klang wie Musik in meinen Ohren, und ich war besonders glücklich, daß er mich besuchte.

T'an trug ein kleines Päckchen bei sich.

«Der Boss schickt dies für Sie», sagte er. In dem Päckchen befanden sich Kuchen und etwas Obst, mehr als genug und nicht von der billigsten Sorte. Ich war überrascht. Dies war offensichtlich ernst gemeint und nicht nur eine höfliche Geste. Ich hatte T'ans Boss für zu hartherzig und unaufmerksam gehalten, als daß er zu einer solchen Großzügigkeit in der Lage gewesen wäre. Ich war erleichtert. Ich hatte nämlich versucht, meine Sorgen um all die Dinge, die ich im Hotel gelassen hatte, zu unterdrücken. Als könne er meine Gedanken lesen, fügte T'an hinzu:

«Haben Sie keine Angst um Ihre Sachen. Die sind sicher aufgehoben. Der Boss hat sie in einen Schrank getan und die Tür mit einem Schlüssel verschlossen.»

«Bitte, T'an», sagte ich, «würdest du meine Angel mitnehmen, und kannst du mir vielleicht ein kleines Radio kaufen? Das billigste. Wieviel würde so eins kosten?»

«Weiß ich nicht. Ich werde ganz billig eins kriegen», sagte er. «Vielleicht nur elf Dollar.» Irgendwie war es charakteristisch für T'an, daß er auf eine so krumme Summe kam. Wir sprachen von malaysischen Dollars, und damals bekam man vier davon für einen amerikanischen Dollar.

Ich bewahrte mein Geld in einer Lederbörse auf, die, abgesehen von dem Motorrad, gewiß mein wertvollster Besitz war und Schlüssel meiner gesamten Reise. Darin enthalten waren die beiden Pässe, die ich erlaubterweise bei mir trug, damit ich in miteinander verfeindeten Ländern reisen konnte. Dann waren da noch mein englischer Führerschein und die zerrissenen Überreste meines internationalen, die Bescheinigung über meine Cholera-, Gelbfieber- und Pockenimpfungen, zusätzliche Paßfotos für Visa, eine Liste der Lucas-Motorrad-Vertretungen, eine Kreditkarte der «Sunday-Times» (hauptsächlich zur Schau). Da gab es zwei Mini-Adreßbücher mit ausführlichen Angaben über all die Freunde, die ich in drei Jahren Wanderschaft um den Erdball gewonnen hatte, sowie über andere Kontakte, die ich hoffte auf dem Rückweg knüpfen zu können. Da war ein Bündel Traveller's Cheques über tausend US-Dollar, die ich gerade nach Penang geschickt bekommen hatte, und die mich hoffentlich nach Europa zurückbringen würden. Zusätzlich ein Kugelschreiber und etwas Bares.

Die Börse selbst war für mich im Souk von Kairo angefertigt worden. Ein einfaches und nicht teures Ding aus ungegerbtem Leder. Befestigt an einem breiten Ledergürtel, hing diese Börse mir gemütlich unterm Bauch, wenn ich fuhr oder ging. Weil ihr Inhalt so wertvoll war, griff meine Hand des öfteren danach. Im Laufe der Jahre war dies zu einer automatischen und beruhigenden Geste geworden, die ich wiederholte, wann immer mir ein Anflug von Furcht oder Zweifel in den Kopf kam. Ich berührte sie, wie ein Katholik sich bekreuzigt, um Übel und Versuchung abzuwehren, und durch die häufige Liebkosung und den Kontakt mit meiner Kleidung hatte sie eine glanzvolle Patina angenommen.

Inzwischen war sie zu meiner Bundeslade und zur Marke meiner Immunität geworden, zu einem Objekt von Schönheit und Anbetung, kaum trennbar von der Reise selbst, wenngleich ich damals über eine derartige Beschreibung nur gelacht hätte. Im Krankenhaus hatte ich sie vom Gürtel gelöst, um sie besser in dem kleinen Nachtschrank zu verstauen.

Jetzt griff ich danach, um T'an das Geld zu geben, das er wollte. Die Börse war so vollgestopft, daß ich ihren gesamten Inhalt auf das Bett packen mußte, um ans Bargeld zu kommen. Danach mußte ich alles wieder einpacken.

Ich gab T'an zwölf Dollar.

«Bitte versuch, morgen das Radio zu bringen», bettelte ich. All die Verzweiflung der dunklen und lautlosen Stunden im Krankenhaus suchte mich wieder heim. «Ich brauche es echt.»

Ich kam mir etwas dämlich vor, wegen eines Radios einen solchen Aufstand zu machen. Ich schämte mich meiner plötzlichen Abhängigkeit und wurde all der anderen schweigenden und ebenfalls nicht sehenden Menschen gewahr, die auf meiner Station lagen, ohne sich zu beschweren.

«Wenn der Boss es erlauben kann, komme ich morgen wieder», sagte er.

Ich legte die Börse wieder in das Schränkchen und bat T'an, seinem Boss für die Geschenke zu danken und besonders achtzugeben auf mein Motorrad. Eine Krankenschwester gab ihm die Angel und befestigte dann wieder die Bandage über meinem linken Auge.

Er kam zwei Tage später mit einem winzigen Transistorgerät zurück. Er habe warten müssen, sagte er, bis er einen Sonderpreis von einem Freund bekam. Darum habe es einen Tag länger gedauert. Er fragte, ob er den fehlenden Dollar Ende des Monats zurückzahlen könne.

«Der Boss ist zu mir nicht freundlich. Ich habe kein Geld, und er will mir nicht einen Dollar vom Gehalt für den nächsten Monat geben.»

Zu mir war der Boss freundlicher. Er hatte ein weiteres Freßpaket, so großzügig wie das erste, geschickt. Ich dankte T'an überschwenglich und sagte ihm, er möge seinem Boss ausrichten, daß ich wahrscheinlich in ein paar Tagen wieder im Hotel sein werde.

Kaum hatte T'an das Krankenhaus verlassen, schaltete ich das Radio ein. Genau das, was ich erhofft hatte – aber in den beiden Tagen des

Wartens war meine fiebrige Ungeduld erloschen. Die Musik war entweder chinesisch oder chinesisch mit westlicher Färbung. Als Hintergrundmusik mochte sie erträglich sein, aber als ausschließlicher Mittelpunkt meiner Aufmerksamkeit war sie so wahnsinnerregend und monoton wie die Marter der tausend Schnitte. Die englische Sprache war einzig und allein reserviert für schrille Werbespots, und deren Wiederholung war, gelinde gesagt, schrecklich.

Nach sechs Tagen Behandlung gab mein Geist seine verzweifelten Bemühungen auf, entrinnen zu wollen, und versank in einen Lähmungszustand. Mein Körper fühlte sich schlaff und ausgelaugt und verweigerte seine natürliche Funktion. Körper wie Geist waren an ein ungewöhnliches Maß von Anreiz und Übung gewöhnt, und ohne das setzten sie Fett an, wie ein Boxer, der das Kämpfen aufgegeben hat. Obwohl die Krankenstation so kühl war, wie ohne Klimaanlage möglich, förderte die ständige Schwüle meine Schlaffheit, zumal der Sommer sich langsam zur Regenzeit neigte. Ich sah jetzt schon voraus, daß es einer Menge Anstrengung und einer gewissen Zeit bedürfen würde, Mut und körperliches Selbstvertrauen soweit wiederzugewinnen, um mich auf die Straße zu trauen. So deprimierend der Gedanke auch war, ließ er sich dennoch nicht vergleichen mit dem Schock der Verzweiflung, der mich an jenem Tag noch treffen sollte.

Ein unerklärlicher nervöser Impuls ließ mich blindlings in meinem Nachschränkchen nach der Börse tasten. Sie war nicht da. Ich konnte es nicht glauben. Ich riß mir die Bandage vom linken Auge und suchte überall. Sie war fort. Während ich noch nachschaute, kam mir schon der Gedanke, wie unverständlich es war, daß ich etwas derart Wertvolles in einem unverschlossenen Schrank gelassen hatte, während ich, blind wie ich war, es nicht hatte bewachen können. Wie ungeheuerlich jedoch, dachte ich, war es, betrogen und beraubt zu werden in einem Krankenhaus, wo Vertrauen und Glauben Grundlage hätte sein müssen. Besonders auf der Blindenstation, wo der Patient doppelt hilflos ist.

Ich besaß einfach nicht die Energie, in Wut auszubrechen. Eine Weile spielte ich mit der Hoffnung, der Dieb habe einfach nur das Geld gestohlen und den Rest irgendwo gelassen, damit man ihn fände. So war es mir in Libyen geschehen. Aber weder die Börse noch das geringste ihres Inhalts wurde je wieder gefunden. Da ich mich absolut unfähig fühlte, den Konsequenzen ins Auge zu sehen, versank ich in eine fatalistische Apathie.

Während der folgenden Wochen zahlte ich das Bußgeld dafür, daß ich zum Helden meines eigenen Mythos hatte werden wollen. Ohne mir dessen bewußt geworden zu sein, hatte ich mich in dem Ruhm gesonnt, gleichsam von den Göttern erwählt zu sein. Ich hatte anscheinend vermutet, sie beschützten mich so lange, wie ich jener Unternehmung treu blieb, die mir ihre Aufmerksamkeit beschert hatte. Ich meinte, die Kontinente dieser Welt befahren zu haben, leuchtend und unverwundbar, als sei ich einer jener legendären Kreuzritter. In einer Aura, die mir eine spezielle Bestimmung verlieh, immun gegen die Verletzungen und Erniedrigungen, die einem normalen Touristen zuteil werden.

Ich hatte mich daran gewöhnt, Menschen aus dem Westen in die verschiedensten Übel tappen zu sehen. Ich hatte sie krank gesehen, in ihrem Durchfall und ihrer Hepatitis. Ich hatte sie getroffen, nachdem sie beraubt worden waren und dann ihre Botschaften belagerten, in denen sie auf wenig Mitgefühl trafen. Ich sah zu, wie sie jämmerliche Tage und Wochen an Bankschaltern verbrachten und darauf warteten, daß ihnen gestohlene Reiseschecks erstattet wurden. Und wann immer sie sich trafen, hörte ich ihr ewiges Lamentieren über verlorene Kameras, Uhren, Schmuck, Pässe, Brieftaschen, all die glänzenden und wertvollen Dinge, die aus den Räumen und dem Gepäck von Touristen strömen, um die parasitäre Unterwelt zu nähren, die vom Tourismus lebt wie das «dockland» Joseph Conrads – das «Grenzland von Schmutz und Niedertracht» – von den Seeleuten.

Ich war ziemlich herzlos geworden und dachte, daß all das Laster und all die Unschuld einander in einer gegenseitigen Symbiose verdienten. Es mochte etwas Heilsames darin liegen, wenn ein Weißer aus dem Westen bei seinem dreiwöchigen Besuch im Orient – in Erwartung, Aussichten zu genießen, ein paar Bilder zu machen, scharf Gewürztes zu kosten – sich plötzlich ganz unten wiederfand, bar seiner Habseligkeiten, aus Mangel an Geld gezwungen, mit irgendeinem schmutzigen Loch vorliebzunehmen und dazu verdammt, zumindest für einen Moment, eins zu werden mit den Realitäten einer Welt, deren glanzvollere Aspekte er auf seinen Dias mit nach Hause zu nehmen gehofft hatte.

Ich mußte lernen, daß die Immunität, derer ich mich augenscheinlich eine Zeitlang erfreut hatte, kein Geschenk des Himmels (und irgendwie aufgehoben im Schrein einer Lederbörse) war, sondern der Gewohnheit, wachsam zu sein. Auf mehr als eine Weise war ich blind gewesen. Welch bessere Jagdgründe konnte ein Dieb sich erhoffen als eine Blindenstation? Verbittert fragte ich mich, wessen Auge durchgeblickt hatte, als ich an jenem Tag meinen Reichtum auf dem Bett ausbreitete. Aber ich war, körperlich und geistig, zu tief gefallen, um aus philosophischen Erwägungen Kraft zu schöpfen. Ich hatte nur Selbstverachtung übrig für mich, für einen, der sich hatte verletzen lassen, bestehlen und erniedrigen – für einen von den tumben Touristen, die mit Übelkeit im Bauch in der Bank Schlange stehen.

5

Ich kam aus dem Krankenhaus und nahm einen Bus in die Stadt, weil ich hoffte, das geschäftige Treiben könne mich lebendig machen. Ich ging die Campbell Street hinauf zum Rope Walk und suchte etwas, irgend etwas, das meine Phantasie anreizte und mich erlöste aus meiner Dumpfheit. Die Campbell Street ist gesäumt von Juwelierläden, in denen die Chinesen das Geld in Gold investieren, das sie beim Spiel nicht verlieren. Vor meinem Unfall hatte ich immer die Anzahl dieser Läden staunend bewundert, das Ausmaß der Geschäfte, die sie tätigten, das Aroma von Ehrerbietung, das aus dem Schlund einer jeden dieser teppichausgelegten Höhlen Aladins waberte. Aber diesmal sprang kein Funke über.

Ich umrundete die Ecke zum Choong Thean Hotel, beinahe das erste Haus links. Die hohen grünen Holzläden waren aufgeklappt, und der Eingang im Erdgeschoß war zur Straße völlig offen. Zur Linken saß eines der Mädchen, eingewickelt in ihren Sari, und strickte einsam auf dem langen Plaudersofa, aus fein gedrechseltem Hartholz. In einem Antiquitätenladen in London hätte es genug Geld eingebracht, seinen/ihren Besitzer für immer von ihren/seinem Beruf zu befreien. Zu jeder anderen Zeit hätte diese ironische Verdrehung des alten Scherzes vom «Sitz auf dem Glück» mich froh gemacht, aber nicht an diesem Tag.

T'an saß wie gewöhnlich auf seinem Stuhl, mit geöffnetem Mund und nickendem Kopf. Hinter ihm, neben der Treppe, die zu den beiden Stockwerken oben führte, stand meine Triumph. Schon bei ihrem Anblick wurde ich nervös und müde. Es war keine prunkvolle Maschine wie die modernen, der Rahmen schwarz, Tank und Schutzbleche maronenbraun. Alle bemalten Oberflächen waren so verbeult, zerkratzt und abgeschabt, daß sie das Licht eher absorbierten als reflektierten. Das Kurbelgehäuse aus Aluminium war stumpf und angefressen von Sand und Salzwasser, und die Unterseite mit ihrem handgemachten Eisenschutz für die Ölwanne war von Schlamm verklebt. Die einfachen, klassischen Linien waren verborgen unter Stangen und Klammern, die helfen sollten, die schweren Beutel und Boxen zu tragen, die der Boss jetzt in einen Schrank geschlossen hatte.

Unterwegs hatten mich all diese Beulen und Narben vergnügt. Mein Bike war kein Spielzeug für Stadtcowboys oder Café-Raser, sondern ein vernarbter Veteran, der Wüsten hinter sich hatte, Gebirgsbäche und unmögliche Höhen. Jede Schramme und Delle, von den leicht verbogenen Gabeln bis zu den schwer angeschlagenen Felgen, wußte zu berichten von einer Begegnung mit den harten Kanten einer Welt, die ich schon mehr als viertausend Meilen lang erforscht hatte. Mein Bike war mein Raumschiff und meine Zeitmaschine. Mit meinem Überlebensgepäck, fest um seinen Rahmen geschnallt, war ich einfach hindurch gefahren durch den Spiegel, um den Frontalzusammenstoß mit meinen Träumen zu wagen. Wir hatten die Phantasiewelt Arabiens durchdrungen, die schwarzen Stammesnächte Afrikas, die südamerikanischen Sketche von Schießpulver und Gitarren, den honigsüßen, drogenerleuchteten Trip Kaliforniens, die krud-lakonische Küste Australiens und die menschenschwärmenden Küsten des Bienenstocks Asien. In allen Fällen hatte ich den intensiven Schauer der Erwartung gespürt, wenn ich zum letztenmal meine lebenslangen Vorstellungen heraufbeschwor, bevor meine Phantasien schließlich vor der unwiderstehlichen Wahrheit des Ortes selbst ihre Verbeugung machten. Jetzt, da all diese Erinnerungen glanzvoll erweckt wurden beim Anblick des Motorrads, war ich fürchterlich niedergeschlagen angesichts meiner Schwäche und des Gefühls, ihm nicht gewachsen zu sein. Ich fühlte mich kaum in der Lage, die Maschine von ihrem Ständer zu rollen, ohne sie fallenzulassen. Die schauerlichen Aussichten auf eine Menge bürokratischer Hindernisse, die sich vor mir türmten, da ich ja versuchen mußte, meine Pässe, Erlaubnisscheine und Zertifikate wieder zu beschaffen, waren zu deprimierend. Absichtlich schaute ich nicht hin und sagte mir: «Ein andermal. Nicht jetzt.»

Das Mädchen auf dem Plaudersofa unterbrach das Stricken, um mir ein ungewöhnlich süßes Lächeln zu schenken, und sagte: «Hallo. Geht besser jetzt, oder?»

T'an hob seine schlaffen Augenlider, und in sein Gesicht kam Leben.

«Mister Simon. Schon zurück? Sie sehen, Ihr Motorrad ist sicher. Es ist so schwer. Gestern mutete man mir zu, es auf die Straße zu bewegen. Wir mußten zu dritt schieben.» Langsam kletterte er auf die Füße, und die Frau vom Boss kam von hinten aus der Küche gewatschelt, mir ebenfalls zulächelnd. Sie sprach Chinesisch, und T'an sagte mir:

«Sie können wieder denselben Raum haben. Nummer sechs ist frei. Sie wird den Schrank aufmachen.»

Es war wie heimkommen. Ich sammelte einige Sachen aus dem Schrank unter den Treppen zusammen und schickte mich an, sie in mein Zimmer im zweiten Stock zu tragen. T'an hob einen kleinen Beutel auf und folgte. Dabei hängte er sich an das grüne Holzgeländer, während er die lilagestrichenen Stufen emporklomm. Auf dem Treppenabsatz im ersten Stock hörte ich das wohlbekannte Klacken des Abakus aus dem Zimmer unter mir, wo immer noch dieselben Männer anscheinend all ihre Tage inmitten von Ballen, Boxen und Kontobüchern verbrachten. Die Freundlichkeit und Wohlvertrautheit des Choong Tean begann meine Verbitterung aufzubrechen. Ich öffnete die dickverkrusteten Fensterläden in meinem Zimmer und veranlaßte dadurch ein paar lethargische Tauben, einige wenige Schrittchen entlang der abbröckelnden Mauerkante unter den Fenstern zu machen. Wieder einmal traf mich der stechende Schmerz der Wehmut, denn ich erinnerte mich an meine Jugend – heraufbeschworen durch die hohen Fenster, die abschuppende Farbe und Tauben auf einem Sims. Auf der anderen Straßenseite war ein hübsches Dach aus gesprenkelt orangenen Ziegeln, dicht gestaffelt wie Fischschuppen, und darüber, aber ziemlich in der Ferne, erhob sich die goldglänzende Kuppel der Moschee.

T'an hob meine Lebensgeister noch um ein weiteres, indem er auf seine elegante Weise erwähnte, er könne leider den einen Dollar erst nach ein paar weiteren Wochen zurückzahlen. Sein Schuldbewußtsein ließ ihn um eine weitere Zigarette nachsuchen. Dann verließ er mich. Ich saß einen Moment mit einer Zigarette in der Hand auf der Kante der Opiumcouch aus Rohr und Mahagoni, dachte an die Vergangenheit, an Hotelzimmer, in denen ich, lang war es her, gewohnt hatte, dachte an das Vergnügen, das es mir einst bereitet hatte, Zigaretten zu rauchen. Irgendwo in meinen Erinnerungen suchte ich nach dem Schlüssel, der mir helfen konnte, mich selbst wieder aufzuziehen. Dann ging ich hinaus in den Coffee Shop.

Eine Person, die ihres Lebenszwecks beraubt ist und richtungslos dazu, bedarf eines verläßlichen Angelpunkts auf der Erde, so wie ein

Schiff ohne Mannschaft oder Ruder eines sicheren Ankers bedarf. Nachts war ich im Choong Thean für nur fünf malaysische Dollar gut verankert. Tags ging ich ins Kedai Kopi, einem Coffee Shop am anderen Ende der kurzen Straße.

Wie die meisten dieser Läden in den Tropen war auch das Kedai Kopi zur Straße hin gänzlich offen, ohne Türen oder Fenster, nur mit einer großen Klappe, die nachts geschlossen blieb. Der Fußboden war, glaube ich, mit Fliesen ausgelegt und die Wände gestrichen, obwohl es auch umgekehrt gewesen sein kann. Einfache Holztische und Stühle nahmen den meisten Raum ein, aber hinten befanden sich auch eine Theke und eine Eistruhe.

Morgens kam ich und aß heißen Toast mit Butter. Dazu trank ich Kaffee. Der Toast bestand aus Scheiben des traditionellen englischen Weißbrots, das hier «tin loaves» genannt wurde. Man entfernt die Rinde und schneidet die Scheiben in fingerbreite Stücke. Überall in Malaysia war dies Sitte, ein Nachklang an die Kolonialzeit und daher ein weiteres Verbindungsglied zu unbewältigten Kindheitserinnerungen.

Ich päppelte mich mit Bechern voll süßem Instant-Coffee auf, der mit Vollmilch angereichert war. Manchmal aß ich eine oder zwei der heißen Teigtaschen, die mit Fleisch oder Marmelade gefüllt sind und Dim Sum genannt werden. In dampfenden Rohrkörben nahe am Eingang wurden sie erhitzt. Das war immer ein Abenteuer. Es gelang mir niemals, die chinesischen Wörter zu behalten, die den Unterschied zwischen Schweinefleisch, Garnelen und Marmelade kennzeichnen, und auf gut Glück zeigte ich einfach hin, sagte «one piece» und wartete dann darauf, was meine Zunge entdecken würde.

Weniger Nutzen brachte meiner Genesung das Ingwerbier. Als ich die Flasche in der Kühltruhe entdeckte, stellte sich bei mir die Gier danach ein. Überall auf der Welt, in Afrika, in Süd- und Nordamerika, in Australien hatte ich angekämpft gegen die schrecklichen amerikanischen Colas und ihre krankmachenden Apfelsinen- und Zitronenvettern. Sie sind zu einem derartig immensen Industriezweig geworden, daß es ihnen beinahe gelungen ist, Wasser als Getränk zu ersetzen, sogar in den abgelegensten ländlichen Buschdörfern. Als ich entdecken mußte, das sogar afrikanische Stämme und südamerikanische Indios in Versuchung gerieten, ihre geringen Finanzen für dieses gräßliche Getränk zu vergeuden, fühlte ich mich so abgestoßen, daß ich ihm nach besten Kräften widerstand.

Aber Ingwerbier symbolisierte für mich etwas Reines und Natürliches aus meiner Kindheit. Jeden Tag schienen Hitze und Luftfeuchtigkeit zuzunehmen, und eigentlich hätte ich nicht den Fehler machen dürfen, mir meinen Bauch mit dem Zuckerfrizzel aufzublähen, aber schon der Gedanke an ein Ingwerbier war so erfrischend, das ich eins nach dem anderen trank. Glücklicherweise weitete sich mein gieriges Verlangen nicht auf Alkohol aus. Dosen mit Guinness gab es auch, in Singapur in Lizenz gebraut. Es war im Kedai Kopi Sitte, sie zu trinken, wie sie vom Regal kamen, also beträchtlich wärmer als Körpertemperatur. Die Wirkung von heißem Guinness, das einem im Mund gleichsam explodiert, war eigenartig und den Versuch wert, aber süchtig konnte es mich nicht machen. Tagsüber, wenn ich mich nicht mit dem einen oder anderen Bürokraten herumschlagen mußte, setzte ich mich hin und versuchte, mich zusammenzureißen und aus der Erinnerung jene Adressen zu fischen, die ich verloren hatte. Während meines Aufenthalts im Krankenhaus schienen meine verschiedenen Körperteile sich voneinander gelöst zu haben. Meine Beine waren wacklig, meine Augen noch immer unsicher, und mein Körper kam mir vor wie ein Sack unkoordinierter Organe, die ständig miteinander im Clinch lagen.

Obendrein mußte ich meine Schecks wiedererstattet bekommen, mich impfen lassen, den Führerschein ersetzen und zumindest einen Paß, meine Visa erneuern und bei der Polizei, natürlich auf malayisch, eidesstattliche Erklärungen abgeben. In gemäßigtem Klima und bei gutem Gesundheitszustand wäre das schon ein nervendes Unterfangen gewesen, in den Tropen jedoch, und so, wie ich mich fühlte, erschien es mir manchmal unmöglich. Dann griff ich zu einem weiteren Ginger-Ale und fühlte mich entsprechend schlechter.

Genug des jämmerlichen Selbstmitleids. Denk doch an die Millionen, die dich beneiden würden, die alles gäben für Ferien in Penang, der Perle des Orients. Sieh dich doch nur um. Das bringt deine Sinne zum Singen. Oder etwa nicht? Ich sah mich um. Am Chow-Stand auf der anderen Seite der Straße drehte der Koch den Fächer mit dem Fuß, blies Luft in die Holzkohlenglut, schickte Flammen mit Funken hoch hinauf und wendete mit verbissener Energie Zutaten an den heißen Rändern des Wok.

Wie viele Arten von Nudeln hatte er aufgehäuft in seinen Glasbehältern? Wie viele verschiedene Kräuter und Soßen? Die Gerüche von Soja und Garnelen trieben die Straße hinunter und mischten sich mit den Düften der Räucherstäbchen chinesischer Beerdigungsunternehmer und denen der Fische, die in großen Körben vorbeigeschleppt wurden.

Drei indische Bäcker segelten auf ihren Fahrrädern vorbei, eine stattliche Prozession. Sie lehnten sich zurück auf ihren Sätteln, schlugen ihre Klingeln an, um aufmerksam zu machen auf die großen Glasvitrinen, die sie auf abenteuerliche Weise über ihren Hinterrädern balancierten. Sie alle verkauften dieselben Brötchen und Brote. Warum im Himmel fuhren sie zusammen, wenn sie doch miteinander konkurrierten?

Auf den Gehsteigen der Chulia Street waren Zimmerleute, Korbmacher und Handwerker, die sägten, flochten und hämmerten und umgeben waren von einem Gewirr von Handelswaren. Lebensmittelläden und Eisenwaren-Shops, ausgestattet auf die alte Weise mit Borden und Krügen und Theken, präsentierten eine so verblüffende Auswahl von Dingen, daß das westliche Auge meinte, sie gehörten ins Zeitalter der Alchemie und Hexenkessel. Da gab es Wurzeln und Rinden und Blätter, und schleimige Dinge in Flaschen. Alle Arten von Körnern, Bohnen und sonderbaren Pulvern in Säcken, gewogen von altertümlichen Messingwaagen, abgefüllt in meisterlich gezwirbelte Tüten aus grauem Packpapier.

Überall sieht man die Dinge selbst, nicht die Verpackung oder die werbende Dekoration. Diese Welt ist wahr. Hier kauft man die Kekse, nicht die Marke. Festgepreßte Blöcke von Garnelenpaste hocken neben dem Abakus. Da gibt es Trommeln und Fässer, Glasballone und Kisten und Räucherstäbchen, so dick wie Elefantenbeine.

Auf den Straßen herrscht noch nicht das Auto. Auf kleinen japanischen Motorrädern fetzen Horden von Chinesen in weißen, sauberen Hemden durch die Gegend; Auspüffe ohne Schalldämpfer. Rikschas und Fahrräder ebenfalls in Schwärmen. Rikscha-Fahrer klappern und schreien nach Kunden und verfolgten Touristen mit Angeboten: Hotels und Heroin.

«Hey, Johnny», blöken sie, «wollen Smack?»

Nun, ich hatte keine Lust auf Smack, denn heute hätte es mich voll erwischen können. Das wunderbare Selbstvertrauen war fort. Jenes Gefühl der Kraft – die Überzeugung, die mich hatte meine Reise wagen lassen und mich so lange in Gang gehalten hatte, war versiegt. Und ich empfand, daß ich in großer Gefahr wäre, würde ich ohne sie weiterfahren wollen.

Mir gefiel das Kedai Kopi, denn dort sprachen sie kein Englisch und waren weit entfernt von jeder Mode. Einheimische waren die einzigen Gäste, Chinesen oder Malaien, Kaufleute, Rikscha-Fahrer oder Kunsthandwerker, die jeden Morgen ihre Werkstätten auf die Gehsteige der

Chulia Street verlegten. Weil die Gäste echte Eingeborene waren und weil sie ausnahmslos arm waren, amüsierten mich die Reklameplakate an den Wänden immer wieder. Besonders zwei Kalender, die Zigaretten anpriesen, wirkten unter diesen Umständen hinterhältig sinnlos und lächerlich.

Auf einem war ein junger, blonder und besonders englischer Rennfahrer zu sehen, einer von der Sorte, der sich bestimmt schon in der ersten Saison totfährt. Er rauchte eine Rothman's, und der Slogan hieß: «When you know what you're doing ...» Das zweite zeigte einen beinahe identischen Dummbeutel, der vorgab, Boot-Designer zu sein, und seinem Kunden gerade den revolutionären Entwurf eines garantiert versenkbaren Luftkissenschiffes demonstrierte. Er rauchte State Express: «The successful man's cigarette».

Eines Tages kam ein dürrer brauner Mann und setzte sich unter diesen zweiten Kalender. Er hatte bloße Füße, schmutzig-schwarz. Er trug nur ein braunes Unterhemd und zerlumpte Khaki-Shorts wie alle Männer, deren schwellende Wadenmuskeln die Pedalen der Fahrrad-Rikschas durch die Stadt traten. Sein Gesicht und seine Art erregten meine Aufmerksamkeit. Er kam herein und setzte sich mit kurzen, abgehackten Bewegungen. Seine Ungeduld stellte er groß zur Schau. Unter hervorstehenden Brauen blitzten seine Blicke, flink und scharf, als wolle er uns alle warnen, nicht seine kostbare Zeit mit eitlem Getratsche und Unsinn zu vergeuden. Er benahm sich wie ein Mann, der sehr wohl wußte, daß er Zentrum der Aufmerksamkeit war. Ein Mann von Macht, der je nach Lust und Laune für die, die ihn umgaben, Ruin oder Ruhm bedeuten konnte. Wie ein cholerischer General war er, gekommen, seine abgeschlaffte Truppe am Abend vor der Schlacht auf Trab zu bringen. Ich wartete in atemloser Spannung darauf, ob er wohl eine schlimme Rechnung zu begleichen habe. Mit zusammengepreßten Lippen und angespannten Gesichtszügen kehrte er aus seiner Tasche eine leere uralte State Express-Packung sowie zwei zerknitterte Papierschachteln mit billigen, einheimischen Zigaretten. Und dann machte er sich daran, die billigen Zigaretten in die Schachtel umzupacken, die soviel mehr hermachte. Ich war wie hynotisiert von der Wichtigkeit, die er sich und seinem Unterfangen zukommen ließ. Kein großer Staatsmann hätte in einem Krisenmoment beeindruckenderen Ernst beweisen können. Aber natürlich war sein Benehmen so absurd und daneben wie das des dummerhaften Herrn auf dem Kalenderbild über ihm.

Als er die leeren Schachteln auf den Boden fallen ließ, ertönte ein

Schrei der Empörung aus der entfernten Ecke des Coffee Shops, und ich erwartete schon, daß meine angekratzte King Lear-Positur nicht mehr standhalten würde. Aber er sammelte die Papierfetzen auf, als seien sie Orden, und mit einer letzten, seine Erhabenheit über die versammelte Meute kundgebenden Geste, wandte er uns den Rücken zu und stolzierte davon, schließlich doch noch der «successful man». Draußen standen ein übergroßer Sack und ein großer Korb. Er schwang sich den Sack über die Schulter, griff den Korb am Rand und schleifte ihn trotzig die Straße hinunter.

Diese kleine, aberwitzige Episode brachte mir mein Leben zurück. Bei den ermüdenden Besuchen auf der Polizeistation, im Krankenhaus, auf der Post, der Bank und dem Impfzentrum versuchte ich die Menschen als jene verschiedenartigen und faszinierenden Individuen zu sehen, die sie waren, und nicht nur als eine lästige Menschenmenge, die mit mir an den Schaltern in Konkurrenz stand oder mir den Zugang zu einem Bus versperrte. Es gibt immer die Wahl zwischen diesen beiden Haltungen, und es besteht kein Zweifel, welche von beiden wohl die bessere ist. Wenn man die einzelnen Menschen vor lauter Menge nicht zu sehen imstande ist, sollte man nicht reisen. Aber es bedarf Energie, Phantasie und einer gewissen Distanz, es anders zu machen.

Warum erscheinen die Gesichter der Armen soviel interessanter und ausdrucksvoller als die der Wohlhabenden? Mangel und harte Lebensumstände hinterlassen natürlich tiefere Male. Und bei ihnen sind körperliche Stigmata und Mißgeburten öfter verbreitet. Schon das Gebären geht auf gut Glück vonstatten, und dadurch entstehen manchmal körperliche Verformungen, die wir Privilegierten nicht dulden würden. Kinderkrankheiten und andere Gebrechen können die Haut in Mitleidenschaft ziehen, Knochenschwund hervorrufen, die Zähne verrotten lassen, Schielen oder milchige Schleier auf den Augen mit sich bringen. Harte Arbeit vermag die Halswirbel zu krümmen, schiefe Schulterhaltung zu verursachen, das Gesicht zu entstellen oder einen verqueren Gang zu verursachen. All die übertriebenen Physiognomien, die Charles Dickens aus dem London des neunzehnten Jahrhunderts so lebendig beschrieb, sind noch immer bei den Armen dieser Welt zu finden. Wäre dies jedoch alles, besäße es nur die abstoßende Attraktivität einer Freakshow im Zirkus.

In den Städten der unterprivilegierten Welt ist es die Vielfalt von Charakteren und Emotionen, die eher ins Auge fällt als körperliche Eigentümlichkeiten und Deformationen. Lebensfreude, Intelligenz und

Schläue sind um so leichter wahrzunehmen, je härter der Überlebenskampf ist. Diejenigen, die trotz allem gewinnen wollen, müssen um so eher sie selbst sein, geprägt von der Kraft ihrer Emotionen. Großzügigkeit, Freundlichkeit und Witz sind ebenfalls offenkundiger. Es scheint soviel leichter zu sein, die Menschen als das zu sehen, was sie sind. Das Leben auf den Straßen von Penang ist daher aufregender als das in London oder New York, immer vorausgesetzt, man verfügt über die Stärke und Widerstandskraft, sich ihm zu stellen.

Während jener ersten paar Tage, als ich mir so sehr Mühe gab, den Glauben an mich selbst und an meine Ziele wiederzugewinnen, war es T'an, der am allerbesten wußte, wie mein verkümmertes Ego aufzubauen war. Aus einer Tradition des Schmeichelns schöpfend, die fünftausend Jahre lang als ehrbare Kunst praktiziert worden war, ging er mir meisterhaft um den Bart. Mindestens einmal am Tag kam er auf irgendeinen Aspekt meiner Reise zu sprechen und blies ihn zu heroischen Dimensionen auf.

«In Afrika, denke ich, sind Sie oft durch den Dschungel gekommen», deutete er im Tonfall andächtiger Ehrfurcht an, die er so gut beherrschte.

«Nun ja», gestand ich bescheiden ein.

«Und da haben sie wohl viele wilde Tiere getroffen?»

«Ja, mag schon sein», sagte ich und erinnerte mich daran, wie freundlich jene Begegnungen gewesen waren.

«Oh, Sie müssen ein sehr mutiger Mann sein. Ich würde im Dschungel oder in der Wüste bestimmt zu Tode kommen.»

Er schüttelte sich, als befände er sich im verzweifelten Todeskampf mit Löwen und Giftschlangen. In trauernder Untertänigkeit versuchte er mitzuteilen, welch fürchterlicher Verlust es für ihn gewesen wäre, würden meine Gebeine das Lager eines Untiers zieren. Übermenschliche Kräfte müsse ich haben, um diesem Schicksal entgangen zu sein.

Ich wußte es natürlich besser, und seine Version brachte mich nie dazu, die eigenen Erinnerungen in neuem Licht zu sehen. Und doch rief er mir ins Gedächtnis zurück, das auch ich einmal eine Reise durch Afrika mit denselben angstvollen Vorahnungen begonnen hatte. Und ich fühlte mich besser, da ich jetzt wußte, sie überstanden zu haben.

An anderen Tagen wollte er sich begeistern über meine offenkundige Immunität gegenüber Banditen, die seiner Überzeugung nach eine jede der viertausend Meilen unsicher gemacht hatten, die ich gefahren war. Er bejubelte mein Genie als Motorradmechaniker, das mir dazu verholfen hatte, die Maschine laufen zu lassen. Die Kraft meiner Arme (die ich für mickrig hielt), die mit dem Lenker gerungen hatten über Stock und Stein und Fluß. Genial habe ich die Myriaden von Ausrüstungsgegenständen zusammengestellt, die er unten in dem Schrank und jetzt wieder in meinem Zimmer gesehen hatte.

Immer wenn ich ihn verließ, fühlte ich mich ein bißchen stärker, weiser und wichtiger. Und wenn diese Therapie mich auch ein paar Zigaretten oder ein, zwei malaysische Dollar am Ende des Monats kostete, so war sie doch die billigste und wirkungsvollste, die mir je hätte zuteil werden können.

T'an war zudem mein Verbindungsmann zum Boss. Durch ihn wurde ich oft mittags oder abends zum Essen mit dem Boss, seiner Frau und dem Mah Jong-Organisator eingeladen. T'an selbst hatte nie das Glück. Der Eßtisch stand in einem höhlenartigen Raum, der sich nach hinten zu einem abgedeckten Brunnen öffnete. Dieser ganze Teil des Hotels war düster, feucht und klamm, mit grauem Steinfußboden und zigfach verputzten Wänden undefinierbarer Farbe. Gekocht wurde im Bereich des Brunnens, manchmal vom Boss, manchmal von seiner Frau. Sie war fett, schaute gleichgültig drein und watschelte einher in ihrem schwarzen Pyjama, während er blauweiß-gestreifte Pyjamahosen und einen schroffen Gesichtsausdruck bevorzugte. T'an wußte zu tratschen, sie sei der wirkliche Besitzer und er nur der Manager – und sie wisse sehr wohl, ihn damit unter dem Daumen zu halten.

Das Kochen interessierte mich ebenso wie das Essen. Es gab keine Küche, wie sie im Westen inzwischen üblich sind, als Dekorationsobjekte für Design und hypermoderne Utensilien. Im Choong Thean gab es keine Reihen von Flaschen und Krügen, die nichts als sich selbst anpriesen. Keine Regale glänzender Pfannen und Töpfe, keine Bestecke, keine Plastikflächen, kein Resopal und keine Haken aus rostfreiem Stahl. Nirgendwo Glanz oder ein Strahlendweiß. Ein paar große, geschwärzte Woks und Kessel, einige Bambuskörbe und Siebe, ein Hackmesser, ein Kaltwasserhahn – mehr sah ich nicht. Sicherlich gab es da ein paar Zutaten in Behältern, aber die Dosen und Töpfe waren so unscheinbar und abgenutzt, daß sie zu verschwinden schienen, sobald man ihnen den Deckel aufgesetzt hatte.

Ich fand heraus, daß das gemeinsame Mahl mit Chinesen, das sie selbst zubereitet hatten, ganz und gar anders war als eine Mahlzeit in einem chinesischen Restaurant. Das Essen kam in großen Schüsseln auf den Tisch, buchstäblich in Flüssigkeit schwimmend. Vieles war undefinierbar, und manches sah aus wie der Inhalt eines von Algen durchsetzten Fischteichs, den man zum Kochen gebracht hatte, aber das meiste, das ich zu kosten über mich brachte, schmeckte gut, und ich war überzeugt, ohne wirklich zu wissen warum, daß es nur nahrhaft und gesund sein konnte.

Da ich nur durch Grunzlaute, Zeichensprache und einige wenige Worte mit meinen Gastgebern kommunizieren konnte (die Worte, die ich im Krankenhaus gelernt hatte, waren bestimmt auch noch falsch), erwies sich diese Erfahrung um so exotischer. Ich wußte, daß ich dem wahren China nicht näherkommen konnte als hier, denn es war zu jener Zeit noch jedem Ausländer verschlossen wie eine Muschel.

Nach einer Weile begab ich mich auf Spaziergänge durch die Stadt und versuchte, mein Interesse am Leben neu zu entfachen. Stunden verbrachte ich auf den Fisch- und Gemüsemärkten. Im Hafenbereich trieb ich mich herum, stöberte einen ganzen Nachmittag im Lager eines Teppichhändlers. Ich nahm den Ayer Itam-Bus zu den Botanischen Gärten und verbrachte einen Tag auf den Rasen und den von Bäumen gesäumten Wegen, betrachtete die Affen, die ihren Schabernack auf den Bäumen trieben und ihre Babies im Gras herumtollen ließen. Ich trank Cocktails im Dreh-Restaurant im höchsten Geschoß des Meridian Hotels, schaute zu, wie Penang unter mir langsam in der Dämmerung wegdrehte, und merkte von neuem, welche Verachtung ich eigentlich für die sterile Anmaßung internationaler Hotels und ihrer Gäste hegte.

Eines Tages ging ich aus purer Laune in einen kleinen Lederwarenladen und kaufte mir einen Quadratfuß feinsten braunen Leders. Mit Hilfe einer überaus spitzen viktorianischen Ahle, die mir ein Freund in Buenos Aires gegeben hatte, brachte ich eine Kopie der verlorenen Börse zustande. Fast einen ganzen Tag brauchte ich dazu, aber das war der erste Schritt, meinen Glauben in die Zukunft wiederzugewinnen. Fast augenblicklich danach erfuhr ich, daß das langerwartete Ersatzteil für meine Lichtmaschine aus England eingetroffen war. Am nächsten Morgen schob ich die Triumph mit aller Vorsicht, innerlich zitternd und mit angehaltenem Atem, aus dem Hotel hinaus auf den Rope Walk.

T'an, der Boss und die Frauen vom Parterre sahen auf ihre Weise bewundernd und amüsiert zu. Die Batterie war noch genug geladen, um mich zur Lucas-Werkstatt zu bringen. Ich trat die Maschine an, und ohne Mucken begann sie zu laufen. Ich fuhr hinaus auf die Campbell

Street und machte mich mit der Überheblichkeit eines mittellosen Gentlemans gesetzten Alters auf den Weg durch die Straßen Penangs.

Danach widmete ich mich fast eine Woche lang ausschließlich der Wartung meines Motorrads. Dr. Manocha hatte mich ermahnt, die ersten zwei Wochen nicht zu weit zu fahren, denn die Vibrationen hätten meine Netzhaut wieder lösen können. Ich war froh, seinem Rat so leicht folgen zu können, denn ich fühlte mich noch immer zu matt, um in aller Eile in den Sattel zu steigen. Und dennoch machte ich bereits eine Art behutsamer Planung. Es war schon Ende Mai, und fast einen ganzen Monat hatte ich in Penang verbracht. Ein indisches Passagierschiff namens Chindambaram sollte am 26. Mai nach Madras in See stechen, und ich versorgte mich mit einem Ticket.

Sobald ich es wagte – das Motorrad in gutem Zustand und meine Netzhaut wieder fest am Auge –, fuhr ich die fünfhundert Meilen nach Kuala Lumpur und wieder zurück, um meinen neuen Paß bei der englischen Botschaft abzuholen. Dadurch gewann ich genug Zeit für einen kurzen Abstecher nach Thailand. Ich kaufte mir im thailändischen Konsulat ein reichverziertes und teures Visum und packte all meinen Kleinkram zusammen, von Werkzeugen bis zur Teekanne, alles in die entsprechenden Kisten und Kästen. Am Freitagmorgen, dem 11. Juni, winkte ich dem Choong Thean Abschied und versprach, in zehn Tagen wieder zurück zu sein.

6

Die letzte Stadt an der Landstraße nach Thailand war Alor Star. Ich kam vormittags an und sah nichts als eine erbärmliche Ansammlung kleiner Läden, dazu eine Tankstelle und ein Bus-Depot, alles durch einen kurzen, heißen Regenguß verfärbt und besudelt. Ich folgte einem Hinweisschild nach Padang Besar und fuhr eine schlammige Straße hinauf zum Wachraum eines Armeepostens, wo ich nach Captain Dylan fragte, obwohl ich nicht besonders darauf erpicht war, ihn anzutreffen.

Dieser eigenartige und ziemlich abstoßende Mann war schon vor sechs Wochen in mein Leben getreten, bevor ich noch in Penang eintraf.

Ich fuhr nördlich von Singapur an der Westküste von Malaysia, und zu jener Zeit hatte ich eine Freundin mit mir auf dem Bike. Fast ein halbes Jahr lang waren wir zusammen durch Australien gereist. Wir standen einander noch immer sehr nahe, aber uns umfing Traurigkeit, weil wir wußten, daß die Trennung bevorstand. Die Traurigkeit war bittersüß, und es war meine Schuld. Meine Reise war zu einer Mission geworden, die ich meinte, nicht teilen zu können. Während der letzten Monate hatte an mir die heimliche Erkenntnis genagt, daß ich einfach nicht weiterkam mit ihr, daß ich allein fahren mußte. Ein erbärmlich-trotziger Teil von mir sagte: «Meins, meins, alles meins.» Ich wußte, daß ich mich eines groben Fehlers schuldig gemacht hatte, und unter dem Gewicht dieser Schuld hatte ich zu kämpfen. Schließlich, auf dem Schiff von Perth nach Singapur, während der Regenfälle des Monsuns und nicht weit entfernt von den dunstigen Überresten Krakataus, brach unser persönliches Unwetter los.

Nach viel Kummer und gegenseitigen Vorwürfen entschloß sie sich, mich irgendwo nördlich von Kuala Lumpur zu verlassen und sich allein durch Indonesien zu schlagen. Ich war dankbar, aber auch tief betroffen davon, was ich getan hatte, denn sie hatte viel aufgegeben, um sich mir anschließen zu können. Lange Zeit hatte ich unter dem Schuldgefühl zu leiden. Ein Schlag nach dem anderen traf mich, nachdem wir uns getrennt hatten, und ich konnte mich des Gefühls nicht erwehren, als ich in Penang im Krankenhaus lag, daß ich dies Ungemach als Strafe zugewiesen bekommen hatte und nicht zu sagen sei, wann die Buße enden würde.

Aber an jenem Tag im April, als wir nach Pontian Kechil kamen, blieben uns noch ein paar letzte Tage. Die Straße führte dicht an der Küste bei der Straße von Malakka vorbei. Pontian bestand nur aus zwei Reihen Häusern zu beiden Seiten – meistens aus Fachwerk, blau, grün und grau angestrichen. Während wir durchfuhren, bemerkte ich zu meiner Rechten ein kleines Hotel, der Eingang in fröhlichem Rot gestrichen. Ein hübsches, handgemaltes Zeichen verkündete «Hotel Jaya».

Ich hätte gern dort angehalten, aber wir mußten weiter in die Touristenherberge der Regierung, denn wir besaßen keine malaisischen Dollars. Es war zu spät für die Bank, am nächsten Tag war ein nationaler Feiertag, und dann kam das Wochenende. In Jahore hatte uns eine amtliche Touristenführerin mit Lippen wie die Dächer einer roten Pagode gesagt, die Regierungsherberge in Pontian sei der einzige Ort, wo wir vielleicht Geld wechseln konnten. Ein Zimmer dort kostete angeblich zwölf Dollar. Teuer, aber nicht unerschwinglich. Wir fanden den Ort, kurz außerhalb der Stadt, jenseits der Straße an der Küste. Das Haus war aus Beton und mit Ziegeln gedeckt, nach malaisischem Standard modern. Ein Morris Minor stand vor der Tür geparkt, und auf der Leine flatterte Wäsche. Zwischen der Leine und dem Gebäude, teilweise verdeckt von der flatternden Wäsche und einer niedrigen Mauer, sah ich einen Mann, der sich auf eigentümlich ruckartige Weise umdrehte und uns anstarrte.

Es war ein Inder mit kantigen Gesichtszügen, hellem Teint und der weichen Nase eines Punjabi, und er trug ein nasses Handtuch um die Stirn. Ich sah seinen offenen Mund, und er schien etwas zu schreien, aber der Lärm des Motorrads erstickte seine Worte. Ich stellte den Motor ab, als er hinter der Wand auftauchte und man sah, daß er Jodhpurs, Khakisocken und Slipper trug. Mitten im Satz ertönte seine Stimme mit der Lautstärke, die man auf einem Kasernenhof hört. Der Motor erstarb.

«... Brandy, was! Ich sag, topping good show. Verdammt gut. Let's have a drink. Was soll's denn sein?»

Er war hoffnungslos betrunken, und sein Atem wehte in Fahnen, als er sich uns entgegenmanövrierte. Obwohl seine Sprache alle idiomatischen Wendungen aus den Offizierskasinos der edwardianischen Ära einschloß, war sein Akzent total daneben: Die kaum verhohlene Schauspielerei eines Inders, der versucht, Colonel Blimp zu imitieren, dabei jedoch klingt wie ein Cockney-Junge, der marktschreierisch seinen Karren schiebt, war mir unbehaglich. Wir hatten einen harten Tag hinter uns und waren zu müde, uns lange mit dem Rätsel des Raj zu plagen. Also entschuldigte ich uns mit dem vagen Versprechen, demnächst mit ihm zu trinken, und wir machten uns auf die Suche nach einem Zimmer.

Das billigste kostete fünfzehn, nicht zwölf Dollar. Die zusätzlichen drei Dollar mußten für einen Air-Conditioner aufgewendet werden, der in seinem Käfig brüllte und keuchte wie ein asthmatischer Löwe. Auf der Stelle machten wir ihn aus. Beim Management sagte man uns, unsere Schecks könne man nicht wechseln, aber man warte gern auf das Geld. Das bedeutete, wir hätten vier Nächte bleiben müssen. Das war aber nicht in unserem Sinn. Das Zimmer war möbliert und ausgestattet wie in billigen amerikanischen Motels. Es war schon in Ordnung, aber deswegen waren wir nicht nach Asien gekommen. Sein größter Vorteil war ein herrlicher Blick aufs Meer, eine kleine Insel und ein säuberlich errichteter Steg, der sich hinaus über das glatte, dunkle Wasser schlängelte. Ein feuriger Sonnenuntergang brach durch die Regenwolken am Horizont, blitzte rosa und violett von der Meeresoberfläche. Der Anblick reizte uns noch mehr, so schnell wie möglich das Zimmer zu verlassen.

«Fahren wir morgen in die Stadt zurück», sagte sie.

«Okay, vielleicht können wir es mal in dem kleinen Hotel versuchen, an dem wir vorbeigekommen sind. Laß uns doch heute abend dort essen.»

«Ich will dem Besoffenen da unten nicht über den Weg laufen», sagte sie. «Sieh mal, der Steg ist wirklich süß.»

Wir gingen hinaus auf den Steg, und nach Sonnenuntergang, ungefähr um achtzehn Uhr dreißig, fuhren wir nach Pontian in das Jaya Hotel. Im Erdgeschoß war ein kleines Restaurant mit einigen einfachen Holztischen und Stühlen sowie einer geschwungenen Theke gleich am Eingang. Es war sauber, und hier und dort ließen ein schönes Poster an der Wand oder ein bißchen Farbe erkennen, daß der Besitzer Sorgfalt walten ließ. Ein angenehm aufmerksamer Boy brachte eine Orangeade mit Kohlensäure, ein Bier und die Speisekarte. Natürlich war sie auf malaysisch, aber das ist eine einfache Sprache, und inzwischen konnten wir das meiste entziffern. Wir bestellten einige chinesische Gerichte. Als ich um die Erklärung einer angegebenen Speise bat, kam der Besitzer selbst eilfertig zu uns. Er hatte seine Witze mit ein paar Männern am anderen Ende des Raumes gemacht, aber die meiste Zeit hielt er doch ein Auge auf uns gerichtet. Er war ein kleiner Mann mit breitem Oberkörper, gekleidet in Oberhemd und Sarong. Ein Malaye mit etwas chinesischem Blut, dachte ich. Er lachte: – «Haha» – nach jeder Phrase und jedem Satz, und in seinen schwarzen Augen war ein freibeuterisches Glitzern. Seine gute Laune war überzeugend und ansteckend. Ich mochte ihn auf der Stelle.

Er sagte uns, was wir wissen wollten und noch ein bißchen mehr dazu.

«Diese Durian-Frucht, nach der Sie fragen, haha, ist nicht ... haha. Es ist eine feine Frucht, haha, aus meinem eigenen Garten, ha, aber wenn Sie den Geschmack nicht kennen, haha, besser erst mal kosten. Manche Leute mögen Durian überhaupt nicht, haha – sagen, schmeckt wie schlechter Käse.» Und dazu lachte er übers ganze Gesicht.

Wir sagten beide, wir wollten sie ein andermal probieren, und fragten nach einem Zimmer in seinem Hotel. Er habe ein schönes, sagte er, für sechs Dollar. Wir erklärten unser Problem mit den Schecks.

«Kein Problem», sagte er. «Morgen können Sie in der Bank wechseln.»

«Aber ist die Bank nicht morgen geschlossen?»

«Vielleicht. Dann werde ich sie selbst öffnen.» Er brüllte vor Lachen. «Kommen Sie morgen früh nicht so spät. Ich mache das klar.»

Das Essen war gut. Wir sahen uns das Zimmer an, und es gefiel uns. Innerhalb von zwei Stunden hatte er uns erzählt, daß sein Name Ambak Jaya war, daß er Polizist in Singapur gewesen war, aber die meiste Zeit so viel gearbeitet, getrunken und gespielt hatte, daß er krank wurde und seine Frau sich geweigert hatte, bei ihm zu bleiben, wenn er nicht mit seiner Familie ein ruhigeres Leben begänne. Jetzt war er glücklich. Er hatte das Hotel. Er hatte seinen Garten außerhalb der Stadt – und er hatte seine Familie. Seine Frau, die Heldin dieser simplen Geschichte, hatten wir schon kennengelernt. Sie war aus der Küche gekommen, um uns das Zimmer zu zeigen, und sie war es, die seine Geschichte glaubhaft machte.

Ich hatte nie zuvor eine Person getroffen, die auf den ersten Blick und auch weiterhin ohne Unterlaß eine derartige warmherzige Aufrichtigkeit ausstrahlte. Sie hatte einen guten, kräftigen Körper, ein bißchen zu kompakt vielleicht, aber dennoch ansehnlich, und sie verrichtete ihre Arbeit mit leichter Hand, ohne je zu klagen. Ihre schwarzen Haare, hinten zusammengebunden, waren von weißen Strähnen durchzogen. Weder sie noch Ambak waren jung, aber dennoch voller Lebenskraft. Wenn sich seine Energie in spontanen, nach außen gerichteten Explosionen entlud, war die ihre von einer eher ruhigen und stetigen Art und versprach, geradezu unversiegbar zu sein. Ihr Gesicht spiegelte diese Energie und war gleichzeitig Lohn dafür: klar, ohne Gram, manchmal lächelnd, manchmal ernsthaft, aber immer lebendig und schön. Für eine Frau wie diese, dachte ich, kann ein Mann vieler Laster entsagen.

Wir verabredeten uns für den nächsten Morgen zum Frühstück. Ambak würde unsere Geldsachen klären und dann, so sagte er, seien wir eingeladen in seinen Garten, um mit eigenen Augen die tropischen Früchte zu sehen, die er dort anbaute.

Auf dem Rückweg zu unserer Unterkunft war die Nacht so schwarz, daß wir außerhalb der Stadt den Weg fast ertasten mußten. Aus dem üppig wuchernden Garten eines abseits gelegenen Hauses begrüßte uns ein Ochsenfrosch-Orchester mit einer Serenade, unnatürlich laut in der

Dunkelheit und für unsere Phantasie wie eine monströse Karikatur dieser kleinen Geschöpfe. Die Herberge war so gut wie eingeschlafen. Nur in der Bar brannte Licht, und durch die offene Tür sahen wir unseren indischen Bekannten allein mit dem Barmann. Er dröhnte seinen ewig gleichen Song wie die Frösche in der Nacht. Wir schlichen uns leise an der Tür vorbei und gingen auf unser Zimmer.

«Vielleicht sollte mir der Typ leid tun», sagte sie später, «aber leicht ist das nicht.»

Um acht Uhr am nächsten Morgen war die Hitze schon recht stark, aber die roten Fensterläden des Hotel Jaya präsentierten sich fest verschlossen. Wir klopften ein paarmal und warteten. Auf der anderen Seite der Straße war die Bank verschlossen und verriegelt wie für alle Ewigkeit. Die Straße war verlassen. Ich klopfte abermals und fühlte jetzt schon Enttäuschung, ja fast Trauer, als mir klar wurde, wie sehr ich mich von der familiären Atmosphäre der Jayas angezogen fühlte. Wir wollten schon fortgehen, als wir schlurfende Geräusche hörten. Knarrend öffneten sich die Läden. Unter schläfrigen Augenlidern linste uns Ambak an, und er zupfte sich den Sarong um die nicht unerhebliche Taille. Es schien so, als habe er gleich hinter der Tür auf der Theke gelegen. Sein Gesicht, noch im Halbschlaf, glich einer tragischen Maske, deren Züge hingen, als habe er gerade feststellen müssen, daß sein ganzes Leben verpfuscht sei. Dann aber riß er sich merklich zusammen, die Maske brach auf in ein optimistisches Grinsen, und Feuer leuchtete in seinen Augen.

Von da an setzte sich der Tag fort, wie er vorhergesagt hatte. Zum Frühstück gab es Kaffee und würzige Gemüsepasteten. Um neun Uhr öffnete die Bank wunderbarerweise ihre Tore für eine Stunde, und wir erledigten unsere Geschäfte. Ambak heuerte zwei Fahrradrikschas, und in einem Konvoi brachen wir auf, Ambak, seine beiden Kinder im schulpflichtigen Alter, und wir. Es ging eine lange ungepflasterte Straße entlang zu dem Garten, den er inzwischen in den Rang einer Plantage erhoben hatte.

Tatsächlich handelte es sich um mehrere Morgen mit Obstbäumen und Gemüsebeeten. Wir sahen Mango, Mangostinen, Ananas, Kokosnüsse, Bananen, Cashew und Zimtäpfel. Da gab es die große, warzige Jackfrucht, die noch größere Brotfrucht und das zweifelhafte Durian, das Ambak mit einem Netzgewebe, gleichsam einem Bruchband, versehen hatte, damit die Früchte nicht vom Baum fielen, wenn sie reif waren.

Ambaks wertvollste Früchte kamen von den Zitrusbäumen, die er aus Ipoh importiert hatte: Limonen. Die Frucht, so erzählte er uns, roch wie Zitrone, wuchs aber zur Größe von Melonen und war unentbehrlich für die chinesischen Neujahrsfeierlichkeiten, wodurch sie so profitabel war. Daß wir mit den Eigenarten dieser exotischen Früchte auf diese Weise vertraut gemacht wurden, erwies sich als große Hilfe für uns. Es gab uns das Gefühl, Fuß gefaßt zu haben auf dem Land, und nicht nur auf dem Motorrad vorbeigeflogen zu sein.

Mit Vergnügen lunchten wir: Dim Sums, Bier und kochendheißen Kaffee. Ich fühlte mich ungewöhnlich euphorisch und voller Tatendrang. Deswegen bestand ich darauf, eigenfüßig die Rikscha in die Stadt zurück zu treten. Als meine Freundin in Singapur ihre erste Rikscha sah, war sie entrüstet. Leidenschaftlich erklärte sie, der Anblick armer, halbverhungerter Männer, die fette, reiche Leute durch die Stadt beförderten, widere sie an. Eine solche Ausbeutung könne sie niemals gutheißen. Meine eigene Haltung war eher großmännisch als leidenschaftlich. Ich hielt es für besser, so viele Rikschas wie möglich zu nehmen und ihre Fahrer überzubezahlen, als ihre Menschenwürde zu achten und sie arbeitslos zu machen. Andererseits war ich sehr neugierig darauf, wie hart die Arbeit wohl war.

Die Rikscha, mit der wir gekommen waren, bestand aus einem Fahrrad, das auf seiner linken Seite die Andeutung eines Beiwagens besaß. Der Fahrer und Ambak (gewiß kein Leichtgewicht) saßen eingeklemmt auf der winzigen Bank und kicherten nervös, als ich den steinigen Pfad in Angriff nahm. Es ließ sich leichter in die Pedale treten, als ich erwartet hatte, und zumindest auf ebener Erde ratterten wir mit flotter Geschwindigkeit einher. Problematisch war nur das Steuern. Der Pfad war gerade, aber schmal. Das Vehikel war ziemlich breit und schien jeden Moment auseinanderzufallen. Als ich schneller wurde, schlingerten wir wild von einer Seite auf die andere, bevor ich die Karre in den Griff bekam. Wir waren erst kurz unterwegs, als ich eine andere Rikscha auf uns zukommen sah. Ich war zu beschäftigt mit meiner Arbeit, um ihr Aufmerksamkeit zu schenken. Erst ein besonders lauter Ausbruch nervösen Gelächters zu meiner Linken ließ mich nach vorn schauen. Die andere Rikscha hatte angehalten, und einer der Passagiere wechselte mit dem Fahrer den Platz. Er war nahe genug, um ohne weiteres bemerkbar zu sein – nicht nur wegen des weißen Handtuchs, das er um die Stirn trug. Ich sah, daß er zu seinen Jodhpurs Reitstiefel trug, und mit viel Hurra kam er auf uns losgeprescht. Wir näherten uns einander verdammt schnell, und es schien angebracht, langsamer zu werden und ihm aus dem Weg zu gehen. Der Inder, verrückt oder besoffen oder beides, hielt den Lenker mit einer Hand und peitschte sich voran mit der anderen, in der er ein glitzerndes Objekt, einer Brandyflasche nicht unähnlich, schwang. Er schien sich für Lord Cardigan zu halten, denn als er auf uns zukam, hörte ich ihn schreien:

«Zur Attacke – Light Brigade!»

Erst in dem Moment wurde mein Problem deutlich: Die Rikscha hatte keine Bremsen. Die nächsten Ereignisse folgten ziemlich schnell. Um auszuweichen, riß ich den Lenker hoffnungslos weit herum. Der Inder raste mit hocherhobener Brandyflasche an uns vorbei und brüllte: «Hurrah! Jolly good show. Trink einen auf mich, alter Junge ...» und so weiter ... Unsere Rikscha kippte vom Pfad und rasierte ein Gemüsebeet, bis sich das dritte Rad an einem Hühnerstall verfing. Mich wirbelte es herum, und Ambak und der Fahrer wären beinahe zwischen den Hühnern gelandet.

Wir standen auf und konnten nur noch sehen, wie die Verkehrsrowdies die Straße hinunter entschwanden. Unsere andere Rikscha stand klug geparkt am Rande des Pfades, und meine Freundin, die dämliche Zicke, schüttete sich aus vor Lachen.

«Meinen Sie, er hätte angehalten», sagte ich kleinlaut.

«Haben Sie den anderen Burschen in der Rikscha gesehen?» fragte Ambak, der ebenfalls alles für ziemlich ulkig zu halten schien. «Das war der Polizei-Inspektor. Warum sollte der halten?»

Wir schoben die Rikscha, die anscheinend nicht gelitten hatte, auf die Straße zurück, und der Fahrer kletterte in aller Behutsamkeit wieder auf seinen Sattel.

«Und der Inder», sagte ich, «wer war das?»

«Irgend so 'n Soldatenkumpel, schätz ich, haha. Vielleicht ist er verliebt.»

Als ich sah, daß die Rikscha keinen Schaden genommen hatte, fand ich meine gute Laune sehr schnell wieder, und den ganzen Weg bis zum Hotel lachten wir. Ambaks unfehlbare Fröhlichkeit und Begeisterung prägten unsere Erlebnisse, verbesserten meine Laune und schärften meine Neugier. Wir regelten unsere Verbindlichkeiten in der Regierungsherberge, brachten unsere Sachen zurück ins Jaya und fuhren dann mit dem Motorrad südlich entlang der Küste in ein Fischerdorf namens Kukup. Wir aßen frische Meeresfrüchte in einem Restaurant, das wie die Häuser auf Pfeilern aus dem Wasser ragte. Ein leiser schottischer Gummipflanzer, der dort mit seinem chinesischen Püppchen zu Mittag aß, erweiterte unsere Kenntnisse, was tropische Früchte betraf. Unter dem Deck, auf dem wir aßen, stand ein Mann bis zu den Schultern im Wasser und schrubbte sein Boot. Das Sonnenlicht ließ seine nassen, muskulösen Arme glänzen.

Unsere Traurigkeit und Erschöpfung schien fast ganz verschwunden zu sein, und die Welt war wieder angenehm und aufregend. Wir trudelten langsam nach Pontian zurück, und auf dem Weg erkundeten wir ein seltsames Gebäude am Straßenrand. Eine große, sich drehende Röhre, die aus einer Seitenwand hervorragte, hatte unsere Aufmerksamkeit erregt. Ein Mann zerkleinerte Stücke eines Baumstamms und stopfte damit den Schlund der Röhre. Der Stamm besaß, wie ich sah, ziemlich viel Mark, und der Mann erklärte, er betreibe eine Sago-Mühle. Zusätzlich zu den anderen Entdeckungen des Tages lernten wir jetzt auch, daß Sago aus Bäumen gemacht wird. In der Röhre befanden sich Zähne, die die Pulpe zerkleinerten, und ein ständiger Wasserstrom wusch die Stärke aus den Fasern. Sie wurde in eine Reihe von Tanks gespült, in denen sie sich in winzigen Kügelchen als Sago absetzte. Dann und wann kam ein Kunde auf dem Fahrrad angefahren, lieferte ein Stück Sagopalme ab oder fuhr mit einem Sack Sago davon. Eine Welt voller Überraschungen!

Wir verbrachten den Abend mit der Jaya-Familie. Sie erfreuten uns unvermindert und schienen auch echtes Vergnügen an unserer Gesellschaft zu finden. Es traf sich, daß der folgende Tag, ein Sonnabend, mein fünfundvierzigster Geburtstag war. Bis dahin hatte ich absolut noch nicht daran denken wollen. Jetzt diente er als willkommener Anlaß zu einer Party. Ich fragte Ambaks Frau, ob sie uns vielleicht ein Geburtstagsessen kochen wolle, wenn ich die Zutaten einkaufte, und bereitwillig erklärte sie sich einverstanden.

In der kurzen Zeit kamen wir der Jaya-Familie sehr nahe. Auch die Kinder behandelten uns, als seien wir ihnen wohlvertraut, aber dennoch zeigten sie einen Respekt, der auf seine Weise die Beziehung nur intensiver machte. Es waren zwei Jungen und ein Mädchen im Alter zwischen sechs und zehn, und der Respekt, den sie uns erwiesen, beeindruckte uns um so stärker, als wir dergleichen nicht gewohnt waren.

Am nächsten Morgen gingen wir alle außer Ambak auf den Markt. Eine schöne Art, seinen Geburtstag zu begehen, dachte ich: mit so guten Menschen über den Markt zu gehen, sich zu freuen auf ein gutes Essen und eine noch bessere Stimmung. Umgeben zu sein von einer

Mannigfaltigkeit frischer Produkte, der Erde abgewonnen und aus dem Meer gefischt. In der Lage zu sein, direkt aus der Hand von Bauern und Fischern zu kaufen, das zählt für mich zu den befriedigendsten Dingen im Leben.

Der Markt in Pontian, klein, aber gut, bot viele Arten von Fisch, die ich nie gesehen hatte. Riesige, dickbäuchige rosa Fische mit groben Schuppen, Haufen langer, dünner und silberschimmernder Fische mit gegabelten Schwänzen, die aussahen wie Schwertklingen, und kleine Fische mit ungewöhnlichen Zeichnungen in seltsamen Formen und mit exotischen Flossen. Ambaks Frau war entschlossen, eine Fischsorte zu kaufen, die Ikan Bower hieß oder so ähnlich. Sie schwor, dies seien die besten. Ich verließ sie und machte mich auf zu den eher abwegigen Ständen außerhalb des offiziellen Marktgeländes. Über der Stadt kam es zu einem Wolkenbruch, und ich suchte Schutz unter einem Blechdach, wo ich eine Weile verbrachte, fasziniert von einer Maschine, die Hühner rupfte: eine Trommel, mit Gumminoppen ausgestattet, die herumwirbelte wie ein Wäschetrockner, von Hand betrieben. Solche simplen technischen Apparate, vor ein paar Jahrzehnten wie selbstverständlich benutzt und inzwischen im Westen verpönt, hatten mich schon immer fasziniert. Als ich mich endlich losreißen konnte, waren die anderen schon verschwunden, und ich kehrte allein zurück. Dabei sprang ich unter Balkonen und Markisen herum und nahm mir immer wieder Zeit, ausgiebig Schaufenster zu betrachten.

Der Lunch war um zwei Uhr fertig. Die Kinder hatten auf der Veranda vor unseren Zimmern einen Tisch mit einer hübschen Tischdecke aus Baumwolle gedeckt. Dann brachten sie ein Gericht nach dem anderen, es schien kein Ende zu nehmen. Da gab es Nudeln, Gemüse, Gurkensalat, gegrilltes Hühnchen, Ziegenfleisch und schließlich drei wunderschöne Fische in süßsaurer Soße.

Ambak und die Kinder aßen mit uns. Es war mir nicht in den Sinn gekommen, daß sie auch Geschenke bringen würden. Daher war ich überwältigt, als sie farbenfroh verpackte Gaben brachten. Der kleinste Junge schenkte mir eine Schachtel Brezeln. Die Tochter brachte zwei kleine Handtücher. Der ältere Sohn gab mir einen Sarong. Alles wurde sehr formell, mit feierlichen Glückwünschen, überreicht. Ambak hatte einen großen Karton, den er mir mit einem breiten Grinsen überreichte. Ich sah hinein, und dann konnte ich einen ausgestopften Affen herausziehen. Der Affe saß auf dem Tisch, gut einen halben Meter groß, und sah mit milder Überlegenheit zu, wie wir tranken und lachten und zuviel aßen. Danach verschliefen wir den Nachmittag, und draußen goß es in Strömen.

Als wir aufwachten, war es dunkel und der Regen hatte aufgehört. Meine Freundin sagte, wir sollten doch gehen und sie würde mich auf einen Geburtstags-Drink einladen. Ich fühlte mich entspannt und glücklich. Ich wollte gern den Inder treffen, bevor wir weiterfuhren, und schlug daher vor, zu ihm zu gehen. Sie zog eine leichte Grimasse, erklärte sich aber einverstanden.

«Den Inder kann ich noch vertragen, aber können wir auf die Frösche verzichten?»

«Warum?»

«Bei denen muß ich immer an die Nebelhörner in der Bay denken.»

Es hatte ein paar überaus angenehme Stunden in San Francisco gegeben, aber ich wollte mit dem Gedanken daran nicht sentimental werden.

«Für mich hören sie sich wie Menschen an», sagte ich. «Ich hab in meinem Leben viele Frösche getroffen. Ich glaube, der Inder ist ein Frosch. Oder eine Kröte. Vielleicht die Oberkröte. ‹Tuutuut! Attacke, die Light Brigade!› Du weißt schon. Ich bin sicher, Kröte säuft zuviel, natürlich heimlich, still und leise.»

«Dann ist dein Ambak aber eine leutselige Eidechse», stieg sie ein, «und du, Baby, du bist ein Chamäleon. Ja, ja, das bist du wirklich.»

Besonders gefiel mir das nicht, und ich gab das Spiel auf, bevor es zu gemein wurde. Draußen war es appetitlich frisch. Der Regen hatte die Hitze aus der Luft gewaschen, und einige Sterne schienen hell zwischen eiligen Wolkenfetzen. Wir gingen den Pfad zwischen Straße und Herberge hinunter. Die Frösche waren unerklärlicherweise still. Eine geisterhafte Gestalt in einem fluoreszierenden Lichtkegel trieb langsam am Ufer vorbei, ein außerirdischer Besucher, der sich schließlich entpuppte als ein Krabbenfischer, der im Flachwasser auf Fang war. Er ging langsam, das Netz vor sich, eine Kerze an die Stirn gebunden.

Der Inder war in der Bar, als wir ankamen. War ja klar. Als habe er uns erwartet, drehte er sich um.

«Aah, da seid ihr ja. Was soll's denn sein, he? Fangt am besten mit 'nem Brandy an. Karim, zwei große Brandies, zackzack.» Dann kippte er den Rest von seinem Drink runter und fügte hinzu: «Mach mal drei draus. Und wenn wir schon mal dabei sind, noch drei Bier dazu. Was!?»

Die Handbewegung, mit der ich versuchte, die Brandies abzuwehren, als er das Bier bestellte, blieb erfolglos. Wir hatten sowieso Bier trinken wollen, und daher gab ich den Widerstand auf. Er schien relativ nüchtern und hatte seine Jodhpurs gegen einen Safarianzug getauscht. Seine Sprechweise und sein Akzent waren pompös wie eh und je, und er war in voller Fahrt.

«So, aus England seid ihr? Well, jolly fine place! Genoß selber Ausbildung in Sandhurst. Habe einen Bruder in Southall.

I say, old boy. Hätte meine Rikscha gestern stoppen solln. Hatte aber keine verdammten Bremsen. Bloody shame. Hätten zusammen einen nehmen können. Mein Vetter war nicht besonders erfreut, Tatsache! Er ist ein Polizei-Inspektor, kapiert? Der Bursche, der bei euch war – suspekte Person – hat Ärger. Schweben Verhandlungen. Ihr versteht schon ... Is' nicht das Richtige.

Würde sagen, ihr trinkt verdammt aus. Karim! Noch mal dasselbe, aber dalli!» Und dabei schnippte er tatsächlich mit den Fingern.

Karim machte es nichts aus. Er schien Gefallen daran zu finden, herumkommandiert zu werden. Er war ein hoch aufgeschossener malayischer Moslem mit feinen beweglichen Gesichtszügen und schimmernden schwarzen Augen. Sein breiter Mund verzog sich noch weiter, wenn er angesprochen wurde, und im Laufe des Abends wurde es offenkundig, daß er von irgendeiner Art Dope ziemlich abgehoben war.

Der Inder bestand darauf, Runde auf Runde zu bestellen. Es stellte sich heraus, daß er ein Armeehauptmann war, stationiert an der thailändischen Grenze. Zumindest gab er sich dafür aus. Er machte irgendwelche Andeutungen von Ausfällen in den Dschungel und dem furchtbaren Erlebnis von den «Roten» unter Feuer genommen worden zu sein.

«Und da bin ich eben hier unten, um verdammt noch mal zu trinken und das alles zu vergessen. Und noch mal dasselbe! Karim, Laufschritt, marsch!»

«Sind Sie irgendwo in der Nähe von Alor Star?» fragte ich.

«Genau. Padang Besar.»

«In ein paar Wochen werde ich nämlich da durchkommen.»

«Well, dann suchen Sie mich, jolly well, da auf. Fragen Sie nur nach Dylan. Mich kennt jeder.»

«Wie der Dichter?» fragte ich, überrascht von seinem Namen, aber sein Gesicht zeigte keine Regung.

«Was?» sagte er.

«Der Dichter», sagte ich. «Dylan Thomas. Der konnte auch trinken.

In dem hätten Sie einen getroffen, der es mit Ihnen aufnehmen konnte, boy-o!»

Er sah ziemlich mitgenommen aus, und es bedurfte eines weiteren Biers, um seine Miene zu glätten. Gelegentlich richtete er eine besonders ziselierte Höflichkeitsfloskel an meine Freundin, die er als «my dear lady» ansprach, aber sie sagte so gut wie nichts, und ich hatte den Eindruck, daß ihr die Situation eher unangenehm war. Gelinde gesagt.

Ich hätte gern mehr erfahren über die Verbrechen, die Ambak angeblich begangen hatte, aber es fiel mir schwer, die Aufmerksamkeit des Hauptmanns auf den Punkt zu lenken. Außerdem war auch meine eigene Aufmerksamkeit nicht mehr die schärfste. Ich verabscheute schon immer Leute, die ständig neue Drinks bestellen, denn ich hatte bis jetzt nicht herausgefunden, wie ich das Mittrinken verweigern konnte. Der Hauptmann faszinierte mich. Er wirkte so prätentiös wie immer, und doch war er extrem real, und es gelang mir nicht, dem Widerspruch auf die Spur zu kommen. Ich hatte gehofft, ihn in flagranti zu erwischen, aber meine Klarsicht war inzwischen vom Alkohol getrübt, ebenso wie der Unterschied zwischen uns sich aufzulösen schien, und um Mitternacht waren wir die fröhlichsten Saufkumpane, die man sich vorstellen konnte.

Da gemahnte uns Karim, daß im Fernsehen das Cup Final übertragen wurde. Ich schaltete nicht richtig und dachte daran, daß in Malaysia Badminton die Sportart ist, der alle Schlagzeilen gewidmet werden, die Fans aus allen Ecken und Enden des Landes anzieht und die zudem fanatische Anhängerschaften, wildentbrannte Streitereien an Straßenecken und besessene Wettleidenschaft hervorruft. Meine Freude am Badminton war durch Erziehung eingeschränkt. Vorurteile aus der Kindheit ließen mich jede Sportart, die mit Federn zu tun hat, als unernst betrachten. Höflich fragte ich jedoch, welche Mannschaften spielten, und hoffte, dadurch das Gespräch in eine andere Richtung zu lenken.

«Manchester spielt gegen Southampton, glaube ich», sagte er, «Manchester United ist es doch, oder?»

«Oh, das ‹Cup Final›! Los, das sehen wir uns an.»

Wir hasteten in den kleinen Raum hinter der Küche, wo Karim sein Bett und einen kleinen Schwarzweiß-Fernseher hatte. Wir wollten das wichtigste Ereignis, das der britische Fußballkalender zu bieten hat (direkt übertragen aus dem Wembley-Stadion in London) nicht versäumen. Zehntausend Meilen entfernt via Satellit, aber ich war

55 000 Meilen gefahren, hatte zweiunddreißig Länder hinter mich gebracht und England schien mir so weit entfernt wie der Mond. Wenn die Queen aus dem Bett gefallen wäre, um mich gleich darauf zum Ritter zu schlagen, hätte mich das nicht mehr aus der Fassung gebracht als dieses geringzuschätzende Wunder moderner Telekommunikation. Karim drückte auf den Knopf: Auf der Stelle erschien ein klares Bild des Spiels, und es dauerte nur Sekunden, da hatte ich mitansehen können, wie Stokes das einzige Tor erzielte, durch das Southampton den Cup mitnehmen konnte. Fünf Minuten später schrillte die Pfeife, und das Spiel war gelaufen.

Daß ich zum genau richtigen Zeitpunkt den Fernseher hatte anschalten lassen, hielt Karim für eine Meisterleistung und war deswegen auch überzeugt, daß ein Mann mit derartigem Feingefühl auch als praktischer Ratgeber dienen könne.

«Ich bin verliebt», erklärte er. «Oh, mein Herz schmerzt so. Was kann ich tun? Du mußt es mir sagen. Es tut so sehr weh.»

Seine großen, feuchtschimmernden Augen schienen jeden Moment in Tränen ausbrechen zu wollen, so melancholisch machte ihn die Romanze.

«Achtung!» bölkte der Hauptmann. «Is ja widerlich. Hör auf zu jammern. Ausgetrunken! Und dann noch einen. Is meine letzte verdammte Nacht, und ich dulde dies Gewinsel verdammt noch mal nicht.»

Ich wollte mehr von Karims Geschichte hören. In meiner Trunkenheit war ich sentimental genug zu glauben, ich besäße die Kraft, seinen Liebeskummer zu lindern.

«Was ist denn so traurig?» fragte ich ihn.

«Mein Herz ist so voller Liebe, daß ich kaum sprechen kann.» Er tatschte sich aufs Herz, als wolle er prüfen, ob es noch intakt sei.

«Du redest schon jetzt verdammt zuviel», sagte der Hauptmann. Ich merkte, daß er wirklich ärgerlich wurde. Er hatte sich an der Bar ein, zwei Schritte weiterbewegt und starrte mit stumpfen Augen auf Karim, der ihn jetzt ignorierte oder zumindest so tat, obwohl er doch vorher den ganzen Abend den pflichtbewußten Barkeeper gespielt hatte.

Ich blubberte weiter. «Was meinst du, Karim?» fragte ich.

«Sie ist zu schön. Ich kann es ihr nicht sagen. Jeden Tag sehe ich sie, aber was soll ich sagen, was soll ich tun?»

Der aufgebrachte Hauptmann fuhr dazwischen: «Du weißt verdammt genau, was du tun kannst. Du kannst die Klappe halten und ein paar Brandies bringen.»

Die Spannung zwischen den beiden war kaum erträglich und peinlich. Ich versuchte, etwas zu tun oder zu sagen, um Öl auf die Wogen zu gießen. Da hob der Hauptmann sein leeres Glas, öffnete den Mund und fiel bewußtlos zu Boden. Erst saß er noch, dann kippte er rücklings weg, die Füße noch an der Bar und das Glas hoffnungsvoll auf dem Bauch.

Karim kam herum, um ihn mit einer eigenartigen Mischung aus Widerwillen und Mitgefühl zu betrachten.

«Was sollen wir mit ihm machen?» fragte ich. «Sollen wir ihn auf das Sofa legen?»

«Nein, ich werde ihn aufs Bett legen, wenn Sie mir helfen.»

Er nahm den Inder unter den Achseln und ich an den Füßen. Schwer war er nicht, und ohne Mühe trugen wir ihn in Karims Zimmer. Kaum lag er auf dem Bett, schnarchte er gemütlich.

«Möchten Sie vielleicht noch einen Brandy?» fragte Karim uns. «Der Captain zahlt alles.»

Wir schlugen das Angebot aus und gingen zurück zum Hotel.

Die Frösche machten sich wieder mit ihrem sonoren Gerülpse bemerkbar.

«Warum, zum Teufel, haben wir das gemacht?» fuhr sie mich heftig an. «Was für eine schauderhafte Gesellschaft.»

Ich war zu betrunken, um etwas zu erwidern, und dachte jetzt schon mit Schrecken an den Kater, der mir im Schädel klopfte. Tonlos gingen wir.

Am nächsten Morgen, total hinüber, alkoholvergiftet und kotzübel bei dem Gedanken an den vergeudeten und so unerfreulichen Abend, schleppte ich mich mit unseren Beuteln und Boxen zum Bike. Nur Ambak war da, uns zu verabschieden. Seine Frau war noch auf dem Markt, die Kinder in der Schule. Sie fehlten uns ganz fürchterlich, und ich hatte das Empfinden, etwas sehr Wertvolles sei mutwillig vergeudet und verloren. Wir verließen Pontian schließlich um die Mittagszeit, und der Abschied war ebenso unangemessen wie kleinlaut. Der Affe ließ sich nirgends verpacken, und daher wickelte ich ihn in Plastik und band ihn hinten über dem Nummernschild fest.

Einige Tage später packte meine Freundin oben in den Bergen ihre wenigen Habseligkeiten in einen Rucksack, um ihren eigenen Weg zu gehen. Ich fuhr so schnell davon, wie ich es fertigbrachte. Nur der ausgestopfte Affe war mein Sozius, und ich fühlte mich höllisch erleichtert und schuldig.

Als ich sechs Wochen später in Alor Star ankam, hatte ich den Captain vergessen. Dann erinnerte mich ein Hinweisschild an Padang Besar, und ich folgte ihm, als hätte ich eine Verabredung einzuhalten. Ich sagte mir: Es kann nie schaden, Freunde bei der Armee zu haben, besonders an Grenzen.

Der Eingang zum Armee-Camp war wenig beeindruckend, eine kleine Hütte neben einer Holzschranke, und dann ein schlammiger Pfad, der nach Nirgendwo führte. So sah es jedenfalls aus. Ein trübsinniger Soldat in grünem Gummi-Cape stierte mich an, während ich mein Motorrad so manövrierte, daß ich mit ihm sprechen konnte. Es kam oft zu diesen eigenartigen Atempausen, wenn ich anhielt, um mich mit Fremden zu unterhalten. Ich mußte das Motorrad in die richtige Position lenken und meinen Helm abnehmen, damit sie sahen, mit wem sie sprachen. Diesmal dauerte es etwas länger, weil ich den Leerlauf nicht finden konnte. Schließlich mußte ich sogar den Motor im ersten Gang abwürgen, und das irritierte mich so, daß eine Schärfe in meiner Stimme mitklang, die ich nicht beabsichtigt hatte.

«Ich suche Dylan», sagte ich. «Captain Dylan.»

Das sagte ihm gar nichts.

«Dylan», wiederholte ich. «Er hat gesagt, jeder kennt ihn.»

«Ich kenne ihn nicht. Welche Kompanie?»

«Weiß ich nicht», sagte ich und kam mir langsam blöd vor. «Er hat gesagt, ich kann ihn hier finden, das ist alles.» Gelächter aus dem Innern der Hütte brachte mich zum Schweigen. Eine Stimme rief:

«Sag ihm, es ist zu spät. Den haben sie schon abgeholt.»

«Ihn abgeholt?»

«Hat 'ne Kugel erwischt.»

Ein glattes braunes Gesicht erschien in der Türöffnung, und als es meiner ansichtig wurde, hörte es auf zu lachen. Der Mann wurde ernst.

«Wer sind Sie?» wollte er wissen.

Eine solche Frage konnte ich nie leicht beantworten: Zu Beginn meines Lebens wußte ich es wirklich nicht, und später wußte ich es nur zu gut.

«Mein Name ist Simon», sagte ich. «Ich ...»

«Gehören Sie zur Familie?»

«Nun, eigentlich nein. Ich bin ein Freund ...»

«Ein Freund!» Fast folgte das Gelächter. «Was für ein Freund sind Sie?»

«Hören Sie mal», sagte ich. «Sie sagten, eine Kugel habe ihn erwischt? Was soll das heißen? Hat man ihn erschossen? Ist er okay, oder ...»

Kurz und bündig kam die Stimme.

«Wenn Sie nicht zur Familie gehören, kann ich Ihnen nichts sagen. Da müssen Sie sich schon ans Hauptquartier wenden. Jetzt können Sie fahren.»

Und der Kopf verschwand.

Ich wartete einen Moment, denn ich wußte nicht, was tun. Diese Episode war so wenig armeegemäß. Sie roch förmlich nach Polizei. Es fiel mir schwer, das Rätsel von Hauptmann Dylan ungelöst zu lassen, aber ich sagte mir, daß es keinen Zweck hatte, sich bei der Armee Feinde zu machen, weniger noch bei der Polizei. Und besonders nicht an der Grenze. Ich setzte meinen Helm auf und machte mich einigermaßen beherzt auf den Weg über die Grenze nach Thailand.

7

Die Fahrt, die ich mir für die erste Etappe nach Penang vorgestellt hatte, war wirklich leicht zu bewältigen. Von der Grenze nach Haad Yai waren es nur ungefähr dreißig Meilen auf einer guten, flachen Straße. Amerikanische Dollars wurden überall angenommen, und man schien sich allgemein auf einen Kurs von zwanzig Bath auf einen Dollar geeinigt zu haben. Ich hatte zudem nichts einzukaufen, bevor ich ankam.

Ich versuchte, mich auf dem Bike wieder einzurichten und meinen leichten alten Rhythmus wiederzufinden, aber es wollte einfach nicht gelingen. So manches konnte ich der Eigenart dieses Ausflugs zuschreiben. Ich fand es seltsam, und irgendwie mehr als befremdend, eine auf ein paar Tage begrenzte Rundreise zu machen und zu wissen, daß ich auf derselben Straße zurückkommen würde. Ich konnte nicht mehr erhoffen, als einen kleinen, südlichen Flecken des Landes zu sehen, und dieser Gedanke war deprimierend. Verglichen mit den weit ausholenden und großartigen Reisen, die ich hinter mir hatte, durch Länder und über Kontinente, erschien dies wie ein hundsnormaler Trip.

Ich wußte, daß diese Gedanken dumm waren. Sie machten deutlich, daß ich die wahre Begeisterung am Reisen verloren hatte: das Gefühl, das jeden Tag, jede Stunde, jede Sekunde neu ist. Als mir das klar wurde und mir zudem die tägliche Dosis Schmeichelei von T'an fehlte, ging meine Moral noch tiefer in den Keller.

Es überhaupt wert zu sein, eine Reise zu machen, ist sowohl abhängig von dem, was im Kopf vorgeht, wie auch von den Geschehnissen in der Welt der Objekte und Dimensionen. Welchen Wert kann es haben, etwas zum erstenmal zu sehen oder zu erleben, wenn dies nicht gleichsam Offenbarung ist? Und damit dies geschehen kann, muß ein von früher stammendes Urteil bestätigt, erhöht oder gar übertroffen werden. Was würde es sonst schon bedeuten, einen Redwood Tree, einen Tiger oder einen Kolibri zu erblicken?

Was würde man von einem halten, der beim ersten Anblick eines Elefanten nur sagen würde: «Ach ja, genau, wie ich ihn mir vorgestellt habe.» Alles ist abhängig davon, wie sehr sich die Vorstellung von einem Elefanten im Kopf festgefressen hat. Wenn es sich nur um einen groben Umriß handelt, dann gibt es keine Schwierigkeiten, solange der echte Elefant sich nicht erheblich davon unterscheidet. Es gibt schließlich keinen akzeptablen Grund, eher fasziniert zu sein von echten Elefanten als von erdachten. Wenn man jedoch Jahre damit verbracht hat, sich Elefanten vorzustellen; wenn man alle erdenklichen Sinne aufgepeitscht hat, um zu spüren, wie sich Elefantenhaut anfühlt, ein solches Tier atmen zu fühlen, sein Trompeten und Schnaufen zu hören, es zu besteigen wie Sabu und majestätisch auf seinem Rücken zu reiten, dann ist das wahre Erlebnis, wenn es sich endlich einstellt, eine ewige Quelle des Staunens und Interesses.

Eine Armee mag vielleicht marschieren auf allen vieren, vorangescheucht auf Befehl, aber ein Reisender muß auf den Flügeln der Phantasie fliegen wie Quichotte, angefeuert von den Träumereien eines ganzen Lebens. Woran ich litt, als ich nach Thailand kam, war ein Mangel an eben dieser Phantasie. Ich fuhr einher in abgestumpfter Teilnahmslosigkeit, immer in der Hoffnung, bald werde etwas geschehen, das einen neuen Höhenflug bewirkte.

Über Haad Yai hatte ich nichts gehört als die Empfehlung, dort anzuhalten. Als ich durchfuhr, sah ich nichts als Geschäfte, Häuser und kleine Läden. Als erstes fiel mein Blick auf das King's Hotel mit seiner modernen und teuren Fassade, die es für mich unerschwinglich erscheinen ließ. Dann, direkt daneben, gleichsam im Schatten des Nachbarn hockend, erblickte ich ein kleines Restaurant, dem man im Nachhinein ein hingehauenes Schild «Hotel» angehängt hatte.

Ich parkte das Bike vor der Tür, wo ich es sehen konnte, stopfte meine Schlüssel und Handschuhe in den Helm und warf einen Blick in das Restaurant. Es war ein schäbiger, fliegenverpesteter Laden, vor dem ich auf der Stelle die Flucht ergriffen hätte, wenn nicht eine Stimme nach mir gerufen hätte.

«Hallo. Kommen Sie und setzen Sie sich.» Die Einladung stammte von einem großgewachsenen, dünnen Europäer mit schlaffem langem Blondhaar, der sich auf seinem Stuhl verrenkte, um mich anzusehen. Ihm gegenüber saß ein anderer Mann, kleiner, dicker, mit einem sorgfältig gestutzten schwarzen Bart und starrte mich mit versteinerter Miene an. Ich setzte mich neben den dunkleren Mann, um ein Auge auf das Bike zu haben. Zwischen den beiden standen zwei schmierige Coca-Cola-Flaschen.

«Wohnen Sie hier?» fragte ich. Sie bejahten. Und billig sei es auch. Der blonde Mann mit einem deutlich skandinavischen Akzent sagte, er sei Norweger. Sein Begleiter stammte aus der Schweiz. Wir tauschten die gewöhnlichen Floskeln aus: woher wir kamen, wohin wir noch wollten. Sie waren beide gerade aus Bangkok gekommen. Der Norweger hatte keinen festgefaßten Plan, außer «nach einem Mädchen zu suchen», wie er sich ausdrückte. Er wirkte unwirsch und nervös und sprach davon, ein Mädchen zu bekommen, als sei er jemand mit Grippe, der dringend ein Aspirin braucht.

Der Schweizer wollte weiter nach Malaysia und hatte nichts als zu klagen über die Arroganz und Hinterhältigkeit der Thais. Man hatte ihn betrogen und ihm zudem die Kamera gestohlen.

«Jeder verliert hier seine Kamera», sagte er verbittert. «Man muß mit Adleraugen auf seine Sachen aufpassen. Die Amerikaner haben dieses Land absolut verdorben. Völlig korrupt. Früher wird es nicht so gewesen sein. Da gab es noch eine andere Tradition. Wo man auch hinkam, gaben die Menschen freizügig, was sie hatten. Jetzt nehmen sie, was sie kriegen können.»

«Da hast du sehr recht ...» sagte der Norweger. Er sprach ein verständliches Englisch, aber wie mechanisch, und es kam in schleppendem Fluß aus seinem Mund, manchmal wie ein Panzer, der die Kurve nimmt.

«Da hast du ganz recht –» knirsch – «Thailand war voller Amerikaner –» schepper – «die Menschen waren von ihnen abhängig –» klatter – «und jetzt sind sie weg ...»

Seine Theorie war, daß die Thais habgierig und vorlaut geworden waren, weil die Amerikaner während des Vietnam-Kriegs mit vollen Händen ausgegeben und die Menschen dort süchtig nach einem Konsum zurückgelassen hatten, den sie sich eigentlich nicht leisten konnten.

Der Schweizer hörte zu, aber er schien anderer Meinung zu sein. Wie gewöhnlich. Ein Mann kam aus der Tür hinter der Theke, und ich fragte ihn nach einem Zimmer. Er nahm mich mit hinauf in den ersten Stock. Dort hatte man mit Hilfe von Sperrholz dünnster Art winzige Kämmerchen abgeteilt, und für fünfunddreißig Bath bekam ich eins mit zwei schmalen Betten, einem Ventilator und einer mit Fliegendraht bespannten Luke zur schmalen Gasse zwischen den Hotels. Ich nahm alle meine Sachen vom Bike und schleppte sie die Holztreppen rauf. Ich schloß sie ein, denn mein kleines Verlies war tatsächlich mit einem Vorhängeschloß ausgerüstet. Zudem erklärte man sich bereit, über Nacht das Bike im Restaurant einzuschließen.

Es war noch immer mitten am Nachmittag. Ich setzte mich wieder unten hin und wußte nicht so recht, was ich anfangen sollte, als zwei Thais von der Straße hereinkamen. Sie lächelten sanft auf dankheischende, aber auch geschäftsmäßige Weise. Der eine, mit flaumigen schwarzen Barthaaren und einem amerikanischen Sportsakko, sagte:

«Wir sind jetzt soweit. Sie können mitkommen, bitte.»

Der Norweger sah mich mit seinen bleichblauen Augen an.

«Wir fahren in ein paar Häuser, um Mädchen anzusehen. Sie sollten mitkommen. Vielleicht finden Sie eine, die Ihnen gefällt.»

«Sure, Mister», sagte einer der Thais. «Fahren Sie mit.»

Ich überwand meine Abneigung und erklärte mich einverstanden. Wir gingen nach draußen und bestiegen einen von diesen japanischen Miniaturbussen. Er hatte im Hinterraum zwei kurze Holzbänke, auf denen vielleicht sechs bis acht Leute hätten sitzen können. Ich fragte mich, ob wir wohl auf der Fahrt noch andere Freier aufsammeln würden. Schon eine höchst eigentümliche Weise, in die Gefilde des Eros zu gelangen. Ich hatte mir immer vorgestellt, eine solche Fahrt könne nur leicht angetrunken in einem Taxi absolviert werden, und nicht, rülpsend von Sodawasser, in einem Minibus. Zudem schien auch die Tageszeit unangemessen zu sein.

Wahrscheinlich stand mir das blanke Staunen im Gesicht.

«Sie sich keine Sorgen machen», sagte der Fahrer. «Ich lebe hier fünfundzwanzig Jahre. Sie nehmen Nummer von Wagen und sagen sie Polizei.»

Er lächelte wieder, sicher, daß damit alles zur Zufriedenheit geregelt sei. Wir fuhren los und hielten schon nach ein paar Minuten vor einem Laden.

Drinnen wurden die Vorhänge zugezogen. Draußen ließ ein verschiebbares Stahlgitter, mit dem der Laden total verriegelt werden konnte, uns kaum Platz, die schmale Tür zu passieren. Schweigend versammelten wir uns in einem kahlen, zellenartigen Raum mit getünchten Betonwänden, erleuchtet von einer Neonröhre. Der Schock brachte mich auf die Frage, was ich eigentlich erwartet hatte. Plüsch? Pianomusik? Verruchte Lieder? Kronleuchter? Eine vollbrüstige Madame in einem Ball-Kleid? Die Sammlung alter Bilder, schamhaft in meinem Kopf verstaut und verstaubt im Laufe der Jahrzehnte, wurde plötzlich mit roher Gewalt von der Müllabfuhr ans Tageslicht gebracht.

Auf einem Ständer vor dem Vorhang plaziert, jipperte ein Fernseher leise thailändisch und zeigte Bilder von einem Eisschrank und einer stolzen Hausfrau. Auf Reihen harter Stühle, arrangiert vor zwei Wänden, saßen die Mädchen und genossen schweigend TV. Unser Begleiter winkte uns auf eine leere Holzbank den Girls gegenüber. Die Mitte des Raums war leer. Wie beim Zahnarzt.

Die Mädchen sahen ziemlich leblos aus, obgleich sie ihre Köpfe drehten, als wollten sie beweisen, daß tatsächlich Leben in ihnen steckte. Sie waren alle sehr jung. Ich hätte nicht sagen können, wie jung, und es mag sein, daß auch sie selbst davon keine Ahnung hatten. Der Schweizer und ich sagten kein Wort. Der Norweger checkte mit zuckenden Kopfbewegungen die Mädchenreihen ab und stieß ein paar saublöde Bemerkungen hervor, die die Stille noch unerträglicher machten. Die Mädchen trugen normale Arbeitskleidung. Nur das Make-up auf ihren runden Wangen war ein Zeichen dafür, daß man ihnen eine bestimmte Art von Arbeit zumutete.

Der Schweizer leuchtete sie ab wie ein Glühwürmchen. Ich war zappelig. Peinlich. Dann stand der Norweger auf, räusperte sich, murmelte irgend etwas Negatives, und wir folgten ihm hinaus zum Bus. Wir fuhren noch an zwei solcher Orte. Sie waren fast identisch, wie auch die Girls. Nur gab es da Regale an den Wänden mit allerhand

Kuscheltieren und Spielzeug. Bei diesen Episoden fürchterlicher Langeweile wollten mein Widerwille und mein Mitleid mit aller Kraft überleben, gaben aber schließlich doch nach. Beim letzten Stop, wo der Norweger ganz klar entschlossen war, die Handelsware noch länger und eingehender zu prüfen, borgte ich mir sein «Newsweek»-Exemplar und konnte mich damit ablenken von diesem miserablen Geschäft.

Die Vorwahlen in den USA schleppten sich dahin, und ich überblätterte sie, um von einer Konferenz zu lesen, die man irgendwo abhielt, um die Trinkwasserqualität auf der Welt zu verbessern. Immerzu kamen die Menschen auf Spesen zu Konferenzen zusammen, um anderen zu besorgen, was sie selbst nicht anfassen würden. Wer hat schon mal von Delegierten gehört, die Wasser trinken? Schon der Gedanke war absurd, denn die Cola-Companies hätten es niemals erlaubt.

Ich las weiter. Ein britischer Kabinettsminister war gerade in Vancouver und tönte lauthals von Slum-Bereinigung und teuren Sozialbauten. Er sagte – ganz recht –, es wäre klüger und billiger, die Häuser wieder bewohnbar zu machen, die noch standen, als alles Alte einzureißen. Mir fiel ein, wie Singapur sich so stolz in die Brust geworfen hatte: ein neuer Hochhausblock mit Apartments alle fünfzehn Minuten! Die ersten Blocks, vor nur sechs Jahren gebaut, sahen schon jetzt aus wie Slums. Und dennoch konnten sie nicht schnell genug die schönen alten, mit Kolonnaden versehenen Häuser dem Erdboden gleichmachen. Unmöglich, dem Einhalt zu gebieten. Was würden die cleveren chinesischen Unternehmer ohne diese Projekte machen, um ihre Mercedesse und ihren HiFi-Lebensstil zu finanzieren?

Ziemlich abwegige Gedanken in einem Bordell, aber vielleicht gar nicht so unpassend. Meine eigenen sexuellen Regungen waren eingefroren und wie geschrumpft in dieser Leichenhalle der Gefühle, wo alle menschliche Wärme verflogen war und die lebenden Toten versuchten, ihre gleichsam leichenschänderischen Deals im Schutt verfallender Kaiserreiche zu machen. In dieser negativen Haltung sah ich hinter mir eine Welt voller Mißbrauch im moralischen Chaos vergehen, große Kulturen zusammenfallen und dahinschmelzen wie Wachstempel im Schmelztiegel. Eine Welt halb-irrer Individuen, die sich an den Strohhalm halb-erinnerten Glaubens klammern, regiert von den Ganz-Irren mit ihren Wahnträumen von Weltherrschaft und vorangetrieben von den Schlächter-Kommandanten, den Jungs, die für die schnelle Mark alles tun, den hemmungslosen Ausbeutern der Natur, den Abbruch-Bossen, den multinationalen Cocaine-Cola-Vertretern, den Waffenhändlern, all den diversen Zuhältern und den Schmutz- und Schund-Lieferanten.

Eine Welt, die vom Kommerz unterhöhlt ist, entstellt von Reklame, erniedrigt durch die Massenproduktion, von Petroleumprodukten verschmutzt, entweiht durch Beton, versaut von Unrat, willkürlich defloriert, von Politikern auf Irrwege geführt, von Propaganda in Massenhysterie versetzt, verleitet von Kreditgebern, zerstört von Kriegen und am Rande des Untergangs.

Ich sah auf von meinem Magazin und bemerkte ein Mädchen, das hübscher war als die anderen. Sie mochte zwischen zwölf und sechzehn sein. Sie streichelte ein Spielzeughühnchen, träumerisch und weltvergessen. Einen Augenblick lang spielte ich mit der typischen Bordellbesucher-Phantasie: zwar das erforderliche Geld zu bezahlen, aber dennoch Dienste als platonischer Vertrauter und Ratgeber anzubieten. Aber auf der Stelle gab ich diesen Gedanken auf, denn ich war der Hübschen verfallen.

Für den Norweger war sie augenscheinlich nicht hübsch genug. Ebensowenig die anderen. Mit einem Seufzer gab er auf. Das Traummädchen dieser Nacht war nicht da. Unsere Führer, unermüdlich mit gutem Rat zur Hand, sagten, wir müßten «The Bungalow» besuchen. Da seien die besten Girls: «Very expensive.» Inzwischen war ich neugierig genug geworden, um miterleben zu wollen, ob sich die Bedürfnisse des Norwegers überhaupt befriedigen ließen. Als er fragte, ob ich mitwolle, sagte ich: «Sicher. Warum nicht. Wenn es nicht zu weit ist.»

«Nein. Nein. Nicht zu weit», sagte der Thai. «Am Stadtrand.»

Der Schweizer nickte schweigend Zustimmung und zeigte dabei nicht den geringsten Anflug von Gefühl, wie ein Beamter, der mißmutig, aber kuschend seine Pflicht tut. Ich fragte mich, was er wohl so sorgfältig verbarg.

Der Norweger sprach ernste, fast harsche Worte zu dem Thai.

«Gut denn, wir werden zu diesem Bungalow fahren ... Wenn du mir ein nettes Mädchen findest ... und glaub ja nicht, daß es sehr wahrscheinlich ist ... ich werde vielleicht eine ganze Woche mit ihr zusammenbleiben ...» Er schien von Minute zu Minute nervöser zu werden, und sein Körper vibrierte in tausend winzigen Zuckungen, die aus stärkster, unerträglicher Spannung erwuchsen.

Zum viertenmal kletterten wir wieder in den Bus. Der Norweger fuhr fort zu reden, als spräche er mit mir, aber so laut, daß alle es hören konnten.

«Mein Mädchen hat mich verlassen ... ich hab ihr Geld geschickt ... aus Norwegen hab ich ihr 10 000 Bath zukommen lassen ... aber sie ist krank ...» Er hustete zur Erklärung. «... Sie ist fortgegangen ... ich hab angeboten, sie zu einem Arzt zu bringen ... sie hat Bronchitis und einen Tripper ... für 'ne Spritze ... sie will aber nicht ... ‹Tut zu weh›, sagt sie ... ‹Too pain-fool› ... es bricht mir das Herz ... ich brauche ein anderes Girl, um sie zu vergessen.»

Ich murmelte mein Mitgefühl und wartete darauf, daß noch etwas mehr käme. Er fragte mich, wie ich meine Reise bezahlte, und ich setzte ihm auseinander, daß ich für eine Zeitung in London schrieb. Auf der Stelle war er begeistert.

«Ach ja? Ich habe auch mal für eine Zeitung gearbeitet ... in Norwegen, aber die zahlten nicht genug ... und deswegen bin ich Funker geworden, um die Reiserei zu bezahlen ... zwei Jahre habe ich auf einem Schiff gearbeitet, das zwischen China und Malaysia fuhr ... bin nie von dem Kahn runtergekommen. Ein höllisches Leben. Hätte fast einen Nervenzusammenbruch bekommen.»

Das schien mir ein bißchen zu vorsichtig ausgedrückt. Er hatte seinen Nervenzusammenbruch schon hinter sich. Und er würde gewiß noch einen weiteren bekommen, da war ich mir sicher. Ich entsann mich, gehört zu haben, das sei bei Funkern auf See die vorherrschende Berufskrankheit. Manche flippten aus und sprangen einfach über Bord.

«The Bungalow» war eine moderne zweistöckige Villa in einem Vorstadtgarten. Als wir in den Empfangsraum gingen, erklärte uns der Thai, seine Star-Attraktion sei noch nicht aus der Schule zurück. Ich fragte, warum sie diese Arbeit täte. Höflich erklärte er, sie brauche das Geld für ihre Schulbücher. Es war mir egal, ob ich ihm glauben konnte oder nicht.

Bald darauf kam sie aus der Küche und setzte sich auf ein Sofa. Gottergeben faltete sie ihre Hände über dem plissierten marineblauen Rock. Sie besaß klare Gesichtszüge, einen leichten Flaum auf der Oberlippe, eher weiße Haut und ein blendendes Lächeln. Der Norweger sah sie an, als sei ihm nicht ganz wohl. Ich hielt seine Zurückhaltung für bemerkenswert. Es waren noch zwei weitere Frauen in der Küche, und eine von ihnen kam, um nach oben zu gehen.

«Die gefällt mir», sagte der Norweger. «Wieviel kostet sie die Nacht?»

Sie war offensichtlich älter, vielleicht neunzehn oder zwanzig, und für eine Thailänderin besaß sie die eher typische Hautfarbe. Verglichen mit ihr, schienen all die Little Girls, die wir bisher gesehen hatten, jener Welt krankhafter Phantasie anzugehören, die das erotische Ideal von Thailand-Touristen befriedigt. Ich mußte dem Norweger leicht widerwillig einen gewissen Respekt zollen, daß er so lange durchgehalten hatte. Schnell wurde er für zwanzig Dollar handelseinig, und sie stieg mit uns in den Bus.

Sie wirkte wie eine normal nette Person, sprach wenig Englisch und hatte uns deswegen wenig zu sagen. Der Norweger versuchte seine eigentümlich abgehackte Konversation mit ihr, und ich versuchte, mich mit dem Schweizer zu unterhalten, aber der konnte seinen Blick nicht von dem Mädchen wenden. Ich ließ die drei in dem Restaurant und ging nach oben, um mich zu waschen. Als ich wieder nach unten kam, waren sie verschwunden.

Essen mochte ich nicht in dem Laden und ging deswegen auf die Suche. Ich wollte Abendbrot. Weit blickte ich nicht. Das teure Hotel nebenan hatte im Parterre ein Restaurant und eine Speisekarte im Fenster. Die Preise, die ich in amerikanische Dollars umrechnete, schienen nicht zu hoch. Da ich mich nicht sonderlich abenteuerlustig fühlte, ging ich hinein. Das Lokal war von thailändischen Paaren bevölkert, jeweils vier an einem Tisch. Auf einer kleinen Bühne spielten Musiker einen Potpourrie aus alten Hollywood-Musicals. Ein geschniegelter junger Mann führte mich zu einer Seite des Raums und wies mir einen Tisch an, leicht oberhalb der Tanzfläche und mit gutem Blick auf die Gäste. Sie waren alle sorgsam gekleidet, die Männer in Geschäftsanzügen mit Krawatte, die Frauen in Cocktail- oder Party-Kleidern. Aber darüber hinaus wurde in ihrer Art eine Uniformität deutlich, die mich denken ließ, sie alle gehörten zu ein und derselben Gruppe oder Berufssparte. Der Kellner sprach gerade genug Englisch, um mich wissen zu lassen, daß es sich ausschließlich um Polizisten handelte, vermutlich mit ihren Angetrauten. Ich schätzte, daß sie gewiß nicht zu den unteren Dienstgraden gehörten, und betrachtete sie mit wachsender Neugier.

Ich hatte kaum mit meinem Salat begonnen, als die Musiker einem Sprecher den Vorrang ließen, der sich von einem der Tische aus den Weg bahnte. Er redete frei und spontan, und soweit ich es beurteilen konnte, auch mit einem gewissen Witz. Seltsamerweise schien ihm sein Publikum jedoch nicht die geringste Aufmerksamkeit zu schenken. Die Paare schnatterten weiter, und es wurde gekichert, als prüfe er nur die Tonqualität seines Mikrofons. Das schien ihn aber nicht zu beeindrucken, und als er zu Ende war und einen weiteren Redner vorstellte, gab es begeisterten Applaus.

Der neue Redner hatte wohl ernstere Themen und bestimmte wichtige Punkte anzusprechen, aber die Essenden redeten weiter wie zuvor und lachten. Es war, als stünde ein unsichtbarer Spiegel zwischen Redner und Publikum: auf der einen Seite eine hingerissene und dankbare Zuhörerschaft reflektierend, auf der anderen einen Pianisten, der Hintergrundmusik spielt.

Ich kam mir vor wie Gulliver in einem Swiftschen Land.

Als ein krasser Fall westlicher Mentalität hatte ich die Neigung, Orientalen Subtilitäten zuzuschreiben, die für mich unergründlich waren – besonders, wenn mich bizarres Verhalten in Erstaunen versetzte. War es möglich, daß die Thais eine derartig hohe Ebene von Sophistication erreicht hatten, daß sie in aller Offenheit zu unterscheiden wußten zwischen den notwendigen Ritualen einer Konferenz und unverpflichtendem Blödsinn? Natürlich mußte es einen Redner geben. Ebenfalls war es ganz natürlich, daß er nichts zu sagen hatte. Seinen Banalitäten mit unaufrichtiger Aufmerksamkeit zu lauschen, konnte sich für beide Seiten nur peinlich auswirken. Besser also, ihn mit enthusiastischem Applaus zu ehren, wenn er sich verneigte und wieder auf seinen Platz begab, als Vergnügen an dem Auftritt zu heucheln.

Meine Theorie erschien mir zu grob, um allen Nuancen gerechtzuwerden.

Es war natürlich auch möglich, daß es sich um eine Bande von Lümmeln ohne Manieren handelte. Sie sahen nicht aus wie Lümmel, aber bei Polizisten kann man nie wissen. Das hatte ich zumindest herausgefunden.

Der zweite Redner endete seine Ansprache in einem wahren Tumult von Beifallsklatschen. Drei Mädchen betraten die Bühne. Sie trugen Kostüme, Schmuck und Make-up des traditionellen siamesischen Tanzes. Die Musiker spielten und die Mädchen tanzten. Sie schwangen Hüften und bewegten ihre Arme mit den schleppenden und zeitlupenartigen Bewegungen von Unterwasserpflanzen. Jetzt unterbrachen die Herrschaften ihr Abendmahl. Sie sahen dem Tanz mit erkennbarem Vergnügen zu und bedachten die Mädchen mit enthusiastischem Applaus. Ohne das geringste Anzeichen von Lümmelhaftigkeit. Dann kehrte die Band zurück, um westliche Tanzmusik zu spielen.

Einige Paare erhoben sich von den Tischen und gingen auf die Tanzfläche. Zu meinem ungläubigen Staunen sahen sie einander an und begannen, sich mit denselben langsamen und stilisierten Bewegungen zu winden wie die Tempeltänzerinnen, die gerade verschwunden waren. Und das in ihren schicken Kleidern und konservativen Anzügen. Hätte eine Bande nackter Kannibalen um den Kessel mit einem weichkochenden Missionar Foxtrott getanzt, wäre ich nicht erstaunter gewesen. Es war ein derartiger Anachronismus, daß ich jetzt wirklich spürte, in einem fremden Land zu sein.

Zwischen den verschiedenen Gängen meines Abendessens hatte der junge Mann, der mich bediente, versucht, mir irgend etwas zu erzählen. Sein Englisch war um vieles schlimmer, als er dachte, aber er war stolz darauf, und um ihn nicht zu enttäuschen, folgte ich seinem Gesichtsausdruck und nickte oder grunzte, wenn es mir passend erschien; riskierte gar gelegentlich ein ironisches Kichern, das er nehmen mochte, wie er wollte. Allmählich wurde mir jedoch deutlich, daß er mir keine Gemeinplätze mitzuteilen versuchte, sondern einen Plan darlegte, den ich offensichtlich schon akzeptiert hatte. Ich fühlte mich zu müde und abwesend, um zuzugeben, daß ich nicht ein einziges Wort verstanden hatte. In einem dieser eigenartigen Momente der absoluten Stille, die manchmal auch das geräuschvollste Geschehen durchbrechen, hörte ich ihn in freundlichem, vertrauenerweckendem Ton sagen: «Neun ist offen. Then you go.»

Ich grunzte abermals und beendete mein Dinner. Es war gerade neun Uhr. Ich wollte noch bei einem Bier ausharren und in mein Notizbuch schreiben. Er kam zurück und nickte beglückt.

«Jetzt ist neun. Jetzt Sie gehen.»

Ich starrte ihn ausdruckslos an und bat um ein weiteres Bier.

«Sie können gehen», beharrte er, auf seine Uhr blickend. «Jetzt ist ...» Und wieder einmal versiegte sein Englisch.

Als er sah, daß ich zu bleiben gedachte, wurde er plötzlich sehr korrekt und distanziert. Ich konnte erkennen, daß er sich erniedrigt und verletzt fühlte. Später brachte er meine Rechnung ohne ein Wort. Zweifellos dachte er, ich sei unverständlich fremdartig. Ich fragte mich, ob er mir vielleicht Subtilitäten zuschrieb, die jenseits seines Verständnisvermögens lagen.

«Was zum Teufel», sagte ich mir, als ich ging. «Es war bestimmt nur noch ein weiteres Bordell ...» Aber ich fühlte mich traurig und unterlegen und nicht wirklich dem Reisen gewachsen, wie ich es verstand.

Die Nacht war unangenehm heiß und das Zimmer voller Moskitos und üblem Geruch von den Gassen. Ich träumte eine Menge, erwachte häufig und dachte nach über den Norweger und sein Girl. Als ich Geräusche auf der Veranda hörte, stand ich auf, teils aus Neugier und teils getrieben von dem Bedürfnis, meine Blase zu erleichtern. Ich kam gerade im rechten Moment, um das Mädchen wieder durch die Tür zurück in eines der Zimmer schlüpfen zu sehen.

Ich wachte früh auf, darauf bedacht, bald fortzukommen. Sollte ich ein «Goodbye» sagen? Als ich meine Rechnung bezahlte, fragte ich, wo der Norweger sei.

«Oben. Schläft.»

«Ah», sagte ich. «Und der Schweizer?»

«Ebenfalls.»

«Welches Zimmer?»

«Selbes Zimmer.»

«Oh», sagte ich und ging fort.

8

Es geschah auf meiner Reise oft, daß ich nach einer unangenehmen oder unruhigen Nacht am nächsten Tage nicht müde war und auch nicht widerwillig aufstand, sondern selbstsicher war und voller Tatendrang. Es war, als ob es eher Sinn der Nacht gewesen wäre, dem Kopf seine Chance zu lassen, Widersprüche und Frustrationen zu erledigen, als dem Körper frische Kraft zu geben. Morgens nach diesen langen, dunklen Stunden der Ruhelosigkeit und lebensnahen Träume fühlte ich ganz deutlich, daß in irgendwelchen verborgenen Zellen meines Gehirns eine laute Debatte stattgefunden hatte, eine erhitzte Diskussion mit Ausflüchten und Dreckschleudereien. Und um die elfte Stunde hatten dann die gegnerischen Seiten triumphierend eine Übereinkunft ausbaldowert. Ich hielt meine Träume für die Beweisstücke, die die gegnerischen Parteien für ihren Disput vorlegten. Sie unterschieden sich von jenen Träumen, die ich früher hatte und in denen ich am Ende machtlos vor einer schwierigen Aufgabe stand. Noch immer fand ich mich in gefährlichen Situationen, und furchteinflößende Gestalten aus meiner Vergangenheit ragten bedrohlich vor mir auf, aber es gelang mir, mit den Gefahren fertigzuwerden. Die Autoritäten, die mir soviel Ehrfurcht eingejagt hatten, lösten sich in Wohlgefallen auf oder begannen, Zutrauen zu erwecken.

Dieses emsige und aufmunternde Nachtleben hatte sich als starker Kontrapunkt zu all den Aufregungen der Tage fortgesetzt, seit meine Reise begann. Es erfüllte mich mit dem hoffnungsvollen Glauben, daß ich während meiner so erregenden Reise um den Erdball ebenfalls viel freier durch meine eigene Vergangenheit und ihre begrabenen Erinnerungen reiste. Vielleicht stellte ich meine eigene Geschichte wieder her, um sie auf nützliche Weise anzupassen an die Realitäten der Welt. In der Tat ließ ich die Ereignisse der Nacht in voller Absicht mein Fortfahren beeinflussen. Ich versuchte so gut wie möglich, morgens meine praktischen Entscheidungen eher danach zu richten, wie ich mich fühlte, als nach einem vorgefaßten Plan. Das war gewiß ein außerordentlicher Luxus, den sich höchstens die Privilegiertesten und Primitivsten leisten können. Das wußte ich und schwelgte darin. Dieser Ausnahmezustand, der mir ermöglichte, ein völlig integriertes Leben zu führen, in dem Wachen und Schlafen, das Bewußte und das Unbewußte so eng ineinander verzahnt waren, ließ mich immer wieder voller Energie weiterfahren.

Dieser geistige Gärungsprozeß setzte in Australien langsam aus, als ich versuchte, meine Reise mit einer anderen Person zu teilen. In Penang kam er völlig zum Stillstand. Als ich jetzt von Haad Yai in der frischen Morgenluft wegfuhr, spürte ich zum erstenmal wieder ein schwaches Kribbeln jener wohlvertrauten Begeisterung. Nicht zu vergleichen mit dem Freudentaumel, den ich gewohnt gewesen war, aber dennoch ein Vorgeschmack und eine Hoffnung.

Bei allen Ereignissen in Haad Yai war ich nichts gewesen als ein Voyeur, ein passiver und, wie ich dachte, ziemlich unrühmlicher Beobachter der Eigenarten anderer Menschen an den verwahrlosten Rändern einer Kultur im Niedergang. Und doch war ich davongekommen mit einem Haufen hingeschluderter Notizen in meinem Tagebuch, und in meinem Kopf war ich zu beschäftigt mit Spekulationen, um zum Wehklagen Zeit zu finden. Mir wurde deutlich, daß ich seit meinem Unfall kaum mehr irgendwelche Notizen gemacht hatte, und dieser neue Anfang ermutigte mich zusätzlich.

Die Welt um mich herum reagierte wie immer auf meine Stimmung. Hatte am Tag zuvor die Straße noch ausgesehen wie eine von vielen, langweilig und nichts versprechend – heute ließ sie mein Interesse aufblühen. Landschaft und Menschen wurden lebendig, und ich nahm die

Veränderungen seit Malaysia voll auf. Die bemalten Holzhäuser von Malaya mit ihren Kehlungen, Verzierungen und anderen Feinheiten wichen Dorfhäusern aus Bambusgerten, rauh verputzt, reetgedeckt, mit langen einfachen Strukturen, die ihre eigene natürliche Schönheit besaßen. Auf den Straßen ging es ruhiger zu. Ochsenkarren, Wasserbüffel, die Reisfelder rundherum, all das wies hin auf Anbau in kleinem Stil. Der sparsam sorgfältige Umgang der Bauern mit jedem Quadratmeter fruchtbarer Erde gab der Landschaft das adrette, schmuckhafte Aussehen eines Miniaturgemäldes.

Es gab nur wenige Autos, einige Lastwagen, viele Fahrräder und eine größere Anzahl kleiner Motorräder. Letztere erstaunten mich durch die Weise, wie sie benutzt wurden. Immer häufiger sah ich ganze Familien zusammengequetscht auf einer kleinen Honda oder Yamaha. Zwei Erwachsene mit ihrem Kind auf dem Tank oder mit einem weiteren Kind, das sich hinten anklammerte, oder gar mit einem dritten Kind, das auf dem Lenker hockte. Schließlich das Tollste: drei Erwachsene und zwei Kinder, miteinander verwachsen wie siamesische Fünflinge, aufgetürmt auf einer kaum sichtbaren Maschine.

An diesem Tag war es mein Ziel, an der Westküste nach Phuket zu kommen und dann einen Ort namens Kata Beach zu finden. Ein sanftmütiger, junger deutscher Traveller namens Hans-Georg hatte mir in Penang zum erstenmal davon erzählt. Ich hatte für ihn Sympathie empfunden und seinem Urteil vertraut. Phuket war eine Insel, ungefähr hundertfünfzig Meilen nördlich von Haad Yai, durch eine Brücke mit dem Festland verbunden. Viele Strände, manche bevölkert, manche fast verlassen, so hatte er gesagt. Kata Beach sei still und schön, und ich stellte mir vor, dort jene Gesundheit wiederzufinden, die ich verloren hatte.

Ein Teil meiner körperlichen Malaissen war schon verschwunden. Das hatte ich dem Motorrad zu verdanken. Eigentlich sollte man nicht vermuten, daß das stundenlange Aufrechtsitzen im Sattel Körperertüchtigung ist. Man könnte eher denken, daß es einem das Blut in die Füße rüttelt und die Wirbelsäule martert, aber so seltsam es auch klingt: Es hat die gegenteilige Wirkung. Alle Muskeln werden ständig, wenn auch unmerklich benutzt, um der Unbequemlichkeit entgegenzuwirken, und die Vibrationen schienen sich für meine Verdauung immer wieder positiv auszuwirken. Das waren die körperlichen Wohltaten des Fahrens. Außerdem bewahrte es mich vor den Versuchungen durch Ingwerbier und andere Pampe, nach denen nur ein unbefriedigter Sinn steht.

Am Nachmittag kam ich an einigen Felsformationen vorbei, wie ich sie noch nie gesehen hatte. Sie ragten unvermittelt auf aus wogenden Feldern: steinerne Säulen, hoch wie Häuser, als sei eine jede von ihnen mit einem einzigen mächtigen Schlag von unten aus der Erdkruste emporgestoßen. Boden und Vegetation waren oben auf ihnen intakt. Die Bäume, Büsche und Gräser, die auf ihren Kronen üppig gediehen und grün wuchernd zu den Seiten hinunterwallten, machten aus der Entfernung den Eindruck, es handele sich um gigantische Perücken auf Postamenten. Sie beschworen Bilder einer uralten Rasse von Riesen. Als sie zahlreicher wurden und dichter zusammenrückten, stieg die Straße an und schlängelte sich in immer enger werdenden Serpentinen zwischen ihnen hindurch. Diese Kurverei machte das Lenken meiner Triumph äußerst schwierig, und schließlich wurde mir klar, daß ich mir nicht nur einbildete, Schwierigkeiten mit dem Bike zu haben, sondern daß tatsächlich etwas nicht stimmte. Als ich feststellte, daß mein Hinterrad fast hoffnungslos locker saß und ich das korrigiert hatte, schien das Bike vorwärtsspringen zu wollen wie ein Tier, aus seinem Käfig befreit. Meine Zuversicht machte ebenfalls ihren Luftsprung.

So kam ich dann in Phuket kräftiger und glücklicher an, als ich mich seit Wochen gefühlt hatte. Kata Beach war nicht leicht zu finden. Die Straßenschilder waren auf Thai, und auf meine Fragen reagierte man mit höflichem Unverständnis. Wie auch immer ich Kata auszusprechen versuchte, niemand schien damit etwas anfangen zu können. Aber ich fuhr auf gut Glück weiter und fand schließlich auch den Feldweg, der mich fünf Meilen weit über die Insel führte und kurz vor Eintritt der Dunkelheit an die andere Küste brachte.

Der erste Anblick von Kata beglückte mich. Von der Kuppe des letzten Hügels aus sah ich den Strand unter mir wie ein breites Lächeln zwischen zwei Vorgebirgen. Der Sand war hell und sauber, die See grün an den flachen Stellen, blau, wo es in die Tiefe ging, und sie glühte im Licht der untergehenden Sonne. Kokospalmen standen dicht beieinander, wo das Wasser bei Hochflut nicht mehr hinreicht, und beschatteten einen breiten Streifen flachen Bodens zwischen dem Strand und den Hügeln.

Ich folgte der ausgefahrenen Spur hinunter zum Strand. Wo er nach links abbog, stand die Andeutung einer Bar oder eines Strandcafés – ein paar Tische auf dem Erdboden, umrahmt von einer niedrigen Holzbalustrade und beschattet von einem Reetdach. Ich stellte das Bike gegen den

Stamm einer Palme, und kaum war das Geräusch der Maschine verklungen, fühlte ich Ruhe und Frieden.

Einer der drei Männer, die in dem Café saßen, stand auf, um mich in mäßigem Englisch zu begrüßen.

«How do you do? Möchten Sie einen Drink?» fragte er.

Ich konnte nicht sagen, ob es sich um den Inhaber oder einen Gast handelte, der mich freundlicherweise einlud. Ich entschied mich für ein Glas Tee, was in beiden Fällen wohl keine unangenehmen Konsequenzen haben würde.

Wir saßen am Tisch und tauschten ein paar Fragen und Antworten aus. Langsam senkte sich die Dämmerung, und Lampen wurden angemacht. Ich wußte zwei Dinge von Kata. An einem Ende der Straße, so hatte Hans-Georg gesagt, lebte ein Lehrer, ein netter Mann, der Englisch sprach und eine Hütte zu vermieten hatte. Am anderen Ende des Strandes lebte eine bemerkenswerte Französin, die Adrienne hieß. Ich hatte mir schon gedacht, daß ich mit dem Lehrer zusammensaß, und bevor ich ihn nach seiner Hütte fragte, sagte ich:

«Kennen Sie jemanden namens Adrienne?»

Er sah hinaus in die Nacht und, ohne sich der theatralischen Wirkung bewußt zu sein, sagte er, mit dem Finger in die Richtung weisend: «Da kommt sie gerade.»

Ich sah auf und war verblüfft, zwei Scheinwerfer zwischen den Palmen näherkommen zu sehen. Ich ging aus der Hütte hinaus und winkte dem Datsun-Pick-up zu. Vier Leute saßen darin, vorne zwei Frauen, auf dem Rücksitz ein Paar.

Eine Frau mit kupfergoldenem Haar und ausgeprägten, regelmäßigen Gesichtszügen saß am Steuer. Sie hielt neben mir an und nahm mich mit einem angenehmen, erwartungsvollen Blick unter die Lupe.

«Entschuldigung», sagte ich, «sind Sie Adrienne?»

«Ja. Kann ich etwas für Sie tun?»

Ihre Frage war ernst gemeint und kam warmherzig, mit einem leichten französischen Akzent. Statt des neutralen oder gar ablehnenden Tons, den ich erwartet hatte und der vielleicht natürlich gewesen wäre, teilte sich in ihrer Stimme ein wirkliches Interesse an meiner Lage mit. Diese Bereitschaft überraschte mich, regte meine Sinne an und machte mich ein wenig aufgeregt und unbeholfen.

«Nun, ein Freund von mir hat gesagt, äh, hat vorgeschlagen, daß ich mich mal bei Ihnen melden sollte. Hans-Georg. Erinnern Sie sich? Ein Deutscher? Er war vor ein paar Wochen hier?»

Es war offensichtlich, daß dieser Name ihr nichts sagte. Ich stolperte in eine Sendepause. Meine Unbeholfenheit wuchs.

«Never mind», sagte sie. «Sagen Sie, bleiben Sie hier?»

«Nun, ich würde schon gern ... ein paar Tage bleiben. Gesehen habe ich noch nichts. Aber, ich meine ... ich bin ja gerade erst angekommen ... und ...» Wirklich, dachte ich, so geht es nicht mehr weiter. Ich benehme mich ja wie ein junger Dachs auf seiner ersten Auslandsreise.

Sie ließ mich sehr leicht von der Angel.

«Wir wollten gerade ein bißchen Fisch am Strand essen. Wollen Sie vielleicht mitkommen?»

«Das wäre ja wundervoll. Gosh ... Ist das Ihr Ernst ...?»

«Ja. Natürlich.»

Diese Versicherung war ruhig und glaubhaft ausgesprochen. Meine fast tölpelhaften Reaktionen waren mir peinlich, und überdies verrieten sie, wie sehr ich in Verwirrung abgedriftet war. Dann spürte ich ganz plötzlich immense Erleichterung.

«Ist es weit?» fragte ich. «Soll ich Ihnen folgen? Ich bin mit dem Motorrad da.»

«Das können Sie hierlassen. Steigen Sie bei uns ein. Das ist schon in Ordnung.»

Das Bike und alles, was darauf war, so einfach stehenzulassen, war normalerweise nicht meine Art. Es waren diese Frau und dieser Anlaß, die ich so zu würdigen wußte, daß ich ohne zu zögern hinten in den Datsun kletterte. Ich glaubte ihr einfach. Sie stellte mich ihrem Sohn Dan vor, einen gewichtigen jungen Mann, der mich leicht blasiert wahrzunehmen geruhte, und seiner Freundin Karen, einer Amerikanerin, die höchstens neunzehn war.

Während wir auf der unebenen Piste entlangholperten, hatten die beiden nur wenig zu sagen. Es war eine herrlich warme Nacht. Ich lehnte mich zurück, hielt mich an der Seite des Pick-up fest und betrachtete einen großen Mond, der zwischen Wolkenbänken einhersegelte, ab und zu dramatisch angekratzt von den schwarzen Silhouetten der Palmenwipfel. Ich hatte das angenehme Gefühl, alles sei glücklich geregelt. Außerdem war ich zufrieden, eine Weile für mich alleinsein zu können. Später würde es genug Zeit geben zum Reden.

Die einzige von uns, die viel redete, war das Mädchen, Karen. Eigentlich sprach sie gar nicht, sondern stieß nur Phrasen aus. Offensichtlich hatte man ihr Komplimente über die Schönheit und Empfindsamkeit ihrer Äußerungen gemacht, denn sie produzierte diese mit einer Selbstsicherheit, die absolut unnatürlich war und überdies völlig ungerechtfertigt. Sie hatte sich dementsprechend angezogen, aber ihr Make-up und ihre ausgeklügelt «ethnische» Kleidung war fehl am Platze. Besonders das auffällige indische Stirnband bekundete eine übertriebene Zuneigung zu einer Hippy-Idee, die sie ganz sicherlich falsch verstand.

Auf dem ganzen Weg haschte sie nach ihren verbalen Schmetterlingen, aber was sie fing, waren höchstens Fledermäuse.

«Der Himmel», verkündete sie, «ist wie Beethovens Fünfte Symphonie.»

Und du, lag mir auf der Zunge, bist Herb Alpert, der sie hinaustrompetet.

Sie stotterte und surrte sich durch den Abend wie ein kaputter Generator, dem es nicht gelingen will, Licht zu produzieren.

Dan lauschte ihr begeistert und schien sie anzuhimmeln. Für ihn war sie Donovan in Frauenkleidern.

Wir kamen schließlich in einem kleinen Restaurant an und saßen um einen Holztisch im Sand. Wir bestellten Garnelen, Fisch, Reis und Gemüse. Die dritte Frau, die vorn neben Adrienne gesessen hatte, wurde mir als Alice vorgestellt. Sie war eine blonde Jüdin, ungefähr dreißig, und sprach auf meine wenigen, höflichen Fragen mit Argwohn und einer leichten Feindseligkeit an. Ich reimte mir zusammen, daß sie aus Australien kam und ihrer Familie davongelaufen war, um in Israel zu leben und zu studieren. Ihre Manier provozierte mich dazu, meinen zweimaligen Aufenthalt in Israel zu erwähnen und anzumerken, ich habe die Mentalität der Menschen dort als für meinen Geschmack zu harsch empfunden. Diese Bemerkung stützte nur den negativen Eindruck, den sie von mir hatte. Sie wendete sich Adrienne zu und verwickelte sie in einen lauten Monolog über Hong Kong und die Modeindustrie. Sie pries alles und einen jeden und machte gleichzeitig mit höchst aufgeplusterten Wortwendungen alles nieder.

Adrienne lächelte sanftmütig, und nach einer Weile nahm sie die Gelegenheit einer Pause wahr, um mich zu fragen, von wo ich auf meinem Bike gekommen sei.

Ich sagte, ich sei aus England gekommen.

Alice richtete ihren Nußknacker-Unterkiefer auf und rief aus:

«*Was* halten Sie von Nepal! War es nicht das *Übergrößte*? Ich meine, hat es Sie nicht *total ausgeflippt*?»

«Ich bin noch gar nicht dort gewesen.»

«Oh, dann *muß* es aber einfach sein! Es ist einfach *unglaublich*!»

«Ja, ich ...»

«Und Sie müssen auf jeden Fall *Trekking* machen, denn das ist *echt super*. Auf der Annapurna-Route, und dann *müssen* Sie zum Namche Bazaar fliegen, wenn Sie sich das finanziell erlauben können, und da die *echten* tibetanischen Kommunen aufsuchen.»

«Nun, ich ...»

«Oh, und dann sollten Sie *absolut* mal nach Kopan, wissen Sie, das Mönchskloster? Es ist ein Mahayana-Kloster. Dort können Sie ein paar Tage bleiben. Fragen Sie nach Nick. Er ist *echt ein Super-Typ von Mensch*.»

«Nick?»

«Er ist ein Mahayana-Mönch.»

«Nick, der Mönch. Und was kann man da machen?»

«Am besten: ... Meditieren. Das ist echt das *Übergroße*. Wissen Sie. Die Ruhe. Meine ich. Die läßt einen *echt ausrasten. Total.*»

Diese letzten Worte, fast kreischend abgeliefert, waren dann doch ein bißchen zuviel. Der Mond tauchte hinter eine Wolke, und die Wellen konnte ich nicht mehr hören.

«Und das haben Sie da oben gemacht?»

Ich gab mir keine besonders große Mühe zu verhehlen, daß ich ihr nicht glauben mochte. Sie war laut, fast hysterisch, aber sie war auch auf Draht.

«Ja», sagte sie kurz angebunden. «Sind Sie mit Ihrem Fisch fertig?»

Karen starrte verzückt aufs Meer.

«Ich glaube, ich sehe George Harrison auf den Wellen schreiten», murmelte sie. «Ich meine, es kommt mir so vor, euch nicht auch?»

«Yay», sagte Dan, «Right on!»

Adrienne fragte mich, was für eine Reise ich machte, und ich mußte darauf antworten: «Ich fahre auf dem Motorrad um die Welt.» Ich haßte diese Phrase. Sie kam mir immer übermäßig albern vor.

«Auf welchem Weg sind Sie denn hierher gekommen?»

Mit so wenigen Worten wie möglich gab ich Auskunft. Ich hatte das Gefühl, es kaum ertragen zu können, über meine Abenteuer zu sprechen. Noch immer nagte an mir, was in Penang geschehen war. Wie eine Schande. Als werde man gebeten, sich an die süße Zeit der Flitterwochen zu erinnern, wenn man gerade die bitteren Tage der Scheidung erlebt. Ich empfand den Verlust der ersten lyrischen Jahre meiner Reise wie einen stechenden Schmerz des Bedauerns und fürchtete, jene

Freude könne nie wiederentdeckt werden. Auf die anderen mußte ich wie ein störrischer und reichlich arroganter Mann gewirkt haben, weil ich mit soviel hinter dem Berg hielt.

«Durch Afrika hinunter», sagte ich, «dann durch Südamerika und hinauf nach Kalifornien. Dann quer durch Australien und von Singapur hier rauf.»

«Wie lange haben Sie dafür gebraucht?»

«Na, es sind jetzt fast drei Jahre.»

«Und wie viele Kilometer sind das?» Adrienne war auf sanfte Weise beharrlich, und langsam war es mir nicht mehr so unangenehm.

«In Meilen sind es etwas über vierundvierzigtausend, das heißt, auf dem Bike. Also wären es ungefähr siebzigtausend Kilometer.»

«Ein langer Weg», sagte sie. «Da müßten Sie ja eigentlich viel erzählen können.»

«Es läßt sich nicht vermeiden, auf einer solchen Reise eine Menge zu lernen», sagte ich, obwohl ich es nicht wirklich glaubte. Es gibt Menschen, die blind durch die Welt gehen, und dumme gibt es auch.»

«Sie müssen sich manchmal gewünscht haben, einfach anhalten zu können und nach Hause zu fahren. Oder nicht?»

«Nein», sagte ich. «Niemals. Ich wollte niemals anhalten, nicht einmal in den schlimmsten Augenblicken.» Ich war selbst überrascht von der Inbrunst, mit der ich das sagte. Es ist wahr, dachte ich, nichts wird mir Einhalt gebieten. Deswegen muß es in Ordnung sein, wenn ich so sehr daran glaube. Wirklich, schon jetzt schulde ich dieser Frau eine Menge.

Alice zappelte nervös auf ihrem Stuhl und fuhr mich dann fast streitsüchtig an:

«Wo waren Sie in Kalifornien? Ich meine, da müssen Sie doch bei Esalen vorbeigekommen sein. Haben Sie haltgemacht?»

«Nein. Habe ich nicht. Ich habe viel davon gehört. Encounter Groups, so 'n Zeug, oder?»

Alice war natürlich dagewesen. Sie hatte sich in der Tat einer beeindruckenden Anzahl seelenheilender Einflüsse unterworfen. Sie hatte Ashrams, Klöster, heilige Schreine und die Tempel der Gegenkultur besucht. Sie hatte Schulter an Schulter mit Gurus, Mönchen und den anerkannten Heroen der Alternativmedizin gesessen, darunter Feldenkrais und Govinda. Sie himmelte sie an. Sie sprach von ihnen mit schriller Ehrfurcht. Sie überschüttete sie mit Lobpreisungen. «*Hallelujah*», rief sie aus, «denn das sind alles *total* wahnsinnige und unglaubliche und *echte* mächtige *High Energy*-Leute.» Und: «Glory be», seufzte sie, «for I am freaked out.»

Unglücklicherweise mußten sie alle Alice mit ihren Hochenergiestrahlen der Erleuchtung verfehlt haben, als diese sich vor ihnen auf die Knie warf. Sie war während ihrer Reise einer Mischung aus Kränklichkeit und Herzeleid unterlegen, und es war Adrienne gewesen, die sie wie einen flügellahmen Vogel am Straßenrand aufgesammelt hatte. Seit mehreren Wochen hatte sie sich in Kata erholt und schon erheblich an Vitalität gewonnen. Eine Vitalität von besonderer Intensität, jedoch auch von der Art, die sich selbst verzehrt. Hinter ihrem quadratischen, intelligenten und irgendwie habgierigen Gesicht sah ich ein Mädchen, das glauben mochte, es höre auf zu existieren, wenn es nicht laut hinausschrie.

Wir redeten eine Zeitlang weiter. Alice gab weitere streitsüchtige Bekundungen von Wundern ab, die sie erlebt hatte, und von charismatischen Genies, mit denen sie Freund geworden war. Karen versuchte weiterhin verzweifelt und erfolglos, ihre Muse zu finden. Ich wurde von Minute zu Minute ätzender in meinem Urteil und in meiner Abneigung. Dan gab gelegentlich schwergewichtige Beweise seiner Ignoranz ab. Es kam mir in den Kopf, daß wir, abgesehen von Adrienne, eine ziemlich unverträgliche Gruppe waren. Und doch, so eigenartig es war, wir erlebten gemeinsam diese Stunden, und trotz unserer Antipathien fanden wir sogar Gefallen am Beisammensein. Dieser Triumph der Vermittlung war Adriennes Verdienst. Während wir unsere Widerborstigkeit, peinliche Emphase, Mauligkeit und Gefühlsduselei zur Schau stellten, betrachtete sie uns alle mit ständig gleichbleibender und unmißverständlicher Zuneigung. Sie strahlte einen Frieden aus, der zudem Autorität besaß. Die Ruhe des Meeres und der Sterne schien durch sie hindurchzufließen. Die große warme Nacht über unserem kleinen, von einer Lampe erleuchteten Tisch vertrieb die albernen Ängste und Gehässigkeiten, sog sie einfach auf.

Ich beneidete Adrienne um ihre Fassung. Sie besaß eben jene Verbindung von Sensibilität und Überlegenheit, die ich so gern wiedergewonnen hätte. Daher war ich sehr froh, als sie fragte, ob ich bei ihnen bleiben wolle. Ich war neugierig, die Quelle ihrer Kraft kennenzulernen, denn es lag auf der Hand, daß sie Ergebnis andauernder Bemühung und Entschlossenheit sein mußte.

Ich fand das Motorrad, wie ich es verlassen hatte, und folgte den anderen zum entfernten Ende des Strandes. Zwischen den Palmen sahen wir weitere Hütten, manche erleuchtet von Neonröhren, manche von Öllampen. In den Schatten bewegten sich Gestalten in Sarongs, leise, und unter ihnen sah ich die stille Masse eines schlafenden Wasserbüffels.

9

Adriennes Haus stand auf einer Anhöhe über der Bucht und war groß genug, uns alle bequem unterzubringen. Ich wachte im Sonnenschein auf und hatte einen wunderbaren Ausblick über das Meer. Von dem Augenblick bis zu meinem Abschied vier Tage später wurde ich absolut in Frieden gelassen und konnte tun, was ich mir wünschte. Die meiste Zeit hatte ich das Haus ganz für mich allein. Adrienne führte einen kleinen Laden mit Kunsthandwerk und Schmuck in einem Touristenort auf der anderen Seite der Insel. Die anderen waren gewöhnlich während des Tages unterwegs. Es war das erste Mal seit vielen Monaten, daß ich den Komfort von Raum, Unterkunft und Abgeschiedenheit genießen konnte.

In der Lage zu sein, von Zimmer zu Zimmer zu gehen, von der Couch zum Sessel, vom Schlafzimmer ins Badezimmer und in die Küche, eine Weile leben zu können, umgeben von sorgsam gefertigten Dingen in formvollendet gestalteten Räumen, sich an den Mustern von Licht und Schatten auf polierten Holzflächen zu erfreuen, kühl, ruhig und ungestört zu sein, so lange es mir gefiel – all dies waren Privilegien, die ich wie nie zuvor schätzte. Trotz der Lockungen des Strandes und des Meeres stellte ich fest, daß ich nichts lieber wollte, als im Haus zu bleiben, zu träumen und zu dösen, zu denken, zu schreiben und, mehr als alles andere, zu lesen.

Da gab es Bücher auf französisch und auf englisch. Viele von ihnen waren von Buddhisten geschrieben oder handelten vom Buddhismus, und ich durchblätterte sie anfangs nur oberflächlich, dann aber mit wachsender Neugier und einer Art inneren Lachens. Allein die Texte zu lesen war schon, als ließe man das 20. Jahrhundert hinter sich wie einen schlechten Traum.

Ich stellte eine sofortige Affinität zu den Ideen und Metaphern bei mir fest, die aus den Seiten geradezu hervorsprangen. Ich las völlig planlos. Ich sprang von Buch zu Buch, las hier und da einen eigentümlichen Absatz und ließ dann meine Gedanken schweifen – im Widerspruch, so fühlte ich, zu der Aufmerksamkeit und Disziplin, welche die Texte zu verlangen schienen.

Zweifellos hätten die wahren Schüler Buddhas (oder Bikkhus, wie sie anscheinend genannt wurden) meine flatterhafte Art mit gewisser Mißbilligung angesehen, und doch schienen sich diese zufällig zusammengewürfelten Proben zu einem Bild zu fügen, das stimmig war und mich überraschte durch seine Vertrautheit. Es war, als habe es schon unbewußt in mir existiert und werde jetzt auf bewußte Weise entwikkelt.

Ich las aus Buddhas «Discourse on the Arousing of Mindfulness», der Abhandlung über das Erwecken der Achtsamkeit:

«Ein Bikkhu, in den Wald gegangen, an den Fuß eines Baumes oder auf eine Lichtung, setzt sich nieder, verschränkt die Beine kreuzweise über seinem Schoß, hält seinen Körper aufrecht und erweckt Achtsamkeit für das Objekt seiner Meditation, nämlich den Atem, der vor ihm ist, und er lebt unabhängig und klammert sich an Nichts auf dieser Welt.»

In dieser einfachen Anweisung steckte genug, um mich für den Rest des Tages glückliche Gedanken hegen zu lassen. Es war so leicht, sich den Wald vorzustellen, den Baum, den Schüler in seinem safranroten Gewand, die geschmeidige Elastizität, mit der er seine Füße unter den Hüften verschränkt und sein Rückgrat so streckt, daß er mit dieser Bewegung auf unnachahmliche Weise sein Leben von dem meinen trennt. Warum in einen Wald? Warum an den Fuß eines Baumes? Welche Erleichterung, ein Schüler zu sein und derart alberne Fragen nicht stellen zu müssen. Muß man wirklich seinem Körper eine so peinigende Stellung zumuten, um «unabhängig zu leben und sich an Nichts zu klammern auf dieser Welt»? Aber was für ein bewundernswerter Zustand ist das, durchaus lohnend, ihn anzustreben. Wie schwer könnte es wohl sein, Achtsamkeit zu erwecken in dem Atem, der vor einem ist?

Ich zwängte meine Beine, so gut es mir gelang, in eine Annäherung an die Lotus-Position – die, da bin ich sicher, kein Bikkhu als solche erkannt hätte – und versuchte, mich auf meinen Atem zu konzentrieren. Ungefähr vier Sekunden funktionierte das ganz gut. Dann begann mein Rücken zu schmerzen, mich juckten die Knie, eine Fliege kitzelte meinen Hals. Ich stellte fest, daß meine Gedanken wanderten wie ein streunender Hund, und zwar in alle vier Ecken des Zimmers, und obwohl ich wie wild an seiner Leine zerrte, konnte ich ihn höchstens für jeweils ein paar Sekunden unter Kontrolle behalten.

Ich las weiter, suchte nach Anhaltspunkten, fasziniert von der grundsätzlichen Beschäftigung mit den einfachsten Handlungen, so zum Beispiel der «Mindfulness on the Modes of Deportment», der Achtsamkeit auf die Weisen der Körperhaltung: «Stehend, liegend, oder wie auch immer der Körper innerlich und äußerlich ausgerichtet ist... seine Achtsamkeit wird hergestellt durch den Gedanken ‹Der Körper existiert› bis zu dem Grade, der notwendig ist für rechte Kenntnis und Erinnerung, und er lebt unabhängig und klammert sich an Nichts auf dieser Welt.»

Oder «Im Gehen nach vorn und nach hinten, im Sehen nach Geradeaus und nach vorn, im Beugen und Strecken, im Tragen des Schulterüberwurfs, der Gewänder und der Schüssel, in Betrachtung dessen, was gegessen, getrunken, gekaut und geschmeckt wird, im Entleeren des Stuhls, im Wasserlassen, im Sitzen, Schlafen, Gehen, Sprechen und im Halten von Stille...»

Manchmal machte mich die Sprache prusten vor Lachen, weil sie an die lächerliche Terminologie militärischer Handbücher gemahnte und an Kasernenhof-Exerzitien, indem sie die Haltung der Körperteile in präzise verordnete Konfigurationen zwang – «Daumen an den Hosennähten, Füße im 45-Grad-Winkel» – und so weiter. Ich verfiel in Grübelei über meine ersten traumatischen Monate beim Militärdienst, über die zermürbende Wirkung von Befehlen, die zu jedem Zeitpunkt des Tages kommen können, über den Zwang, sich Regeln zu unterwerfen, die ebenso sinnentleert wie verbindlich sind. Aber ich erinnerte mich daran, zugeben zu müssen, daß ich am Ende, sogar als ich durch Tiefschnee nach Nirgendwo marschieren mußte, dankbar war, weder Zeit noch Bedürfnis zu haben, über Komplizierteres nachzudenken als darüber, einen Fuß vor den anderen zu setzen.

Wieviel besser jedoch, dasselbe Gefühl des ruhigen Wohlbefindens zu erreichen, ohne auf Befehl marschieren zu müssen; es zu haben, wenn man unter einem Baum sitzt oder gar dadurch, daß man sich sein Gewand überwirft.

Vom philosophischen Standpunkt aus war ich reif für den Buddhismus. All meine Erfahrungen auf der Welt hatten mich darauf vorbereitet. Ich hatte schon immer die Dinge bewundert, die in Demut und Disziplin geschaffen werden, die aus der Vielfalt und dem Überfluß der

Erde gewonnen werden, geduldig und in Bescheidenheit zum Nutzen des Menschen: kleine, sinnvolle (oft auch schöne) Gebäude, gute Gemüsegärten, nützliche Werkzeuge, mit Sorgfalt hergestellt, Dinge, die in rechter Beziehung zu menschlichen Bedürfnissen und in menschlichen Dimensionen bleiben.

Ich sah einen Trend in die entgegengesetzte Richtung. In dem hastigen Streben nach Produktion, Profit und Macht gab es wenig Raum und noch weniger Respekt für persönliche Tugenden. Der animalisch-instinktive Aspekt menschlichen Verhaltens war allerorten im Vormarsch, verkleidet eventuell als Triumph der Technologie, Revolution der Agronomie, architektonische Monströsität, Wunder der Medizin. Sein wahres Gesicht zeigte er aber in immer größer werdenden Slums, Hungersnöten und dem wahnwitzigen Wettrüsten. Dieser Widerspruch teilte sich mir durch meine persönlichen Erfahrungen mit. Individuen empfingen mich überall voller Großzügigkeit und zeigten starkes Interesse an dem, was ich tat. Meistens teilten sie meine Hoffnung auf ein einfaches, natürliches Leben und meine Furcht vor der unkontrollierten Technisierung. Aber was auch immer sie über den unheilvollen Weg der Dinge dachten, niemand stellte sich auch nur einen Augenblick vor, er oder sie könne etwas daran ändern. Und mit absolutem Zynismus betrachteten sie die Macht und die Motive derjenigen, denen man unterstellte, sie hätten die Ereignisse unter Kontrolle.

Jeglicher Ehrgeiz, den ich besaß, einen gewissen Einfluß auf politische Ereignisse zu nehmen, kam mir immer absurder und närrischer vor. Die menschliche Aktivität im allgemeinen, das war mir bewußt geworden, war so unkontrolliert ungestüm und automatisch wie die Futtersuche von Nagetieren und das Paaren der Katzen bei Nacht. Der größte Teil sozialen Verhaltens war ganz deutlich geprägt von Furcht und Gier, und die Gesellschaft war nur zu offenkundig beherrscht von einer Minderheit, die über das ganz besondere Talent verfügte, ihre Habgier in Macht und Reichtum umzumünzen. Die Existenz dieser Klasse und ihr Einfluß auf das Gesicht des Planeten wurde immer deutlicher. Das waren Leute voller Energie, einfallsreich, clever und in erster Linie habgierig. Sie trieben den Motor des materiellen Fortschritts voran, indem sie ihre eigenen Ängste bekämpften. Um ihren Appetit zu befriedigen, erwarben sie sich eine Intuition, wie sehr sie andere ausquetschen konnten. Wenn es einen Weg gab, Geld zu machen, schlugen sie ihn unweigerlich ein. Wenn sie sich manchmal abzuwenden schienen von irgendeiner Möglichkeit der Ausbeutung oder Schikanerie und dabei moralische Skrupel vorschoben, war es in Wirklichkeit so, daß sie den klaren Weg zum Profit auf lange Sicht noch nicht erkannt hatten.

Einige von ihnen würden selbstverständlich immer Kriminelle bleiben, aber die Mehrzahl war höchst respektabel: Industriekapitäne und Handelsbarone, Bankiers, Börsenmakler, Großhändler und dergleichen. Sie bildeten eine Kraft auf dieser Welt, der kein Einhalt zu gebieten ist. Wenn ihre Legitimität angezweifelt wurde durch eine ideologische Verirrung wie den Kommunismus oder einen religiösen Irrweg wie den Heiligen Islamischen Staat, gruben sie sich ein und versuchten, freßgierig wie die Termiten, von der Wurzel aus die Blüte verwelken zu lassen. Und nicht einer von ihnen würde sich in dieser Beschreibung wiedererkennen. Sie waren die Verkörperung dessen, was die Leute meinen, wenn sie sagen: «Die menschliche Natur läßt sich nicht ändern.»

Die meisten Schändlichkeiten, derer ich auf der Welt Zeuge geworden war, waren ihr Werk: die Überschwemmung der Dritten Welt mit Ex- und Hopp-Ware, die Zerstörung gesunden ländlichen Lebens, die Verbreitung von Drogen und Korruption, der Anstieg der Verbrechen, der Verfall kultureller Werte und alle anderen Verhöhnungen, deren Symbol jene widerlichen modernen Bankgebäude sind, die sich verächtlich über den erbärmlichen Elendsquartieren in Afrika und Südamerika erheben.

Deprimiert von diesem Bild der Welt und beschäftigt mit der Frage, was dagegen zu tun sei, welche Art von Leben man führen müsse, kam ich unweigerlich zurück auf den Einfluß des persönlichen Vorbilds. Es blieb nichts, dachte ich, als nach bestem Wissen und Gewissen das Leben zu führen, das man selbst für das richtige hielt, und den anderen die Entscheidung zu überlassen, ob es auch ihren Bedürfnissen entgegenkam. Wie der Papst sagte: «Wenn das Laster vorherrscht und die Unfrommen das Zepter führen, ist die Ehrbarkeit Privatsache.»

Die Ideen des Buddhismus entsprachen sehr gut dieser Sichtweise.

Und doch eignete ich selbst mich wohl kaum zu einem Bikkhu. Ich hatte zuviel Spaß am Leben. Die Buddhisten, so las ich, beharrten darauf, alles Verhalten auf Erden werde regiert von Angst und Verlangen, und Befriedigung sei nur zu finden, indem man sich total löst von irdischen Dingen. Und doch mußten auch Bikkhus essen. War es für sie eine Sünde, wenn's ihnen schmeckte? Einige Eigenschaften des Buddhismus erschienen fanatisch in ihrer totalen Ablehnung des Werts jeglicher irdischer Erfahrung. «Die Nichtigkeit des Lebens und der Welt» wurde ständig neu gepredigt. Aber warum konnten sie die Welt nicht nehmen, wie sie war; ein Garten, vielleicht von begrenztem Wert, aber nichtsdestoweniger ein Garten. Ein jeder, der darauf besteht, daß die Trillerpfeife in seiner Hand besser eine Violine sein möge, wird bald herausfinden, daß sie ihm nicht genügt, obwohl sie doch ein hübsches Liedchen zu trällern vermag.

Gelegentlich besprach ich abends diese Dinge mit Adrienne. Sie zeigte sich von meiner Kritik nicht beeindruckt.

«Es ist eine persönliche Sache», sagte sie. «Ein Dogma gibt es nicht. Jeder muß letztendlich seinen eigenen Weg finden. Wieviel auch immer man liest, die tägliche Praxis ändert alles. Der Schlüssel zu allem ist die Meditation.»

Und dennoch las ich weiter und nahm in mich auf, was ich konnte, mit dem Hintergedanken, irgendwann später auf meinem Weg einen besseren Geisteszustand zu erreichen, um diese Ideen weiterverfolgen zu können. Ein Abschnitt ließ mich lange Zeit auf die Seite starren: teils wegen der gespenstischen Bilder, die er in mir wachrief, teils wegen des Fensters, das er öffnete und durch das ich vergessene Details des Lebens in einem früheren Alter erblicken konnte. Teils aber auch, weil ich den großen Wert und die Wichtigkeit des Absatzes durchaus einschätzen konnte. Ich fand ihn unter den Abhandlungen über «The Noble Eightfold Path», den edlen, achtfaltigen Weg, und sein Titel lautete «Cemetery Contemplations», Kontemplationen auf dem Friedhof, mit einer ziemlich geheimnisvollen Fußnote, die aussagte: «Nur ein Leichnam des eigenen Geschlechts ist passend.»

Dem Bikkhu wird anbefohlen, sich auf einen Friedhof zu begeben oder eher auf einen Begräbnisplatz, auf dem zu jenen Zeiten die Toten einfach achtlos liegengelassen wurden. Am ersten Tag «versenkt er sich in Gedanken über einen Leichnam, vielleicht einen, zwei oder gar Tage verwesend, aufgebläht, blau und verfaulend», und er denkt über seinen eigenen Körper nach, als wäre der in eben demselben Zustand.

«Am zweiten Tag betrachtet er einen Körper, angefressen von Geiern, Krähen und Falken, Hunden, Schakalen oder verschiedenen Arten von Würmern, und er denkt so auch über seinen Körper.

Am dritten Tag findet er den Körper vor, ganz auf das Skelett reduziert, mit Fleisch und Blut gehalten von den Sehnen, und er denkt auch so über seinen eigenen Körper.

Am vierten Tag findet er einen Körper, reduziert auf ein blutbeschmiertes Skelett, ohne Fleisch, aber gehalten noch von den Sehnen, und er denkt auch so über seinen eigenen Körper.

Man reist nicht nur …

… um anzukommen. Aber irgendwann kommt halt jeder mal an. Und sei es nach vier Jahren einer «Fahrt des Lebens». Je länger die Reise, um so schwerer der Rückweg in den gewohnten Gang. Glücklich, wer dabei wenigstens keine Geldsorgen hat, wer sich rechtzeitig ein Sparpolster zugelegt hat.

Am fünften Tag findet er ein Skelett ohne Fleisch und Blut, und er denkt auch so über seinen eigenen Körper.

Am sechsten Tag findet er einen Körper, reduziert auf Knochen, zerstreut in alle Richtungen, und er denkt auch so über seinen eigenen Körper.

Am siebten Tag findet er Knochen, weiß wie Muschelfarbe, und er denkt auch so über seinen eigenen Körper.

Am achten Tag findet er Knochen, mehr als ein Jahr alt, auf einem Haufen, und er denkt auch so über seinen eigenen Körper.

Am neunten Tag findet er die Knochen verfallen und zu Staub geworden, und er denkt auch so über seinen eigenen Körper.»

Nicht nur fragte ich mich, wie ein Bikkhu im 20. Jahrhundert damit umgehen würde, sondern ich war auch überwältigt davon, was diese Abhandlung über die Veränderung enthüllte, die in unserer Wahrnehmung von Leben und Tod stattgefunden hatte. Es waren die Einzelheiten, zum Beispiel «die verschiedenen Arten von Würmern», die mich so beeindruckten. Ich empfand es als außerordentlich, wie ein Mensch in der westlichen Welt durchs Leben gehen konnte, und wahrscheinlich auch ging, ohne je Zeuge des Todes zu werden oder gar jemals einen nackten Leichnam zu sehen. Was Vergänglichkeit betraf, war der Horror einzig verbunden mit der Furcht vor dem Holocaust, dem Druck auf jenen Knopf, der den Atompilz gen Himmel steigen läßt.

Ich konnte mich nicht dazu bringen, dies als gesund anzusehen. In unserem Leben befinden wir uns inmitten des Todes, und es wäre besser für uns, würden wir diese Tatsache als natürliche und weniger sensationelle Gegebenheit erleben, als sie in den Nachrichten und in Bildern von Gewalttätigkeiten in fernen Ländern präsentiert zu bekommen. Ich hatte schon begonnen, bewußt wahrzunehmen, wie weit wir auf unseren modernen Wegen entfernt sind vom Klima, von den Ursprüngen unserer Nahrungsmittel, von der Errichtung auch nur des einfachsten Hauses, von der Fähigkeit, zu unterscheiden zwischen wirklichen Bedürfnissen und Konsumverlangen. Wir waren auf gefährliche Weise entfremdet von den Grundlagen der Existenz, und sicherlich machte uns das verwundbar durch Phantasien sowie zu leichten Opfern für diejenigen, die uns drohen konnten mit dem Verlust unserer gewohnten Bequemlichkeiten.

Mir wurde immer deutlicher, daß der verhätschelte Lebensstil der westlichen Welt ebenso abhing von einer Vielzahl von Ängsten wie von der Habgier. Und vielleicht war es der Sinn all jener kleinen Ängste, uns abzulenken von der einen großen Angst, der Todesfurcht. Wie viele Menschen, fragte ich mich, würden weiterhin jeden Morgen ins Büro gehen, wenn sie auf dem Wege einen Begräbnisplatz hätten passieren müssen.

Während die Tage vergingen, wuchs meine Bewunderung für Adrienne und das, was sie erreicht hatte. Ihr Einfluß auf uns überraschte mich immer wieder aufs neue. Wir waren, jeder auf seine Weise, Krüppel, weil wir meinten, nicht fertig werden zu können mit den Aufgaben, die sich uns stellten. (Bei mir, so hoffte ich jedenfalls, war das nur zeitweilig so.) Normalerweise hätten wir uns ständig gekabbelt, aber in jener besänftigenden Atmosphäre kamen wir ganz gut miteinander aus. In Dan entdeckte ich einen angenehmen und wohlmeinenden jungen Mann, und es war unmöglich, ihn oder seine Freundin nicht zu mögen. Alice blieb so überdreht wie immer, aber auch uns gelang es, über so manche Dinge ganz frei zu sprechen. Schließlich kritzelte sie sogar ihre Trekking-Instruktionen für Nepal in mein Notizbuch, einschließlich der Worte «das echt unglaublichste Ding». Ihre Handschrift war chaotisch und kindlich.

Adrienne schrieb ihren positiven Einfluß auf uns der eigenen Beschäftigung mit dem Buddhismus zu, aber ich erkannte mehr und mehr, daß eine Eigenschaft ihrer Persönlichkeit auf glückbringende Weise zum Tragen gekommen war. Wenn ich darüber nachdachte und gleichfalls über meine eigenen Erfahrungen, überkam mich von neuem die Überzeugung, daß die Kraft des persönlichen Vorbilds immer fruchtbarer sein wird als jede Religion oder Philosophie. Buddhismus, Christentum, ja auch Marxismus, sie alle schienen direkt den besten persönlichen Eigenschaften ihrer Begründer zu entstammen, und die negativen Seiten waren nichts anderes als Ergebnis späterer Anstrengungen übereifriger Schüler, die Lehrer zu abstrahieren und in Glaubenssätze zu pressen.

Was auf dieser Erde Wunder wirkte, waren die Wärme, das Mitgefühl und die Seelenruhe guter Menschen – bei der Jaya-Familie und bei Adrienne in deren heimischer Umgebung ebenso wie auf der strahlenden Höhe eines Buddha oder Christus. Die Lehren waren sicherlich nur zweitrangig, ausschließlich Instrumentarium, die Aufmerksamkeit normaler Sterblicher zu erregen und sie dem wohltätigen Einfluß näherzubringen.

Es war so leicht, dachte ich, für eine gemarterte Seele, abzutreiben auf ausgetretene und zerstörerische Pfade, und meine eigenen Erfahrungen in der letzten Zeit – einschließlich der Episode mit dem unglückseligen Hauptmann – erschien mir langsam wie eine Parabel. Andererseits wußte ich aus anderen Situationen, daß meine Klarsicht und mein Vertrauen anscheinend in der Lage waren, alles Positive um mich herum zu erwecken, als ob man die Welt neu erschaffen könne, indem man das Gute dem Schlechten vorzieht.

Aber diese Kraft steckt nicht in Worten. Sie kommt aus dem Gefühl.

Langsam rückten alle Dinge an den rechten Ort.

Am vierten Tag fühlte ich mich urplötzlich wieder beisammen und gut. Alles nahm eine neue Dimension an. Ich wollte schwimmen und laufen und wieder etwas tun. Ich wollte lieber schreiben als lesen. Es war eine Wiedergeburt. Am selben Tag beschlossen Adrienne und Alice, den Bus nach Bangkok zu nehmen, und sie scheuten nicht das Risiko, von Banditen überfallen zu werden, die in den letzten Wochen auf eben dieser Strecke mehrere Busse gestoppt hatten.

Ich blieb mit Dan und Karen noch zwei Tage und sonnte mich in meiner Wiedergenesung. An meinem letzten Nachmittag in Kata stieg ich auf den Hügel hinter dem Haus und sah von seiner Kuppe aus hinunter auf die andere Bucht, kleiner als Kata und, soweit ich sehen konnte, unbewohnt. Ich vermochte das Gesamtbild mit einem Blick aufzunehmen: der lange, sanft ansteigende Strand, unberührt glatt; ein Palmenpublikum, daß sich ehrerbietig dem Meer zuneigte, in der stehenden Luft des heißen Nachmittags bewegungslos; das blaßgrüne Wasser, das den Sand wusch und mit hypnotischer Regelmäßigkeit von einem Ende des Strandes zum anderen in ebenmäßigen Bögen weißen Schaum hinterließ, der den Sand zierte wie Spitzenborte. Ein Bild der Vollkommenheit, das sich mit jedem Wellenschlag der See erneuerte.

Wie Adrienne sagte, wollte ein thailändischer Prinz in Kata ein Hotel errichten lassen. Bald würde all dies anders sein. Ich stand da und sah eine lange Zeit zu, und ich wünschte, für immer stehenbleiben zu können. Bedauerlich war die Unkonzentriertheit, die mich überfiel, und ich spürte, wie meine Bewunderung für all diese Schönheit langsam schwand, als sich in meinem Kopf unerhebliche Gedanken und Empfindungen nervös zu regen begannen. Ich wandte mich ab, traurig, denn ich wußte, wenn ich nicht ging, lief ich Gefahr, alles zu verlieren.

Auf dem Kamm des Hügelausläufers, der die beiden Buchten voneinander trennte, stand eine Hütte, umsäumt von einem kleinen Gemüsegarten, den ein niedriger Zaun umschloß. Gleich hinter dem Tor tobten fröhlich drei Jungen und ein Hund. Auf meinem Rückweg kam ich wieder an ihnen vorbei. Der älteste Junge stand auf und rief: «You!» Ein kurzer, scharfer Selbstlaut. «Yu.» Die kleineren Jungen standen hinter ihm und machten den Chor: «Yu, Yu.» Er hielt beide Hände vor sich, die Finger ausgestreckt wie in demütigem Flehen. Mit abrupten Bewegungen reckte er sie mir entgegen. «Yu, Yu.» Auf seinen Handflächen lag eine kleine grüne Mangofrucht.

Lächelnd ging ich, das Geschenk anzunehmen. Und dann rief einer der kleineren Jungen: «One Baht.» Ich hielt inne. Mein Lächeln muß in der Verblüffung untergegangen sein. Eine Schockwelle schien die kleine Gruppe zu erfassen, und ich sah, wie der Ausdruck des kleinen Jungen sich von frecher Anmaßung in erschreckte Furcht verkehrte. «Nein, nein», rief er aus, offenbar von Schuldbewußtsein überwältigt. Ich nahm die Frucht und überlegte mir dabei, daß es wahrscheinlich meine letzte Gelegenheit war, ein freiwilliges Angebot anzunehmen. Morgen in Thailand würde es keine Mangos umsonst geben.

Die Thais waren seit Jahrhunderten berühmt dafür, Fremden spontan kleine Geschenke zu überreichen. Hatte das nicht auch der Schweizer in Haad Yai gesagt? Wie außerordentlich, daß ich gerade ankam, als diese uralte Sitte in Verfall geraten war. Nein, ganz und gar nicht außerordentlich. Wir waren es, die dafür die Verantwortung trugen. Ich spürte Abscheu wie einen Schock und sah mich in einer Mischpoke mit dem zaghaften Schweizer, dem angeknacksten Norweger und all den anderen humpelnden Eigenbrötlern, die kommen, an der leeren Schote zu saugen, und sich dann beschweren, daß kein Saft mehr übrig ist.

Der thailändische Prinz würde sein Hotel bauen lassen. Die Jungen würden kecker werden und lernen, den Dollar anzubeten, während wir unser Spiel mit dem Buddhismus trieben. Und dann konnten wir alle Schuld den Amerikanern zuschreiben. Ich versuchte die Mango und ließ sie dann mit Bedauern aus der Hand fallen. Sie war zu hart und zu bitter.

Die Reise zurück nach Penang war aufreibend. Ein klitschiger Himmel versprach Regen und lieferte ihn auch später in überraschenden Schauern ab. Ich verpaßte Straßenschilder und nahm die falschen Abzweigungen. Ich vergaß meine Regenjacke an einer Tankstelle. Zwei Hunde und ein Zicklein gerieten um Haaresbreite unter mein Vorderrad, und ein Lastwagen drängte mich auf ein Stück neu geteerter Straße mit Rollsplitt ab.

Das Hotel in Trang, wo ich die Nacht verbrachte, schien wie ein Glückstreffer, verglichen mit dem schäbigen Loch in Haad Yai. Es hatte richtige Zimmer und unten einen gemütlichen Empfangsraum. Man erlaubte mir, sofort das Bike hineinzuschieben und es so abzustellen, daß es von der Bar aus unter Kontrolle war. Daher brauchte ich nicht den ganzen Kram abzupacken.

Ich machte einen Spaziergang durch die Stadt und kaufte einen Hong Kong-Schirm für 54 Baht. Ich hatte schon immer einen von den alten aus Lackpapier gewollt, aber mir gefielen die grünen Plastikstücke nicht, mit denen man jetzt die Kuppe schützte. Eine Weile wanderte ich im Regen umher, betrachtete Schaufenster und Märkte, bis ich einen netten Ort zum Essen gefunden hatte. Ich bestellte gebratenes Huhn mit Nudeln und dicken Shrimps, Bier und Kaffee. Das Ganze hätte auf 39 Baht hinauslaufen müssen, aber als die Rechnung kam, zeigte sich, daß die auf der Speisekarte angegebenen Preise um ein Drittel gesenkt worden waren. Das war mir in meinem Leben noch nie passiert und versetzte mich in höchste Begeisterung. Obwohl es noch früh war, hatte man das Hotel schon abgeschlossen, und der Nachtmann ließ mich ein. Das Bike schien sicher genug zu stehen, und sehr müde ging ich ins Bett.

Mitten in der Nacht weckte mich etwas auf, und ich konnte nicht wieder einschlafen. In den Nachbarräumen schnarchten zwei Leute in den höchsten Tönen, aber ich hatte den Eindruck, ich sei durch etwas anderes wachgeworden. Ich schrieb eine Weile über die Reise von Kata in mein Tagebuch. Ich hatte bei der Esso-Tankstelle gesehen, wie ein Mann meine Jacke nahm und damit davonfuhr, bevor ich ihn zurückhalten konnte. Er war in einem grünen Auto direkt an mir vorbeigefahren. Die Nummer war natürlich in thailändischer Schrift. Ich beschrieb die kleinen Gummiplantagen, die sich um hübsche Hütten aus Zweigwerk und Lehm am Straßenrand gruppierten, und die dicken Matten aus Latex, die über hölzernen Geländern vor ihnen lagen. Ich verzeichnete mein Bedauern, die Tempel und Höhlen in Phangna verpaßt zu haben. Ich hatte eigentlich so gut wie gar nichts von Thailand gesehen, und doch stellte sich das Gefühl ein, viel in mich aufgenommen zu haben. Vielleicht, weil ich sehr mit mir selbst beschäftigt gewesen war.

Um sieben war ich auf den Beinen und angezogen, um unten Kaffee zu trinken und Dim Sums zu essen. Es war trocken und sonnig, und der Tag schien gut zu beginnen, bis ich sah, daß der Tankbeutel auf der einen Seite ganz kläglich herunterhing. Normalerweise war er randvoll gepackt, und die feindselige Leere dort, wo sich etwas hätte befinden müssen, versetzte mir auf der Stelle ein entsprechendes Gefühl im Magen. Ich wußte, daß die Kamera gestohlen worden war, und in einem Gedankenblitz durchfuhr es mich, wie dämlich ich war anzunehmen, daß alle Diebe sich außerhalb des Hotels befinden mußten. Und eben das war so schwer zu verkraften, schwerer noch als der Verlust. Würde ich denn nie wieder meine Sinne zusammenbekommen?

Es war nur noch eine unsinnige Geste, daß ich mit der Hand im Beutel nachfühlte, um mir den Diebstahl zu bestätigen. Natürlich gab es keine Chance, die Kamera wiederzubekommen. Warum also noch daran denken? Warum nicht einfach das Bike mit einem zufriedenen Lächeln hinausschieben auf die Straße? Warum sie alle wissen lassen, daß ein weiterer leichtsinniger Idiot Opfer ihres Nationalsports geworden war? Erst meine Dokumente und mein Geld. Jetzt die Kamera. Wirklich, ich war in die Reihen der Verachtenswerten aufgenommen worden.

Ich ließ meinen Blick über die Thai-Gesichter um mich schweifen, hielt Ausschau nach dem einen Auge, das auswich, nach einem Anzeichen gespielten Unbeteiligtseins. Ich hätte ebenso hoffen können, aus dem Gesicht eines steinernen Buddhas Tränen kullern zu sehen. Meine Wut und Verbitterung waren zu stark, um sie zu unterdrücken. Anfangs noch steif, dann immer ungestümer, verkündete ich den Verlust. Ich beschwerte mich, klagte sie an, ging zum Angriff über, wütete und ereiferte mich maßlos. Die Gesichter lächelten, wurden ernst, bekundeten Erstaunen, Unglauben, Mitleid, Beklemmung und Entrüstung. In jedem Augenblick der dramatischen Entwicklung unterstützten sie auf perfekte Weise meine Selbstdarstellung. Und dann brachten sie ihren besten Schauspieler auf die Bühne, den Manager, einen begnadeten Darsteller von unübertrefflichem Talent.

Einen nach dem anderen sprach er seine Leute an, schalt sie in aller Strenge, und man konnte sie förmlich in den Erdboden versinken sehen. Dann brachte er, sein Ensemble um sich versammelt, das Schauspiel mit atemberaubender Virtuosität zu Ende. Er streckte die Hände in derselben Gebetshaltung vor, aus der ich kürzlich eine unreife Mango gepflückt hatte, und beugte mir seinen Körper entgegen, wobei er sein Gesicht von meiner Taillenhöhe langsam emporhob. Die Lippen über den Zähnen fest zusammengezogen, brachte er einen Gesichtsausdruck zustande, der tiefste Verzweiflung mit einem Lächeln verband, aus dem seine unverbrüchliche Zuversicht sprach, es werde mir göttergleich gelingen, erhaben zu sein über jede Unbill.

«Sorry, sorry.» Mehr sagte er nicht. Dann wiederholte er, nachdem er sich aufgestreckt hatte, die gesamte erstaunliche Körperbewegung, als habe ihn der Applaus erbarmungslos zu dieser Zugabe getrieben. Diese Pantomime, ohne Hilfe von Schminke oder Scheinwerferlicht dargeboten, nur Zentimeter von mir entfernt, war superb. Das Lächeln mit herabgezogenen Mundwinkeln war im Bereich des Hotelmanagements, was im Operngesang das Pianissimo aus voller Kehle ist. Eine Tour de force. Weder in einem Hotel noch in einem Theater sah ich je wieder besseres. Den Preis der Kamera war er gewiß wert. Tapfer versuchte ich, mich selbst davon zu überzeugen, als ich davonfuhr. Ich hatte noch eine weitere Kamera, und die wahre Bedeutsamkeit des Vorfalls lag überdies nur darin, mir von neuem bewußt zu machen, daß meine Systeme noch immer nicht voll funktionsfähig waren.

Der thailändische Grenzbeamte war derselbe, der mich zehn Tage zuvor ins Land gewinkt hatte. Sein Schmerbauch, sein breites dunkelhäutiges Gesicht und sein blumengemustertes Hemd waren sofort wiederzuerkennen. Ich füllte wiederum Formulare aus, fünffach, und zahlte dreißig Baht für Wertmarken. Weil der Samstag in Thailand Feiertag sei, so erklärte er in seidigem Tonfall, seien weitere fünfzig Baht für seine Überstunden zu bezahlen. Während er das sagte, griff er sich unters Hemd, zog eine Pistole und warf sie wie beiläufig in seine Schreibtischschublade. Ich zahlte, ohne zu murren, und stopfte meine rosa Papiere für vier Dollar in die Tasche. Am malaiischen Grenzübergang fragte ich den Mann ziemlich bissig, ob er ebenfalls Überstundenzulage verlange. Seine naserümpfende Antwort war reichlich provokativ.

«My dear Sir», sagte er. «Dies hier ist Malaysia, nicht Thailand.»

Es war kurz danach, als ich bei einem Blick auf meine Karte feststellen mußte, daß Padang Besar darauf verzeichnet war. Vorher hatte ich es nicht bemerkt, denn es befand sich nicht dort, wo ich es erwartet hatte. Es war zwanzig Meilen weiter die Straße hinunter von jenem Camp, wo der unglückliche Captain Dylan angeblich von einer Kugel getroffen worden war. Ich war also niemals auch nur in der Nähe von Padang Besar gewesen, und der gesamte Vorfall glich immer mehr einer Phantasievorstellung.

Manche Leute, ging es mir durch den Kopf, brauchen starke Drogen, um ihren Erfahrungen eine zusätzlich surreale Dimension zu geben. Ich schien dasselbe auch ohne Drogen zu erreichen.

10

Im Chong Thean gab es einen neuen Angestellten, als ich zurückkehrte. Es handelte sich um einen stämmigen Inder mit schlottrigen Beinen, die aus seinen Khaki-Shorts hervorsprangen. Ich hatte mich an T'ans schwerfällige Trägheit gewöhnt, und der Inder schien mir überall gleichzeitig zu sein, stocherte mit seinem Besen in allen Ecken und grinste, wobei er seine Reihen goldener Backenzähne entblößte. Sein Englisch war von schlüpfriger Leichtigkeit, und das schockierte mich nach der langsamen Saftigkeit von T'ans Sprechweise. Ich fand, daß seine Anwesenheit dem Hotel eine ganze Menge seines früheren Reizes nahm.

Zum drittenmal bekam ich dasselbe Zimmer, Nummer sechs, und der Inder half, meine Sachen hinaufzuschaffen. Dabei stellte er eine Energie zur Schau, die ich unangemessen und geschmacklos fand. T'an war schlaftrunkener denn je unten auf seinem Stuhl. An jenem ersten Tag tauschten wir kaum ein Wort.

Ich saß auf dem Bett und dachte darüber nach, wie ich die Tage nutzen sollte, bis mein Schiff nach Madras abfuhr, als es an meiner Tür klopfte und ein dünner blonder Mann von ungefähr fünfundzwanzig Jahren hereinkam.

«How d'ye do», sagte er schleppend mit dem silbenverschluckenden Akzent eines Neuseeländers. «Ich bin Jack. Der indische Typ hat mir gesagt, Sie sind gerade aus Thailand gekommen. Ich bin nebenan in Nummer Sieben.»

Er reichte mir eine knochige Hand, und ich schüttelte sie anfangs ein wenig zögernd. Ich bot ihm einen Stuhl an. Er wollte etwas über Züge nach Bangkok wissen, und da konnte ich ihm nicht helfen, aber er hatte eine interessante Art, und ich begann ihn zu mögen. Er berichtete mir, was für ein Gefühl es war, Neuseeland das erste Mal zu verlassen und nach Asien zu kommen. Seine naturgegebene Zurückhaltung schien an allen Ecken und Enden aufgebrochen. «Es war, als sei ich nie zuvor am Leben gewesen, wissen Sie? ... Wie gerade eben aus dem Mutterleib gekommen.»

Nach einer kleinen Weile fragte er mich, ob ich Opium rauchen wolle.

«Wo?» fragte ich. «Hier?»

«Nah», sagte er. «Um die Ecke is solche Opiumhöhle. Der Trishaw-Johnny hier kann das regeln. Ist okay. Bin schon einmal dagewesen.»

Er beschämte mich. Erst neun Tage fort von den Antipoden, und schon hatte er sich eine Erfahrung gegönnt, die ich seit Wochen zaudernd umging. Ich war immer nervös, was Drogen betraf, denn ich fürchtete eventuelle Zusammenstöße mit Polizei oder Behörden, die leicht meiner Reise ein Ende hätten setzen können. Außerdem haßte ich Händel mit «Trishaw-Johnny»-Aufreißern. In diesem Fall handelte es sich um einen Malaien, der sich selbst Jimmy nannte und die Bewohner von Zimmer Sieben genervt hatte, seit ich das Hotel kannte. Er schien mit dem Zimmer gemietet zu werden. Ich hatte mich manchmal gefragt, ob die Chinesen mit ihrem charakteristischen Hang zu Zahlen vielleicht bestimmte Zimmernummern Gästen danach zuweisen, wie sie deren Persönlichkeit einschätzen. Meine eigene Nummer, sechs, war eher langweilig und rechteckig. Wenn ich ein Aufreißer für eine Opiumhöhle gewesen wäre, hätte ich auch meine Zeit nicht auf eine Sechs verschwendet, wenn nebenan eine rassige Sieben zu haben ist. Na, jedenfalls ...

«In Ordnung», sagte ich. «Was kostet der Spaß denn?»

«Vier Dollar das Päckchen – natürlich malaiische Dollar. Man bezahlt den Fahrer, wenn man wieder rauskommt. Ich hatte letztes Mal ein Päckchen. Heute abend versuche ich vielleicht zwei.»

Ich konnte mir ein Päckchen Opium nicht bildlich vorstellen, geschweige denn das Innere einer Opiumhöhle. Meine Annahmen stammten aus einer noch früheren Zeit als meine barocken Vorurteile, wie ein Hurenhaus zu sein habe. Als Kind hatte ich Edgar Wallace gelesen und geheimnisvolle Berichte über den Boxeraufstand. In meiner Phantasie tummelten sich ausgezehrte Körper, leere Gesichter, verschleiert vom Dunst süßlichen Rauchs, angestarrt von düsteren Drachen mit rubinroten Augen.

Wir gingen im Dämmerlicht des Spätnachmittags hinaus, und die Hitze des Tages lastete noch schwer. Der Opium-Den war im Aik Seng Bazaar, parallel zum Rope Walk hinter dem Hotel. Eine ziemlich undurchsichtige, faszinierende Gegend, ein Wirrwarr von Verkaufsständen, Hütten und billigen Eßlokalen. Fast überall war der Asphalt aufgebrochen und Erde und Steinen gewichen. Noch immer standen hier und dort große Bäume und spendeten Schatten. Es hätte ein letztes Überbleibsel des alten George Town sein können, passendes Sujet für eine Radierung. Zudem war es der Sammelpunkt für die eher schurkisch aussehenden Trishaw-Fahrer, die sich unter den Bäumen auf rohen Bänken ausruhten. Ich stellte mir vor, daß sie dort ihre Geschäfte abwickelten und ihre Provisionen von den Heroin-Dealern kassierten. Schon lange zuvor hatte ich den Ort Smack Alley getauft.

In der Dunkelheit schwammen lange, kantige Gesichter, glitzernde Augen in Lichtkegeln, und es lag ein Hauch von Gefahr in der Luft, genügend jedenfalls, um meinen Erwartungen zu entsprechen. Jimmy stoppte seine Trishaw und wies auf eine von mehreren Bretterbuden mit flachen Teerpappedächern. Wir gingen hinein.

Das Innere hatte alle Schattierungen von Cremefarbe und Braun: die nackten Holzwände, ein kleiner, dunklerer Holztisch, der noch dunklere Boden, eine einsame Kerzenflamme in einer ungewöhnlich dicken Glaslampe und der cremefarbene Torso des Mannes, der hinter dem Tisch stand und uns anstrahlte. Er war klein, füllig und chinesisch und trug nur gestreifte Pyjamahosen mit Taschen sowie Sandalen. Eine kleine Brille mit goldenem Gestell schien verwachsen mit seinen fetten Wangen, und seine Augen funkelten buchstäblich hinter den Gläsern mit der fröhlichen Mildtätigkeit eines Pickwick.

Er schien nur sehr wenig Englisch zu sprechen und gab sich mit dem Notwendigsten zufrieden – «Come ha, please. Sit down-ha. How many packet you like-ha?» –, aber durch seine Art und seine Gesten vermochte er ein außerordentliches Maß von Höflichkeit und Respekt zu vermitteln. Ich hatte das Gefühl, überschwenglich und in aller Form willkommen geheißen zu sein, was bemerkenswert war unter diesen primitiven Umständen und in dieser Umgebung.

Er winkte uns zu den Pritschen, die die hintere Hälfte der Bretterbude füllten. Es waren zwei Doppelpritschen, in rechtem Winkel zueinander und so breit, daß ein Mann quer auf ihnen liegen konnte. Es wäre Platz gewesen für ein Dutzend oder mehr Leute, aber wir waren allein, und das braunbedruckte Linoleum, das die Pritschen bedeckte, war kahl.

Wir legten uns hin, mit den Gesichtern zueinander, ungefähr einen Meter voneinander entfernt, und betrachteten die Vorbereitungen. Der Mann beugte sich, um nach einem Schuh unter seinem Tisch zu greifen, aus dem er zwei Päckchen Opium zog. Aus einer Schublade entnahm er eine Pfeife und brachte diese Dinge dann zu uns herüber. Er trug auch die Kerze, so daß die seltsamen Schatten, die durch den Raum tanzten, unsere intime Situation noch zu unterstreichen schienen. Er kniete sich zwischen uns, und mit flinker Behendigkeit setzte er die Pfeife zusammen. Es war ein wunderschönes Exemplar: eine dunkle Holzröhre wie eine Flöte, mit Silberringen verziert. Im Kerzenlicht schimmerte der dunkle Holzglanz. Die Pfeife war an einem Ende verstopft und besaß am anderen ein Mundstück. In ein Loch nahe dem zugestopften Ende paßte er den Kopf, auch ein Stück poliertes Holz, ähnlich geformt wie ein Pilz mit einer kleinen Höhlung. Dann nahm er ein Päckchen zur Hand.

Es bestand aus einem einzigen Blatt, einmal in der Mitte und dann jeweils an allen Seiten gefaltet. Er öffnete es und zeigte uns das dunkelbraune, teerähnliche Kügelchen, das darin enthalten war. Unsere Köpfe ruhten auf entsprechend geformten Holzblöcken, und seine Hände und die Kerze waren zwischen uns, wenn auch ein bißchen weiter von der Wand entfernt, so daß unsere Gesichter und seine Hände ein Dreieck bildeten – mit der Kerze als Zentrum. Die Welt jenseits der Dreieckskanten verschwamm, und alles im Dreieck wurde sehr intensiv, aufgeladen mit jener ruhigen Erregung, die immer Bestandteil guter Rituale ist.

Mit dem Ende einer langen Nadel kratzte er etwas von dem dunklen Harz ab und hielt es über die Kerzenflamme. Ich wurde gewahr, wie extrem dick das Glas war, das ebenfalls die Form einer Kerzenflamme hatte und oben eine enge Öffnung besaß. Irgendwann war das Glas geplatzt, und man hatte es mit dünnem Draht repariert. Über der Hitze der Kerzenflamme wurde das Opium weich, gerann, wurde glänzend und drohte, von der Nadel zu fallen. Meisterhaft ließ der Opiumhändler die Drogensubstanz auf dem Ende der Nadel tanzen. In Blasen kochte sie auf und nahm phantastische Formen an. Heiß und fast flüssig ließ er sie in den Pfeifenkopf fallen, formte sie zu einem Stöpsel, stieß die Nadel hindurch, damit sich ein Luftkanal bildete, und zog sie dann wieder heraus, vorsichtig, damit sich der Stöpsel nicht verschob.

Er gab die Pfeife an Jack, der sie so hielt, daß ihr Kopf sich zur Flamme neigte. Als das Opium brannte, zog er den Rauch in seine Lungen.

«Ein tiefer Zug-ah», sagte der Opiummann aufmunternd. «Ah. Gut. Very good.»

In Jacks Päckchen waren vier Pfeifen. Dann fingen wir mit meinem an. Der Trick bestand darin, in einem langen, ununterbrochenen Zug das Opium in die leeren Lungen zu inhalieren. Bei der zweiten Pfeife gelang mir das ganz gut. Von der Zeremonie höchst angetan, hätte ich die ganze Nacht in dieser Opiumhöhle zubringen können, umhüllt von ihrer elfenbeinfarbenen Aura. Eigentlich hatte ich erwartet, eine Weile liegen bleiben zu können, um die Wirkung des Opiums zu spüren, aber als Jacks zweites Päckchen aufgebraucht war, schien sich deutlich zu vermitteln, daß wir gehen sollten.

Tief beeindruckt von dem Erlebnis, ließen wir uns schweigend von Jimmy zum Rope Walk zurücktragen und bezahlten ihn. Jack war sehr auf sich selbst konzentriert und wollte in sein Zimmer. Ich ging zum Kedai Kopi und saß dort eine Weile mit einem Glas Tee. Ich beobachtete die Kung Fu-Übungsräume auf der anderen Straßenseite, voll inneren Friedens und gleichzeitig doch auch verwirrt. Vielleicht erschien mir die Welt um eine Nuance entfernter als gewöhnlich, aber ein Päckchen nicht besonders guten Opiums war wohl doch nicht genug, um meine Wahrnehmung stark zu verfremden. Der leichte Rauschzustand, das Gefühl der Befriedigung und des Wohlbefindens, als ich mich auf dem Stuhl zurücklehnte und die Beine ausstreckte, waren nicht der Droge zuzuschreiben. Sie waren einzig der Zeremonie selbst zu verdanken, der Freude darüber, in ein neues Geheimnis des Lebens eingedrungen zu sein.

Mit einer Art Schock überkam mich das Bewußtsein, daß das Opium ohne Bedeutung für meine Erfahrung war – es hätte ebensogut Kaugummi oder Marshmellow sein können. Aber warum? Warum sollte mich ein kleiner, fetter Fremdling in Pyjamahosen, der in einer übergroßen Zigarrenkiste mit einer Pfeife und einer Kerze hantierte, in einen solchen Zustand der Verzückung versetzen können?

Nun, so war es nicht richtig formuliert. Er hantierte nicht einfach nur, sondern, im Gegenteil, es war eine Freude, seine Hände zu beobachten, die so geschickt mit den Utensilien umgingen. Die würdevolle und bedachtsame Weise, auf die er sein Handwerk ausführte, machten ihn nicht fremder als einen Priester, der die Kommunion gibt. Ja, es war dieses Gefühl der Gemeinschaft mit anderen, schweigend und in höchst reduzierter Einfachheit, das mich so beeindruckt hatte. Das konnte in einer Opiumhöhle ebenso geschehen wie in einer Kirche, ja auch in einem Türkischen Bad, einem Friseursalon oder auf dem Massagetisch. Die Freude lag darin, wie die Menschen zusammenkamen, gemeinsam teilhatten an etwas, einander kennenlernen konnten, ohne Worte zu wechseln – Worte, wie wir sie mißbrauchen, um Argwohn und Furcht aufkommen zu lassen, um einzuschüchtern, zu verdammen, zu urteilen und andere zu befremden.

Es ging um die leicht einsichtige Komplexität eines Rituals, besänftigt durch das Murmeln eines Gebets, das Saugen an einer Pfeife, das Zischen des Dampfes, die Hand des Friseurs auf der Kopfhaut, alles mit Sinn und Funktion, nichts spontan und willkürlich, jede Herausforderung und jede Angst in die Distanz verwiesen. Aber hinzu kam noch etwas anderes: die Intensität der Offenbarung. Und das machte solche Augenblicke einzigartig.

Ich erinnerte mich an eine Teestube inmitten der Atbara-Wüste im Sudan, wo sich jeder Augenblick auszudehnen schien in alle Unendlichkeit.

Und an die Werkstatt des Delio Quiroz in Argentinien, eine duftgeschwängerte Schatzkammer mit Sätteln, Stiefeln, Häuten und Zügeln, wo ich zwei Tage unter Anleitung des herzlichen alten Meisters in seiner Lederschürze arbeitete und mit Maschinen und Werkzeugen, die noch altehrwürdiger waren als er selbst, eine neue Satteldecke zuschnitt und nähte.

Und an die Einladung, in einer langen schwarzen Nacht mit Turkana-Stammesangehörigen zu tanzen und den steifen Trottlauf des Straußvogels und den exaltierten Sprung der Giraffe nachzuahmen.

Was alle diese Momente vereinte, war die absolute Authentizität der Umgebung, ein Gefühl der Vergangenheit in der Gegenwart, die völlige Übereinstimmung von Menschen und Ort, und schließlich eine geheimnisvolle Zugehörigkeit, die ich spürte, weil sie aus meinem Innern befreit wurde. In der Begeisterung an solchen Initiationsritualen war eine Freude zu finden, die mindestens so intensiv zu Kopf stieg wie ein von Drogen erregter Rausch.

Und was machte das aus mir? Eine Art Ludditen auf dem Sektor der Kultur? Vielleicht. Aber ich wußte, daß ich nur zufriedenzustellen war durch das wahrhaft Echte, und je mehr ich von der Welt sah, desto mehr wurde mir bewußt, daß das Echte ausstarb. Manche Menschen, jüngere Menschen, meinen vielleicht verächtlich, das Echte, the real thing, werde jede Minute neu geboren, aber sie gaukeln sich etwas vor. Die Dinge brauchen Zeit, bis sie echt werden, bis die das Mysterium in sich aufgenommen haben. Wohnstätten, die man Heim nennen kann, zum Beispiel. Wer vermag solche noch zu errichten?

Der langsam schleppende Trommelschlag aus den Übungsräumen wurde lauter, als hätte ihn eine Brise in den Eingang der Kaffeestube getragen. Sie übten den Löwentanz für den großen Paradeumzug. Ich ging hinüber und spähte hinein, um den Schirm herum, der gleich hinter der offenen Tür stand. Der riesige Drachenkopf, dessen feurige Augen rollten, dessen Kiefer sich öffneten und zuschnappten, war nur ein, zwei Meter entfernt, zuckte im Rhythmus, und der lange seidenbespannte Körper wand sich hinter ihm. Es waren die zuckenden Bewegungen der Tänzer, die ihm sein Leben einhauchten, die dem Untier seine erschreckende Energie und seine beeindruckende Echtheit gaben. Er schlängelte sich, schoß von einer Seite auf die andere, rollte sich sogar auf den Rücken, und obwohl die Tänzer, ihre Körper und Füße, ständig sichtbar waren, ließ die Kreatur sie vollständig vergessen und absorbierte ihre Lebenskraft in ihrer rituellen Existenz.

Rope Walk, das wurde mir bewußt, war fast ausschließlich auf Zeremonien und Rituale der einen oder anderen Art gerichtet, entweder den Lebenden oder den Toten gewidmet. Es war eine Straße der Beerdigungsunternehmer, der Musiker, der Schwertschlucker, der Feuertänzer, der Hersteller von Räucherstäbchen oder sonstiger kunsthandwerklicher Bestandteile von Zeremonien. Wie dumm war es von mir gewesen, Rituale zu verachten, Religionen abzutun als Hokuspokus, als «Opium fürs Volk». Aber es besteht ein Unterschied, dachte ich, ob man freiwillig in ein Ritual eintritt, oder ob man von Kindheit an darin versklavt wird, so wie ich mich entsann an die lähmende Last der Schulgottesdienste und der Kirchgänge in meiner Kindheit. Zweifellos waren es die ungewohnten Rituale anderer Völker und Menschengruppen, die Erfüllung versprachen, und ich pries mich glücklich, daß es mir vergönnt war, an ihnen zu naschen, wie eine Biene, die von einer Kulturblüte der Welt zur anderen summt.

Ich ging am Choong Thean vorbei zur Cintra Street und dem Tai Tung, dem besten Restaurant meiner Preislage, das ich bis jetzt in Penang gefunden hatte. Goldschmidt, der fette Österreicher, saß allein an einem Marmortisch. Ich hatte ihn seit meinem Unfall nicht mehr gesehen, und daher setzte ich mich zu ihm und bestellte Schweinsfüße in Ingwer. Während er aß, erzählte ich ihm, wo ich gewesen war und worüber ich nachzudenken begonnen hatte.

«Ich weiß nicht, was du mit ‹echten Heimen› meinst», sagte er, und dabei wischte er sich das schmierige Kinn mit einer Papierserviette ab. «Klingt mir zu romantisch.»

Als Wiener hielt sich Goldschmidt für einen Zyniker von Natur aus, obwohl er dazu eigentlich viel zu leidenschaftlich war.

«Nun, zum Teil meine ich damit ein Haus, in dem schon Vater und Großvater gewohnt haben. Ich kann mir nur vorstellen, wie es sein muß, mit Dingen zu leben, die von meinen eigenen Vorfahren gemacht oder zumindest von ihnen geprägt sind – alte Obstbäume, ein Sommerhaus, eingeschnitzte Initialen – so was.»

«Fürchterlich. Das würde dir niemals gefallen. Alles rausreißen würdest du. Ich würde es machen, wenn's meine Vorfahren wären.»

«Aber auch dann müßtest du zumindest darüber nachdenken – über sie und ihr Leben. Hättest eine Art Perspektive.»

«Vielleicht, aber es ist unmöglich. Ist immer unmöglich gewesen. Glaub mir doch, in drei Generationen wäre das Haus so groß wie ein Dorf.»

Ich wollte nicht aufgeben. Ich war berauscht von meiner Vision, in der es altes Holz gab und Steine, Oberflächen, zerkratzt und ehrwürdig durch Gebrauch und Alter, hausgemachtes Essen, selbstgebackenes Brot, Kinder, die mit ihren Großmüttern spielen, Gänse im Obstgarten, Laken, die im Wind flattern. Mein Idealheim war wie ein Füllhorn, das nicht nur eine Menge guter Dinge zu essen und zu trinken spendete, sondern überdies eine lebendige Quelle von Ideen, Ansichten und Verhaltensweisen war.

Goldschmidt konnte sich dem Reiz dieses Gedankens nicht entziehen, aber aus Prinzip redete er gegenan.

«Der Staat erlaubt einem nicht mehr, hausbackene Kinder zu machen. Gebacken werden müssen sie in der Schule. Und dann laufen sie davon, um Popstars zu werden und Wissenschaftler.»

«Nun, wer würde nicht davonlaufen aus einem Zuhause, wie wir es heute kennen?»

Das Leben in der westlichen Welt erschien mir unermeßlich trist, das ganze Gegenteil meiner Wunschvorstellung, wie eine Art Staubsauger, der alles wegsaugt, ohne zu werten, ob es nützlich oder unnütz ist – dann furzt und es ausscheißt in eine Tüte, die der Müllmann abholen muß. In einer solchen Atmosphäre ein Kind aufzuziehen, erschien mir wie ein Verbrechen.

Wir redeten weiter, wanderten die alten, wohlvertrauten Pfade des Landlebens hinunter, sprachen über dessen Möglichkeiten und die Vereinsamung, über Gemeinden und ihre berüchtigte Unbeständigkeit, über Autarkie und deren nicht zu leugnende Mühsal …

«Aber irgendwo muß man anfangen», protestierte ich.

«Nein, man muß nicht, aber du hast schon», sagte er grinsend.

«Gut denn. Ich habe angefangen, und ich werde weitermachen. Ich habe inzwischen zuviel gesehen, um aufzugeben. Wir überschwemmen die Welt mit unserem Unrat. Jede Kultur ist inzwischen verschmutzt. Die Araber, die Afrikaner, die Thais – sie wissen nicht mehr, wer sie sind.»

Ich erzählte ihm von den Polizisten, die getanzt hatten wie Salome und angezogen waren wie höhere Angestellte bei IBM. Und ich erwähnte den Schmutz, den ich gesehen hatte auf meinem Trip durch die Bordelle.

«All die kranken Leute aus dem Westen sind jetzt hier draußen und stöbern herum. Manche gehen in Bordelle, andere in Klöster. Das ist für mich dasselbe. Geheilt werden sie nicht, sondern mit ihrer Krankheit stecken sie die anderen an ... Die Wälder sterben, die Wüsten breiten sich aus, die Dreckhalden werden immer höher, und die Menschen wissen nicht mehr, an was sie glauben sollen. Das eben meine ich, wenn ich sage, daß das Echte immer schwerer zu finden ist.»

Ich wanderte glücklicher als je zuvor zurück zum Rope Walk. Zumindest hatte ich für mich selbst aus diesen Fragmenten meiner letzten Erfahrungen einen Sinn gewinnen können. Wenn meine Argumente manchmal auch allzu hitzig erschienen sein mochten, hatte ich dennoch das Gefühl, das Leben wieder angepackt zu haben. Die Reise erschien mir endlich wieder als echt.

«Du bist geheilt», sagte ich laut zu mir selbst, und ich lachte, weil ich gleichzeitig ahnte, daß andere den Eindruck haben mochten, ich hätte einen ernsten und möglicherweise fatalen Rückschlag erlitten.

Die Türen des Choong Thean waren verschlossen, aber T'an ließ mich ein. Wie gewöhnlich saß er auf dem Stuhl mitten im Raum, vor meinem Motorrad. Ich setzte mich auf die geschnitzte Bank, griff zu meinen Zigaretten und bot ihm eine an.

«Übermorgen», sagte ich, «fahre ich weiter. Auf der Chidambaram. Nach Indien.»

«I am so sorry», sagte er. «Ich wünschte, Sie könnten länger bleiben. Es wird eine böse Zeit für mich werden. Ende des Monats habe ich keinen Job mehr.»

Erschreckt starrte ich ihn an.

«Aber T'an, das ist ja fürchterlich. Was ist passiert?»

Mir erschien es wie eine Tragödie, denn ich hielt ihn für hilflos.

«Der Inder ist ein schlechter Mensch. Ich habe ihm diesen Job besorgt, weil ich glaubte, er ist ein guter Mann. Aber er ist ein schlechter Mann. Und jetzt hat der Boss mich gefeuert.»

«Aber was wirst du tun?» fragte ich.

«Ich weiß noch nicht. Vielleicht habe ich ja Glück.»

Hätte ich mit dem Boss in seiner eigenen Sprache sprechen können, hätte ich mit aller Kraft versucht, ihn zu überreden, seinen Sinn zu ändern. Ich war überzeugt, daß T'an sehr nützlich war, wenn es darum ging, Fremde wie mich anzulocken. Gleichzeitig konnte ich mich des leisen Verdachts nicht erwehren, daß mehr an der Geschichte war, als T'an zugab. Er war gewiß der bescheidenste und harmloseste Bettler, den ich je gesehen hatte, aber nichtsdestoweniger blieb er ein Bettler. Bettelte er jeden an? Tat er mehr, als nur zu betteln? Und tief in mir blieb ein letzter, nicht wegzuwischender Verdacht, daß T'an bei seinem zweiten Besuch im Krankenhaus vielleicht etwas zu tun haben konnte mit dem Verschwinden meiner Börse. Dieser Argwohn war so gemein, daß ich mit aller Kraft versuchte, ihn zu verbannen, aber dennoch beeinflußte er mich.

Als ich am nächsten Tag einige Dinge packte, um sie nach England zu schicken, darunter den ausgestopften Affen, sprach ich mehrere Male mit T'an und versuchte mir darüber klarzuwerden, welche Rolle ich bei seiner Errettung spielen könnte. Bei meiner neuerworbenen Stärke und meinem wiedergewonnenen Selbstvertrauen hätte ich Energie und Mitleid genug haben müssen, um ihm zu helfen, aber meine Gefühle distanzierten mich von ihm. Da ich mich auf Indien vorbereitete, wurden T'an und sein Schicksal immer bedeutungsloser, und ich tat grandiose Hilfspläne als unpraktisch und dummerhaft ab.

An meinem letzten Morgen erzählte er mir, er habe Unterkunft gefunden bei Den Kleinen Schwestern der Armen und sein Name dort sei Albert T'an; zweifellos, um ihn den Nonnen schmackhafter zu machen. Ich hinterließ ihm etwas Geld in Form weiterer unbezahlter Schulden und schickte ihm später einige Banknoten, die ich nicht hatte wechseln können. Noch lange Zeit später sorgte ich mich bei der Erinnerung an ihn, als hätte ich einen ältlichen Verwandten verlassen. In einer für mich schwierigen Zeit war es wichtig gewesen, und irgendwie hatte ich es nicht geschafft, meiner Verpflichtung gerecht zu werden.

11

Chidambaram. Schidumbrrrrum, wie ich das gerne sagte: Schi-DumBRRRRUm. Die Silben hallten und vibrierten zwischen meinen Lippen. Die Chidambaram war ein großes weißes Schiff auf einem weiten blauen Meer, auf dem Weg von Penang über den Golf von Bengalen nach Madras, das letzte der großen Schiffe auf meinem Mäanderweg um die Welt. Vier Tage und drei Nächte lang würde sie mich in sorgloser Schläfrigkeit hätscheln, vor dem großen Abenteuer Indien und der langen Fahrt nach Hause.

Sie war eine gefallene Aristokratin. Einstmals hatte sie Pasteur geheißen, als sie noch ein Luxus-Liner auf der Nordatlantik-Route gewesen war. In jenen Tagen war sie Heimstatt reicher Spieler gewesen, die ihre Tage und ihr Vermögen zwischen Le Havre und New York beim Roulette und Chemin de Fer durchbrachten.

Noch immer steckte sie ihre Nase hoch in die Luft. Die breiten Treppen und üppig ausgestatteten Salons waren intakt, mit Teppichen ausgelegt und geziert mit Kristall und geschliffenem Glas, ausgestattet mit Konzertflügeln und weich einladenden Sofas.

All dieser Prunk war einer Handvoll Erster-Klasse-Passagieren zugedacht, und genaugenommen gehörte ich nicht dazu. Als ich mich in Singapur zum erstenmal erkundigte, wurde mir, wie allen europäischen Passagieren, angeraten, in der Ersten Klasse zu reisen, da es nicht passend sei, billigere Quartiere mit Indern zu teilen. In Penang jedoch gestand mir ein Makler, die Geschäftspolitik gestatte durchaus Ausnahmen von der Regel, und er verkaufte mir eine Koje, wodurch ich hundert Dollar sparte.

Bald schon fand ich heraus, daß meine Nationalität und auch meine Hautfarbe glaubhafter auf Erste Klasse schließen ließen als ein Ticket, und ich konnte nach Gutdünken auf dem Schiff herumgehen. Des Nachts teilte ich eine Kabine mit drei Indern und fand daran nichts Unpassendes. Nicht einmal die Kakerlaken regten mich auf. Sie waren klein, schwarz und relativ unaufdringlich. Ich aß scharfes indisches Essen, und es schmeckte mir viel besser als die faden europäischen Mahlzeiten, die «oben» serviert wurden und die ich genießen durfte, wenn ich einmal die crème de la crème besuchte.

Im allgemeinen verbrachte ich meine Tage damit, das Gehabe der zweitklassigen Inder zu beobachten. Die meisten von ihnen schienen Studenten zu sein, die in den Sommerferien von irgendwo nach Hause fuhren. Sie waren die lautesten und aggressivsten Menschen, die ich je kennengelernt hatte.

Den größten Teil ihrer Zeit verbrachten sie mit einer Beschäftigung, die sie «ragging» nannten. Im Gang vor meiner Kabine sah ich einen bedauernswerten jungen Mann auf Händen und Knien, umgeben von einem kreischenden und johlenden Mob. Mit irgend etwas auf dem Teppich hantierte er, während hinter ihm ein anderer Mann seltsame

Drehbewegungen mit seinem Arm machte, als zöge er eine Uhr auf. Ich fand schließlich heraus, daß das Opfer dazu gezwungen wurde, die Länge des Ganges mit einem halben Streichholz auszumessen.

«Sie nennen ihn einen Esel und ziehen ihn auf am Schwanz», sagte einer meiner Zimmergenossen. So ging es stundenlang, und es hörte sich mehr als gemein an. Der arme Bursche war vielleicht nicht so schlimm dran wie die Juden, die man gezwungen hatte, die Straßen mit Zahnbürsten zu schrubben – zumindest würde er am Abend nicht in die Gaskammer wandern –, aber ich erfuhr auch, daß «ragging» in Indien oft zu Verletzungen und gar zum Tode geführt hatte und daher gesetzlich verboten war. Während der Passage sprach der Zahlmeister mehrere Male Ermahnungen über das Lautsprechernetz des Schiffes aus, das «ragging» einzustellen. Zuwiderhandlungen würden hart bestraft.

Die Bar in der Zweiten Klasse war Schauplatz weiterer Einsichten. Sie war übersät mit leeren Bierdosen und Papierfetzen, und außerdem waren hier und dort deutlich Flecken zu erkennen, die nur von Erbrochenem stammen konnten. Der Barmann blickte finster aus einer kleinen Luke, halb Gefangener, halb Wächter. Er war ein Riese von Mann mit einem manischen Gesicht, in das Furcht, Melancholie und purer Haß tief eingegraben waren. Die Gäste umzingelten ihn wie mittelalterliche Bärenhetzer, höhnend, aufstachelnd, Bestellungen schreiend. Ein weiterer bizarrer und schrecklicher Ort, der meinem Vorurteil, bei den Indern handele es sich um ein höfliches und sanftes Volk, einen neuen, empfindlichen Schlag versetzte.

Erst am zweiten Tag entdeckte ich rein zufällig, daß es auch noch eine Dritte Klasse gab. Mit der Erregung, von der man gepackt wird, wenn man in einen alten, unerwarteten Keller hinuntersteigt, suchte ich mir meinen Weg in den ehemaligen Laderaum. Es war wie in einer Massenbrüterei für Hühner, wenn man die Käfige auch auf menschliche Proportionen gebracht hatte. In diesen Maschendrahtverliesen lagen die ärmsten Inder massenweise inmitten ihrer Habseligkeiten.

Wahrscheinlich hatten sie es nicht so schlecht, wie man vermuten mußte. Die Ventilation war gut, und sie konnten hinaus auf eines der Vorderdecks. Ihre normalen Lebensbedingungen mochten durchaus schlimmer sein, aber zum erstenmal wurde ich mit Menschen konfrontiert, die so lebten, wie bei uns nur die Tiere gehalten werden. Und Indien traf mich hier zum erstenmal wie ein Hammerschlag zwischen die Augen.

Die Chidambaram wurde zu meinem ersten groben Modell indischer Gesellschaft. Ich sah sie vor meinem geistigen Auge vom Bug bis zum Heck in der Mitte senkrecht durchschnitten. In ihrem Laderaum unter der Wasseroberfläche, wie Ballast in Käfige gepfercht, die wimmelnden Massen in einem undurchdringlichen Chaos aus Dhotis, Lendentüchern, und Saris. Ein jeder dieser Menschen war ein winziger Teil der Masse, hatte Anspruch auf das tägliche Maß an Reis und Dal, aber in ihrer Gesamtheit hielten sie das Schiff über Wasser.

In der Mitte eine Schicht lauter, arroganter Menschen mit schlechten Manieren, die Köpfe eben aus dem Wasser gereckt, in fremdländischen Kleidern, eine fremde Sprache sprechend, schwelgend in fremdländischen Gewohnheiten. Sie gaben eine Überlegenheit vor, die sie durch nichts bewiesen.

Und in den luftigen oberen Höhen, fast die Hälfte der Unterkünfte auf dem Schiff für sich in Anspruch nehmend, eine Handvoll Menschen, göttergleich wie auf dem Olymp und so abgehoben von der restlichen Welt, daß sie sich kaum noch die Frage nach ihrer Bedeutsamkeit stellten. Manche von ihnen weißhäutige Durchreisende, einige hellhäutige Parsen-Töchter aus Bombay, die über den Wellen in Pomp und Glanz schwebten und die unsterbliche Tradition der Radschas verkörperten.

Am Morgen des dritten Tages wachte ich früh auf und hörte ungewöhnliche Geräusche über die Lautsprecher. Stimmen verkündeten lange Botschaften, keine Ansagen – ich hörte Wörter wie «Steuerbord» und «Backbord» heraus – und sie waren offensichtlich an die Mannschaft gerichtet. Gleichzeitig merkte ich, daß das Schiff sich ungewöhnlich bewegte, und ich hörte seltsame Geräusche vor meiner Kabine. Ich streifte mir die Jeans über, glitt von meiner oberen Koje hinunter und ging nach draußen, um nachzuschauen. Ein paar Meter weiter, wo sich die Gangway zu einem Sammelpunkt öffnete, hatte man eine Stahlluke an der Seite des Schiffes geöffnet. Sie befand sich ungefähr drei Meter über der Wasseroberfläche. Ein Matrose mit Schwimmweste und in Pyjamahosen, die am Knie zerrissen waren, stand am Rand und hielt sich mit einer Hand fest. Eine Strickleiter baumelte unter ihm, und mit besorgtem Gesichtsausdruck blickte er über die Reling.

Der erste Passagier, der vorbeikam, wußte alles.

«Ein Mann über Bord. Wir fahren rückwärts, um ihn zu retten. Dieser Matrose will freiwillig ins Wasser springen. Dafür zahlt man ihm eine Zulage.»

Ich zog mir ein Hemd über und ging auf das Deck mit den Rettungsbooten, um zuzuschauen. Es war ungefähr halb sieben. Die Sonne stand schon ein Stück über dem Horizont, der Himmel und das Meer waren blau und klar, und man spürte schon ein wenig die Hitze. Das Schiff befand sich in der zweiten Hälfte des Manövers, das es zurückbringen sollte zu der Stelle, wo man Alarm gegeben hatte. Es waren viele Leute an Deck, alles Inder, einschließlich einiger Offiziere ganz in Weiß, und sie redeten nur allzu gern.

Der Mann war im Morgengrauen vom Dritte Klasse-Deck über Bord gegangen.

«Ist er gesprungen?» fragte ich.

«Das weiß niemand», sagte ein Offizier. «Aber eines kann ich Ihnen sagen. Es war ein alter Mann, aber als sie ihm die Rettungsringe zuwarfen, schwamm er wie ein Meister.»

«Also ist er in Ordnung?»

«O ja. Absolut in Ordnung. Wir haben das Boot ausgesetzt. Jetzt fahren wir zurück, um sie einzusammeln.»

Er lächelte aufmunternd. Ich hatte keinen Grund, an seinen Worten zu zweifeln. Die See ging ruhig. Das Wasser war warm. Fast beneidete ich den alten Mann um sein Morgenbad im Meer, und ich wartete auf seine Rettung als eine harmlose, aber interessante Demonstration, wie ich sie noch nie gesehen hatte.

Das Rettungsboot war leicht zu erkennen, aber als wir näher kamen, erschien sein Verhalten eigentümlich. Es schwamm, bewegte sich aber in keine bestimmte Richtung und tauchte auf und nieder, so daß mir deutlich wurde, wie stark der Seegang tatsächlich war. Ich konnte drei Männer im Boot erkennen. Sie hatten die Ruder ausgelegt, aber das Boot lag so hoch im Wasser, daß die Blätter kaum das Wasser berührten. Ich konnte beobachten, daß die Mannschaft offensichtlich aufgab und die Ruder einholte. Dann erblickte ich den alten Mann. Seine Arme reichten durch zwei hellrote Rettungsringe, und er trieb unfern des Bootes.

Der Offizier stand noch immer in meiner Nähe und belächelte gleichmütig meine Fragen.

«Die Schraube des Rettungsbootes hat Schaden genommen», erklärte er mir, «aber wir werden ihn bald herausgeholt haben.»

Das Schiff näherte sich dem alten Mann, und ich konnte ihn deutlich erkennen. Nur sein Kopf und seine nackten Schultern ragten aus dem Wasser. Er war gut gebaut, auffällig gut, seine Haut hatte die Farbe einer Haselnuß, er hatte eine Glatze und einen buschigen weißen Schnurrbart. Höchst auffällig jedoch war seine totale Bewegungslosigkeit. Das Schiff kam bis auf dreißig Meter an ihn heran – ich hätte ihn mit einem Wurfring wohl nicht verfehlt –, aber er hob weder seinen Kopf, noch veränderte er seinen Ausdruck völliger Resignation, während er eher wie eine Wachsfigur als ein Mensch dahintrieb.

Ich vermerkte dies mit großer Verblüffung, denn ich war mir sicher, daß ich in seiner Lage hätte lachen müssen oder schreien oder doch zumindest reagieren auf die Hunderte von Zuschauern.

Dann waren wir vorbei und ließen ihn hinter uns.

«Warum holen sie ihn nicht?» fragte ich entrüstet und dachte an die Matrosen, die freiwillig für eine Geldzulage zu schwimmen bereit waren. «Warum werfen sie nicht eine Leine aus?» Jede neue Episode dieses Manövers erstaunte mich.

Ein Passagier, der über die Reling lehnte, rief aufgeregt etwas in seiner eigenen Sprache und zeigte nach unten. Ob er meine Frage gehört hatte oder nicht – er lieferte die Antwort. Unter uns, in allen Einzelheiten hervorragend zu erkennen, kreiste gemächlich ein Hai neben dem Schiffsrumpf. Er war mindestens acht Fuß lang, dunkelbraun in allen Schattierungen bis zum Weiß an den Spitzen seiner Flossen, ein ebenso eleganter wie bedrohlicher Fisch. Jetzt fingen die Leute rundherum an zu schreien.

«Look, look, Shark! O dear! Hai mit weißen Flossen! Höchst gefährlich ...» Und so weiter.

Das ganze Schiff vibrierte, als die Maschinen auf Rückwärts geschaltet wurden. Die Lautsprecher bellten.

«... Rettungsboot Nummer drei», hörte ich.

Die Kräne rasselten, und das Boot, mit mehreren Mann an Bord, schwang an zwei Trossen über die Seite. Langsam wurde es hinuntergelassen. Was dann folgte, war eine Szene von Gefahr und Gewalt, die ich nie vergessen werde. Vielleicht weil das Schiff aus dem Kurs geraten und fast zum Stillstand gekommen war, begann es, ein wenig mehr in der Dünung zu rollen. Obwohl diese Bewegung kaum wahrnehmbar war, reichte sie doch, das Rettungsboot an seinen Trossen ins Schwingen zu bringen, und bevor es noch halbwegs zu Wasser gelassen war, fing es an, gegen den Schiffsrumpf zu schmettern.

Der erste Zusammenprall war leicht, der zweite schon viel stärker. Der dritte war übermächtig: Die Männer wurden zu Boden geworfen, und die Seite des Bootes gab nach. Sein Hinabgleiten aufs Meer vollzog sich schmerzhaft langsam, und bevor sein Kiel im Wasser war, mußte es noch einige gewaltige Schläge einstecken.

Ich konnte mir jetzt vorstellen, was dem ersten Boot den Schaden zugefügt hatte, und es kam mir vor wie ein Wunder, daß dieses davongekommen war. So oft ich davon gehört oder gelesen hatte, wie auf havarierten Linern oder torpedierten Kriegsschiffen «die Boote zu Wasser gelassen» werden mußten, nie hatte ich mir dergleichen vorgestellt.

Jetzt war das Boot auf dem Wasser, hing aber immer noch mit Bug und Heck an den Trossen. Diese liefen durch große Stahlblöcke oder Flaschenzüge mit Schäkeln. Die Blöcke mußten wenigstens hundert Pfund wiegen. Ein Mannschaftsmitglied versuchte, einen der Schäkel zu lösen. Man sah deutlich, wie schwer das war, und es dauerte mehrere Minuten. Dann war sein Ende des Bootes frei und trieb mit vollem Gewicht auf dem Wasser, während der Block lose an seiner Trosse baumelte. Das andere Ende des Bootes hing jedoch noch fest, und das Resultat war beinahe tödlich. Das freie Ende tanzte auf den Wellen auf und nieder und brachte das Boot in so wildes Schlingern, daß es fast unmöglich war, den anderen Schäkel zu lösen. Inzwischen pendelten der freie Block und Schäkel mit unwiderstehlichem und tödlichem Schwung über dem Boot, schlugen die Matrosen um und hätten einigen beinahe die Schädel eingeschlagen.

Die Bemühungen, den zweiten Schäkel zu lösen, waren hektisch, aber schließlich erfolgreich, und das Boot war frei. Wie durch ein Wunder hatten Maschine und Schraube keinen Schaden genommen, und die Mannschaft machte sich daran, den alten Mann zu finden, der – so erwartete ich es jedenfalls – jeden Moment von den freßgierigen Kiefern eines Hais unter Wasser gezogen werden konnte. Die Mannschaft brauchte eine lange Zeit, ihn an Bord zu holen. Inzwischen befand er sich länger als eine Stunde im Wasser. Dann machte sich das Boot daran, die Rettungsringe einzusammeln, die man ihm nachgeworfen hatte, bevor es sich an der Steuerbordseite wieder unserem Schiff näherte. Aber die Dünung hinderte die Mannschaft daran, festzumachen, und man schickte sie fort, das erste, beschädigte Rettungsboot zu finden und es zum Schiff zurückzuschleppen.

Die Boote bewegten sich sehr langsam. Erst fast eine Stunde später war alles wieder am Schiff versammelt, aber dann gab es noch eine kleine Überraschung: Statt den alten Mann zusammen mit der Crew im Boot an Bord zu bringen, beschloß man, ihn durch die Luke heraufzuhieven. Zu diesem Zweck wickelte man ihn in ein Leinentuch, wie eine ägyptische Mumie, und zog ihn an einer Trosse mit dem Flaschenzug an Bord wie auf einem Bootsmannsstuhl. Warum, erfuhr ich nie. Als wir das erste Mal an ihm vorbeitrieben, hätte ich schwören können, daß er noch am Leben war. Ich sah sein Gesicht, umrahmt vom Leinentuch, als sie ihn hereinzogen, ein aschfahles Bild, und erst viel später kam mir der Gedanke, daß er vielleicht tot war.

Es war nervenaufreibend, die Boote wieder einzuholen. Wieder schwang das schaurige Pendel über den Matrosen, und sie duckten sich in Todesangst. Wieder dieselben fürchterlichen Kollisionen mit dem Schiffsrumpf. Um ihr Leben bangend, klammerten sich die Männer an die Trossen. Vom Deck schrie ihnen ein Offizier wieder und wieder zu: «Hinsetzen. HINSETZEN», aber sie hörten nicht einmal. Dann waren die Boote an Bord. Alles war vorüber.

Derselbe Offizier, mit dem ich vorher gesprochen hatte, war wieder da, und er schien so lebensfroh wie eh und je. Ich fragte ihn, warum es so viele Probleme gegeben habe.

«Ach, es war die schwere Dünung, wissen Sie», sagte er. «Es ist eine einfache Sache. Alle zwei Wochen üben wir, die Boote zu Wasser zu lassen. Erst vor ein paar Wochen sprang unser Funker über Bord. Wir hatten ihn nach elf Minuten wieder an Deck.»

Elf war eine versöhnliche Zahl. Ich wagte anzumerken, alles hätte ein bißchen einfacher sein können, wären die Blöcke und Schäkel viel schneller und weiter heruntergelassen worden.

«Ja», sagte er, als stimme er mit mir überein. «Sie senken sich entsprechend ihrem Gewicht.»

Es war offensichtlich, daß sie es nicht taten. Ich war sprachlos.

«Ist jemand verletzt worden?» fragte ich, denn ich war sicher, einige Knochen seien gebrochen.

«Nein», erwiderte er frohgemut.

Zwei Minuten später kam jemand mit der Nachricht, mehrere Männer lägen mit schweren Verletzungen auf der Krankenstation.

«Ja», stimmte der Offizier ebenso frohgemut zu. «Sehen Sie, wäre das Boot voller Passagiere gewesen, hätte alles ganz anders ausgesehen. Wegen des zusätzlichen Gewichts. Und zudem bittet man die Passagiere um ihre Mithilfe. Sie müssen sich von einer Seite auf die andere bewegen.»

«Aber wenn Ihre eigenen Leute den Befehlen nicht gehorchen, warum sollten es dann hysterische Passagiere tun?» fragte ich.

«Ja», sagte er, «die Passagiere werden sicher tun, was man von ihnen verlangt. Sie werden wissen, daß es für sie das beste ist.»

Er bewegte den Kopf mit jener herrlich flüssigen Bewegung hin und her, die nicht nur Zuversicht und Zustimmung bedeutet, sondern totale Hinnahme der Dinge. Keine Probleme. Die Aufregung ließ nach, und als das Schiff seinen Kurs wieder aufnahm, normalisierte sich das Leben. Von dem langen Drama aufgewühlt, wurde mir in aller Schärfe bewußt, wie stark und optimistisch ich mich fühlte. Jeder Aspekt des Lebens war voller Bedeutsamkeit. Die Niedergeschlagenheit, die mich in Penang fast zermalmt hatte, war verschwunden. Spurlos.

Wie lange hatte sie angedauert? Fast sechs Wochen. Nie war mir etwas so Schlimmes widerfahren. Fast wie der Tod. Am Leben zu sein und doch unfähig, es überhaupt wahrzunehmen, wäre schlimmer als der Tod. Ich konnte jetzt kaum glauben, daß es so gewesen war. Welche Ursache hatte es gehabt? Wie war ich entronnen? Vage wußte ich, daß mein Zusammenbruch lange zuvor in einem schicksalhaften Widerspruch begonnen hatte: in dem zwanghaften Bemühen, etwas zu teilen, das ich nur allein tun konnte. Nun, jetzt war ich wieder allein, und ich war frei.

Ich hatte damals keinen Grund, mich zu fragen, was wohl aus mir würde, wenn ich eines Tages nicht mehr frei wäre, allein zu entkommen.

Ich sah hinunter über die Reling. Der Hai war fort. Das Meer sah so friedlich und schön aus wie vorher. Das große weiße Schiff wurde schneller und eilte auf dem herrlich blauen Wasser Madras entgegen. Bald war es kaum mehr zu glauben, daß etwas Unangenehmes geschehen war.

12

Ich kann mir nicht helfen, aber ich muß grinsen. Nur dadurch kann ich mein Lachen unterdrücken. Laut herauslachen könnte ich. Ich kann es nicht erklären, aber es ist reine Lebensfreude, Glück, wie ich es immer am Anfang einer Reise empfinde. Sogar bei einer Reise wie dieser. Und sie ist anders als je eine zuvor.

Ich habe großes Glück gehabt. Wenn ich mich so umsehe in der Boeing, dann vermag ich in der Masse niemanden zu sehen, der vor Freude platzen könnte. Ich kann mich aber auch täuschen. Vielleicht ist es auch meinem Gesicht nicht abzulesen. Aber sie sehen alle nicht so aus, als könnten sie es. Sie sind alle zu beschäftigt, um glücklich sein zu können. Vielleicht suchen sie sich auch alle diese Beschäftigungen – damit sie ja nicht glücklich zu sein brauchen. Wäre unangebracht. Eine Menge Leute können mit soviel Lebensfreude nicht umgehen, wenn sie nicht wissen, wo sie herrührt. Es macht ihnen angst. Sie kommen auf den Gedanken, damit vielleicht ihr Leben zu vergeuden. Sie arbeiten so hart für ihr Glück, da hat es kein Recht, sich einfach einzuschleichen und sie hinterrücks zu packen. Das würde alles verderben.

Meine Frau, Teresa, ist auch ein wenig von dieser Art. Sie sitzt jetzt neben mir, süß und schön. Und auch schwanger, obwohl es niemand sehen kann außer mir. Käme eine Welle des Glücks auf sie zu, und zwar im falschen Augenblick, würde sie die Hand heben wie Canute der Große und sagen: «Halt! Moment mal, ich bin nicht vorbereitet aufs Glücklichsein. Da ist dies und jenes und das, und überall stimmt etwas nicht. Mir geht es ziemlich dreckig. Kannst du nicht ein andermal wiederkommen?»

Als wir heirateten, dachte ich, wir würden ständig über nichts lachen können, aber da hatte ich mich in uns beiden getäuscht. Ja, es scheint, als hätte ich danebengelegen. In Hinsicht auf alles und jeden. Nun, das ist jetzt auch nicht mehr wichtig. Wir haben geheiratet, komme, was da wolle. Und jetzt ist es Zeit, kommen zu lassen, was wir wollen.

Ich liebe meine Frau. Ich liebe ihre Zärtlichkeit, ihre Leidenschaften, die verrückte, impulsive Beherztheit, mit der sie sich in diese Heirat stürzte. Mit einem globalen Hobo und chronischen Eigenbrötler wie mir. Sie gibt sich soviel Mühe und ist besorgt. Jedes kleinste Teilchen des Lebens hat Bedeutung für sie. Sie rettet Motten und Menschen mit gleichermaßen herzergreifender Anteilnahme, aber es ist zuviel Leid auf dieser Welt, da kann nicht einmal ein Löwenherz wie ihres kämpfen. Und es bleibt nicht viel Raum für das, was ich Glücklichsein nenne.

Vielleicht ist meine Empfindsamkeit abgestumpft durch eine Überdosis an Erlebnissen. Ich habe es mir zur Gewohnheit gemacht, das Pech zu verlachen, und deswegen bin ich vielleicht blind geworden für das Leid anderer. Manchmal wird sie verletzt durch mein Lachen wie durch eine grausame Waffe, geführt, um sie aus meinem Leben auszuschließen.

Es gibt hier eine Menge zu lachen, wenn man sich in die richtige Verfassung bringt. Ich versuche mir vorzustellen, daß ich noch nie geflogen bin. Wenn man die richtige Praxis hat, dann kommen solche Sachen ganz leicht. Und dann wird die Vorstellung, daß eine Boeing 747 überhaupt zu fliegen imstande ist, höchst erheiternd. Wie schafft sie es? Wie vermag diese immense silberne Aubergine je den Boden zu verlassen? Mit dem Blick des Naiven gesehen, erscheint der Flug des Jumbo absurd. Eine große, unbeholfene Knolle, gehalten von der dünnen Luft? Lächerlich! Und doch befinden sich hier Hunderte von erwachsenen Menschen mit gesundem Geisteszustand, die allen Ernstes sicher sind, daß dieser seltsame Apparat, diese Ausgeburt verrückten Erfindergeistes, in elf Stunden in San Francisco landen wird.

Ist hier jemand anwesend, der weiß, wieviel ein Jumbo vollbeladen wiegt? Handzeichen bitte. Ja, Sie da drüben? Falsch. Die Antwort lautet: 350 Tonnen. Und wer glaubt ernsthaft, daß 350 Tonnen so ohne weiteres in die Stratosphäre aufsteigen? Ist Unsinn. Wir werden hier sitzen und uns mit unseren Jacken und Gepäckstücken plagen, an den Ventilationsdüsen herumfummeln, verstohlen aus den Augenwinkeln das Gesicht unseres Nachbarn betrachten. Und dann, nach einer Stunde oder so, werden wir alle aussteigen müssen und unsere Busse oder Züge nehmen.

«Ladies and gentlemen, this is your captain speaking. Ich schätze, diesmal haben wir es nicht geschafft. Sind vorher noch ein paar Scharten auszubügeln. Wir hoffen, daß wir es bald noch einmal versuchen können, und wir hoffen ebenfalls, daß Sie dann wieder dabeisein werden. Bis dahin danke, daß Sie ausgeharrt haben, vergessen Sie nicht Ihre zollfreien Waren und kommen Sie sicher nach Hause.»

Aber der Jumbo wird abheben. Das weiß ich auch. Das ist das Problem und gleichzeitig die Tugend, wenn ein kindliches Auge aus einem erwachsenen Kopf schaut. Alles ist gleichzeitig selbstverständlich und unglaublich. Und wir trudeln jetzt dahin. Man sehe sie sich an, diese langen, geschlossenen Reihen von Erwachsenen. Seit den Tagen ihrer Schulzeit sind sie nicht so gehorsam gewesen, sind wieder Kinder, eingeschüchtert vom Wunder des Fliegens.

«Das Rauchen auf den Toiletten ist verboten.» Kann ich mir denken! «Fasten your seatbelts. Bitte stellt eure Rückenlehne gerade. Bitte löscht sämtliche Rauchstengel. Gleich kommt der Herr Direktor und wird euch eine Ansprache halten.»

Luftreisen sind keine Reisen. Wir sitzen nur hier und werden älter. In zwanzig Minuten, wenn wir Zehntausende von Fuß über der Irischen See sind, wird sich nichts entscheidend geändert haben. Manche Leute spüren vielleicht ein Flattern im Bauch, bevor die Räder vom Boden abheben («Das verdammte Ding ist nicht schnell genug – wir schaffen es nie») und erschrecken bei dem Doppel-KLACKEN, wenn das Fahrgestell eingefahren wird und der sichere Erdboden entschwindet. Dann, nach einem Moment milder Erleichterung, verschwimmt alle Wahrnehmung der Außenwelt.

Gewiß, irgendwo im Flugzeug mag sich ein Kind befinden, verzückt von der Vorstellung, daß unter seinen Füßen, unter der dünnen Metallhaut, ein tiefer Fall wartet, vorbei an Wolken und wirbelnden Vogelschwärmen, hinab in einen Ozean mit Walen und Fischern und Menschen, denen übel ist auf der Fähre nach Fishguard. Was den Rest von uns betrifft, wir könnten ebensogut in einem Wartesaal sitzen.

Vor langer Zeit nahm man mich einmal zu Weihnachten mit in ein großes Londoner Warenhaus, wo es ein U-Boot für Kinder gab. Ich stieg ein, das Licht wurde grün, es ertönten blubbernde Geräusche und rauschende Musik, und durch das Bullauge sah ich ein Aquarium mit einer Schatztruhe, einem Oktopus und einem Taucherhelm. Später gab mir Santa Claus ein Geschenk. Das war viel eher eine richtige Reise.

Und doch ist meine Aufregung auch jetzt echt genug. Als müsse der Sektkorken knallen. In meinem Kopf summen die Erinnerungen an Schiffe, Züge, Busse und die lange, lange Straße. Ich sehe mich um, bereit, mich an der Vielfältigkeit meiner Mitpassagiere zu erfreuen. Ich weiß schon, daß ich keinen nubischen Kameltreiber erwarten darf und auch keine Guarani-Indiofrau, die Hühner zum Markt trägt, aber ich bin bereit, mich von jedwedem faszinieren zu lassen, zumal ich jetzt nicht mehr die anderen Leute als Konkurrenten auf der Jagd nach den besten Plätzen sehen muß. Ich lasse meinen Blick von Gesicht zu Gesicht schweifen, registriere die Unterschiede zwischen dick und dünn, hell und dunkel, alt und jung, zottelhaarig und glatzköpfig. Aber auf eine schwer bestimmbare Weise sehen sie alle gleich aus, plattgebügelt und reduziert durch die mechanische Ordnung unserer gemeinsamen Lage.

Mein Blick wird schließlich gefangen von den rhythmischen Kieferbewegungen eines ältlichen Paares, das in einer der Mittelreihen Seite an Seite sitzt. Mit glasigem Blick starren sie beide geradeaus. Außergewöhnlich ist, daß sie im gleichen Takt kauen. Das kann kein Zufall sein. Es muß sich um den unbewußten Ausdruck eines Bedürfnisses handeln, desselben, das gewisse ordentliche Menschen dazu treibt, ständig im Gleichschritt zu marschieren. Für sich alleine würde keiner der beiden auch nur einen zweiten Blick wert sein. Zusammen jedoch, mit hervorstehenden Kiefern, die militärisch präzise auf- und zuklappen, sehen sie grotesk aus.

Ihre Selbstvergessenheit ist bemerkenswert. Für sie scheint es nichts zu geben als den Speichel, der an ihrem Gaumen entlangrinnt. Es hat Philosophen gegeben – Bishop Berkeley darunter –, die spekulierten, die Welt bestünde nur in unserer Wahrnehmung von ihr. Ich würde gerne die Welt dieses kauenden Duos durch Berkeleys Augen sehen. Fast alles um sie herum würde verschwinden. Die anderen Passagiere, ja selbst das Flugzeug würden aufhören zu existieren. Sie würden übrigbleiben und allein durch den Raum segeln, vielleicht ein paar Fetzen von ihren Sitzen am Hintern. Sie würden sich den Weg über den Nordpol in 33 000 Fuß Höhe durchkauen, Backbord- und Steuerbordkiefer, gleichmäßig mit achtzig Umdrehungen die Minute knabbernd, gespeist von demselben großen Paket Kartoffelchips mit Zwiebelgeschmack. Aber dann, nach derselben Hypothese, würden sich auch ihre Gedanken als Realität manifestieren, wenn wir übrigen verschwunden sind. Ich würde sie sehen in einem Dunststreifen unbeschnittener Rosenbüsche, neu verfaßter Testamente, verständnisloser Kinder, tropfender Wasserhähne, schon fast vergessener sexueller Begegnungen, zusammengefallener Soufflés, erniedrigter Bankdirektoren und all der anderen Paraphernalien eines Rentnerlebens im Grünen.

Froh, etwas zu finden, an dem meine Phantasie Gefallen hat – mag es auch noch so albern sein –, lehne ich mich zurück und sehe zu, wie London am Fenster vorbeifliegt. Der Gedanke, daß ich vielleicht nie wieder in Europa leben werde, ist erstaunlich. Mehr als erstaunlich – unmöglich. Ich muß meinen Unglauben aufschieben. Die Fähigkeit menschlicher Wesen, ihren Unglauben aufzuschieben, scheint grenzenlos zu sein. Ohne ihn wären all die Wohltaten vernünftiger Gedanken verloren – und all ihre Schrecken vermieden. Wie sonst würden wir in Flugzeugen fliegen, in Gaskammern töten, uns Operationen ausliefern, Kinder mit Giftstoffen impfen oder in fremde Länder auswandern.

Noch vor zwei Wochen waren wir in unser Leben in Frankreich verstrickt gewesen, beherrscht von Abneigungen, Mißmut und grausamer Enttäuschung. Und dann war es eine so einfache Entscheidung, das Haus zu schließen, unser Gepäck zu schnappen, nach London zu reisen und – fortzufliegen. Allein das Tempo war betäubend. Im Trubel der

Ereignisse konnte ich die alten, quälenden Gefühle beiseitelegen. Jetzt drohen sie für einen Augenblick, mich wieder zu packen, aber gnädigerweise kommt das fliegende Personal mir mit einer Ablenkung zur Hilfe.

Sie wollen uns gern instruieren, was zu tun ist, sollte das Flugzeug in den Ozean fallen. Fluggesellschaften verabscheuen jegliche Erwähnung von Katastrophen. Ihre Furcht davor grenzt schon an Besessenheit. Menschen, die verantwortlich sind für andere Transportmittel, die jährlich Tausende töten, verschwenden keinen Gedanken darauf. Fluggesellschaften tun alles, uns davon zu überzeugen, daß ihre Fluggeräte durch ein Abkommen mit dem lieben Herrgott persönlich in der Luft gehalten werden. Daran zu zweifeln, wäre eine Sünde, und nur Sünde führt zum Höllensturz. Aber die Bestimmungen zwingen sie dazu, uns auf diese undenkbare Katastrophe vorzubereiten. Und sie haben Jahre und Vermögen darauf verschwendet, sich auszudenken, wie dies geschehen könne, ohne auch nur für einen Augenblick den Verlust des Glaubens hervorzurufen.

Das Ergebnis ist ein aberwitziges Ritual, und das soll jetzt gerade beginnen. Zwei Stewardessen nehmen links und rechts von der Filmleinwand Aufstellung, um uns die British Airways-Produktion der «Im-Notfall-kauern-und-durch-die-Maske-atmen-Zeremonie» zu präsentieren. Sie haben ihren Gesichtsausdruck wohl einstudiert, sind bereit, derartig schockierende und blutrünstige Dinge ans Licht zu zerren mit der herzerwärmenden Wohlanständigkeit einer Pastorenwitwe, die den Frauenschänder des Dorfes schilt. Glückselig schnattert eine Stimme über die Lautsprecher von kaum jemals eintretenden Notsituationen, und die Mädchen beginnen ihren schweigenden Tanz. In seinem Symbolismus ist er üppig wie orientalische Tänze. Wohlgefällig lächelnd greifen sie nach oben zum «Fallen-der-Stauerstoffmaske». Dies bezieht sich diskret auf die unaussprechliche Möglichkeit, daß plötzlich an den Seitenwänden des Flugzeugs ein Loch auftaucht. Dann folgt das «Anlegen-der-Schwimmweste», eines traditionell orangefarbenen Kostüms, sowie das flotte «Binden-von-Schleifen», gefolgt vom «Ziehen-an-der-Leine» und dem «Blasen-in-die-Pfeife». Schließlich dann noch als Krönung das «Hinweisen-auf-die-vier-Notausgänge», vier Gesten, die als provokativ unhöflich empfunden werden könnten, würden sie nicht mit so viel Stilgefühl dargebracht.

Das Ballett läuft so fröhlich ab, daß ich mich manchmal bei dem Wunsch erwischt habe, es käme zu einem solchen «Notfall», damit ich wenigstens einmal mit all diesen hübschen Sachen spielen könnte. Es bedarf schon einer Meisterleistung der Phantasie, das Grauen und den Schrecken heraufzubeschwören, sollte eine Boeing mit vierhundert Leuten in den Arktischen Ozean stürzen. Aber seit meinem Erlebnis auf der Chidambaram bin ich bereit, eine solche Meisterleistung zu vollbringen. Ich pflegte über Rettungsboote so zu denken, wie die Fluggesellschaft gern hätte, daß ich über Schwimmwesten und Schlauchboote dächte. Jetzt bin ich weniger davon überzeugt, daß ich dem Unglück entgehen kann, indem ich an einer Leine ziehe und in meine Pfeife blase. Natürlich, ich gebe zu, es wäre den Versuch wert, aber meine Erinnerung daran, wie die Boote gegen den Schiffsrumpf krachten, ist noch lebendig. Sie hat mich reichlich argwöhnisch gemacht, was all die besänftigenden Prozeduren und Vorsorgemaßnahmen betrifft, von denen die maßgeblichen Herrschaften sagen, sie hätten sie in der Hinterhand, um mich in der einen oder anderen Krise zu retten.

Es ist fast vier Jahre her, daß ich auf der Chidambaram gefahren war – SchiDumBRRRUm. Ich habe Teresa niemals davon erzählt und auch nicht von dem Mann, der über Bord fiel oder sprang. Jetzt würde ich es gerne tun. Es wäre perfekt, um sich die Zeit zu vertreiben, aber ich bin zurückhaltend geworden mit meinen Erinnerungen. Geschichten von meinen Reiseabenteuern zählen nicht zu ihrer Lieblingsunterhaltung. Sie erinnern sie an meine Vergangenheit, an die vielen Jahre meines Lebens, bevor wir uns begegneten, an Menschen, die ich kannte, und an Frauen, die ich liebte.

«Und dieses Haus ...» sagte sie immer wieder wutentbrannt. «Sogar dieses Haus hat etwas zu tun mit einer verdammten Liebe deines Lebens ... Wie konntest du mich hierherbringen? Wie konntest du so herzlos sein?»

Und ich war wider besseres Wissen und ganz gegen meine Art ebenso wütend und sagte, ich könne kaum etwas dafür, daß ich schließlich ebenso wie sie eine Vergangenheit habe, und schließlich liebe sie ja das Haus, denn sonst wären wir ja wohl nicht darin geblieben ...

«Dann lieb es doch», schrie sie mich an. «Ich hasse es. Es ist ein verdammter mittelalterlicher Slum ...» und der Streit ging weiter, wobei wir beide dachten: O Gott, was machen wir nur? Gott, was haben wir gemacht?

Und so versuchten wir es ein Jahr und verließen dann das Haus.

Nach Kalifornien. Um Land zu finden und neu anzufangen.

Ich setzte soviel Hoffnung auf Kalifornien. Auf den Sonnenschein.

Den Ozean. Das Gefühl von Freiheit und Weite. Ich erinnerte mich an diese Gefühle, weil ich sie auf meiner Reise hatte. Die Reise! Ist sie schon zur Manie geworden? Wird sie uns auch Kalifornien vergiften? Aber was kann ich tun? Ich kann sie nicht vergessen. Vier Jahre, die intensivsten Jahre meines Lebens.

Ich denke, die Reise hat mich verändert. Ich denke, die Reise ist für immer Teil meines Lebens. Was ich auf dieser Reise lernte und entdeckte, muß jetzt ebensoviel Bedeutung und Wert haben wie damals.

Aber warum sind wir dann in diesen Schlamassel geraten?

Wird jetzt alles vorüber sein?

13

Sie zeigten einen Clint Eastwood-Film, den ich noch nicht gesehen hatte. Ich setzte die Kopfhörer über, schaltete mich in den Soundtrack und sah gespannt und dann verblüfft auf die Leinwand. Eastwood verkörperte nicht gerade das, was ich mir unter Avantgarde vorstellte, und doch war er hier in einem provozierenden Experimentalstreifen zu sehen. Um so erstaunlicher, als die Bilder völlig konventionell erschienen. Kaum war der Titelvorspann abgelaufen, ließ der Held schon die Fäuste fliegen und fuhr Autos zu Schrott. Aber statt der für Eastwood so typischen lakonischen Antworten und Kommentare hörte ich seine Gedanken, abwegige Assoziationsfetzen, die aus seinem schizoiden Hirn hervorbrachen. Außerdem gab es einen verrückten Affen im Film, und zu den Actionszenen wurden innere Monologe gesprochen, die von hergeholtem Symbolismus strotzten. Während die Stoßstangen abgerissen und Karosserien zermalmt wurden, während der Muskelmann auf der Leinwand seinem Neandertal-Gegenspieler Paroli bot, hauchte eine flüsternde Stimme Wörter der Liebe und des sehnsüchtigen Verlangens nach Apfelkuchen. Wie hypnotisiert sah ich den amerikanischen Kämpfer vor meinen Augen zerbrechen und aufgeben, weil sein Verstand voller Abscheu vor all den Gewalttätigkeiten seinen Körper verließ und sich auf die Wanderschaft ins Land der Wahnträume machte. Und dann, gerade als Clints rauhe Faust auf der fleischigen Nase eines Gegners landete, brach eine kichernde Frauenstimme los:

«He, Jungs, wie wär's mit 'nem Schokoladeneis?» Erst da merkte ich, daß ich mich in den Ton eines anderen Films eingeschaltet hatte.

Ein Gefühl von Unwirklichkeit begleitete mich während des gesamten Flugs. Irgendwann gegen Ende wachte ich auf und sah tief unter dem Flugzeug ein weites Gelände kargen Bodens in Flammen. Umgeben war die rauchende Brandstätte von nichts als Schnee und Eis. Ich konnte es mir nicht erklären. So was hätte ich vielleicht auf dem Jupiter oder dem Mars vermutet. Ich starrte hin, bis mir die Augen schmerzten; und dann schlief ich wieder ein.

An einem Aprilnachmittag betraten wir zwanzig Meilen südlich von San Francisco wieder den Erdboden. Da wir gegen die Sonne geflogen waren, zogen sich die elf langen Stunden der Erwartung, der Müdigkeit, des Hoffens und Zweifelns zusammen zu nur drei Stunden. Meine Phantasievorstellungen, meine sinnverwirrenden Visionen durch das Fenster, all das war nicht nur umwoben von Schlaf, sondern entstellt wie durch eine Zeitkrümmung. In gewissem Sinne war meine irdische Existenz aufgehoben. All dies zählt zu den Wundern der Ankunft in Kalifornien auf dem Luftweg. Man hat das Gefühl, irgendwo auf dem Weg ganz und gar der Erde entronnen zu sein, und dann wiederzukehren in eine Welt, die auf subtile Weise total anders ist.

Meine Frau schien das Gefühl nicht zu teilen, wie von einem anderen Planeten gekommen zu sein. Sie ging neben mir, ruhig, gefaßt, unwillig, auszuweichen oder jemandem den Vortritt zu lassen, aber doch auch auf Ablehnung vorbereitet – eine kleine, würdevolle europäische Person in einem rosa Kleid aus bedrucktem Stoff, ein Baby in ihrem Leib.

Ich studierte die Beamten, als wir inmitten der Menge warteten, und ich sann nach über die bemerkenswerte Macht, die sie über unser Schicksal hatten. Sie verfügten über ihre ureigene Form der Einsilbigkeit, aber sie mußten ihr Temperament zügeln, um dies zu erreichen, während ich bei ihren britischen Amtsgenossen immer das Gefühl hatte, sie müßten jeden Tag erst von den Toten auferstehen, um ihre rauhbeinigen Pflichten zu erfüllen. Alles hier bestätigte meinen Eindruck größerer Vitalität, großzügigeren Lebensgefühls.

Dann wurden wir aufgerufen. Die Schlinge der Willkür schloß sich nicht um unseren Hals, und waren wir durch, traten ins Licht und wurden Teil davon. Aus dem Zollbereich trieb es uns hinaus durch eine Holztür auf den Gehsteig, den wir selbstvergessen betraten, benommen wie nach einer langen Karussellfahrt. Ich war unbeschreiblich glücklich, hier zu sein. Die Sonne traf uns zum erstenmal, und ich fühlte mich wie ein bestrahlter Kristall, glühend und vibrierend, als könne ich jeden Augenblick zerbersten. Ich wollte die Leute anfassen, ihnen die Hand schütteln, mit den Gepäckträgern Witze machen und gegen die Polizisten aufmupfen.

Tee war da, um uns abzuholen, die großartige Tee aus alten Tagen. Sie stieg ohne jede Eile aus einem alten, kastanienbraunen Saab und kam auf uns zu. Wie immer lächelte sie ganz bewußt, fast formell.

«Hallo», sagte sie.

Dann drehte sie sich, um meiner Frau ihre Hand entgegenzustrecken.

«Teresa», sagte ich, «das ist Tee», und sie gaben sich die Hand.

Wie überaus dankbar war ich Tee für ihre Südstaaten-Art, ihre englischen Manieren, ihren Instinkt, der ihr sagte, daß Teresa nichts mehr verabscheuen würde, als von einer kalifornischen Göttin mit blitzenden Zähnen und ungeahntem Vorleben stürmisch begrüßt zu werden. Tee war schon immer eine der wenigen und darum um so höher zu schätzenden Menschen gewesen, die ihre Freundschaft eher in Taten als mit Worten ausdrückten. Teresas Sympathie war offenkundig. In bessere Hände hätten wir nicht geraten können.

«Ihr könnt bei mir wohnen, wenn ihr wollt.»

«Oh, sind Sie sicher, daß Sie Platz haben?» fragte Teresa. «Wir können leicht ein Hotel finden. Das macht uns keine Mühe.»

Hätten wir nicht einen Penny gehabt, und wäre das nächste Hotel in Alaska gewesen, sie hätte doch dasselbe gesagt. Ihre völlig einsichtige Höflichkeit überraschte mich noch immer. Diese Eigenschaft hatte ich nur langsam schätzen gelernt, denn ich vergaß immer wieder, daß ich im Leben anderer Leute nicht mehr als phänomenales Ereignis aufkreuzte. Unterwegs hatte ich ein Angebot niemals hinterfragt. Ich hätte sogar die Gastfreundschaft einer Hyäne herausgefordert, und ich glaubte tatsächlich, ich täte den Menschen einen Gefallen, wenn ich bei ihnen unterschlupfte.

«Nein, es geht leicht», sagte Tee. «Platz hat es.»

Sie sagte nicht, es wäre genug Platz oder sie könne uns irgendwie Platz schaffen, noch sagte sie, sie würde nicht im Traum daran denken, uns in ein Hotel zu schicken. Von ihr kam keine jener Phrasen, die die Leute benutzten, wenn sie auf großzügig tun. Nur: «Es hat Platz.»

«Also, das ist sehr freundlich», sagte Teresa. «Nur für ein paar Tage.»

«Wie geht es dir, Tee?» fragte ich.

«Gut», sagte sie. «Und dir?»

«Es ist einfach phantastisch, wieder zurück zu sein.»

Das war es auch. Ich spürte, wie sich Teresa entspannte, erleichtert, auf jemanden zu treffen, den sie verstehen konnte, jemanden, der vielleicht von Natur aus noch reservierter war als sie selbst und ihr die Chance gab, etwas von jener Wärme und Großherzigkeit zu geben, die sie im Überfluß besaß. Es wäre natürlich dumm gewesen anzunehmen, daß diese erste positive Begegnung Garant für unser Glück sein könne, aber ich konnte dem hochfliegenden Optimismus nicht widerstehen, den allein schon die Ankunft in Kalifornien in mir auslöste. Es war leicht zu vergessen, daß diese überschäumenden Gefühle den Umständen zu verdanken waren, unter denen ich fünf Jahre zuvor auf einem Motorrad dort ankam.

Jenes damalige Gefühl von Freiheit und Losgelöstheit war gewiß unwiederbringlich. Und dieser erste Besuch war vielleicht auch vom Standpunkt meiner Frau aus ein schwerwiegendes Hindernis auf ihrer Suche nach gleichberechtigter Freiheit. Aber dann blieb so gut wie kein Ort auf der Welt für uns beide, der nicht ähnliche Schwierigkeiten brachte. So sagte ich mir zumindest.

Bis jetzt waren die Vorzeichen jedenfalls gut. Ich legte mich zwischen unseren Taschen und Beuteln im Saab zurück und genoß den Augenblick. Wir rollten den Highway hinauf in die Stadt, über die Kuppe des Hügels, der gekrönt ist von jenen allseits bekannten Häuserreihen («jedes für sich ein Schmuckstück und doch alle gleich»), und kamen auf unseren Weg zum Golden Gate durch die 19th Avenue. Tee berichtete uns kurz und knapp über ihr Haus und ihre Arbeit. Was Informationen betraf, war sie sowieso gut, denn sie arbeitete auf ziemlich hoher Ebene als Computer-Programmiererin. Vielleicht gab sie sich aber auch besondere Mühe, weil ich mich einmal darüber beschwert hatte, daß die Kalifornier nie ihre Sätze beenden.

Mit einer Freundin aus New York namens Anna teilte sie ein Haus in Mill Valley. Anna war in Seamus verliebt. Seamus hatte einen kleinen Jungen namens Sue.

«Sue?»

«Nein, Sioux – wie man die Indianer ausspricht.»

«Hat Sioux eine Mutter?»

«Eh-hem, aber sie ist abgehauen.»

«Liebt Seamus Anna?»

«Irgendwie schon, denke ich. Er hängt oft im Haus herum. Sie manchmal auch, mit ihm. Manchmal ist er eine Woche oder zwei weg.

Anna möchte bei ihm einziehen, aber ich glaube, er hat Angst vor den Konsequenzen. Sie sind jetzt gerade weg, da könnt ihr Annas Zimmer haben.»

«Womit verdient er sein Geld?» fragte ich. Eine typisch britische Frage, dachte ich.

«Meistens fährt er Dope. Auch jetzt ist er auf einem Dope-Trip, zur Grenze.»

«Zu welcher Grenze?» Tees Geduld besaß die Oberfläche eines Obsidians, hart und opak, und verbarg die entschiedene Abneigung, Gefühlsregungen zu zeigen. Man konnte die dümmste Frage stellen, die einem einfiel. Sie beantwortete sie. Ihr Gesicht zeigte einem eventuell, was sie davon hielt, aber ihre Stimme verriet nichts.

«Er fährt Marihuana an die kanadische Grenze. Sie haben einen Winnebago gemietet. Wißt ihr, was das ist? Ein Wohnmobil. Diesmal sind es mehrere Ballen. Er bringt sie rauf nach Washington, und dann schafft jemand anderes sie über die Grenze. Da wird's gefährlich. Und diesmal fährt Anna mit ihnen. Unterwegs machen sie Urlaub.»

«Und der Junge?»

«Der ist immer mit dabei. Seamus würde ihn nie allein lassen. Sie sind unzertrennlich.»

«Wie ist er denn so?»

«Ein echt süßer Junge. Aber auch verdammt wild.»

«Ich meinte Seamus.»

«Der ist wirklich nett. Sitzt den ganzen Tag vorm Fernseher und trinkt Bier. Es ist erstaunlich, wieviel Bier er trinkt. Es scheint ihm nichts auszumachen. Der Junge rennt wild im Haus herum, und Seamus liegt nur auf der Couch. Manchmal kann ich vor lauter leeren Bierdosen nicht in die Küche, aber er ist eine richtige Frohnatur. Ich kann mich nur an ein Mal erinnern, da waren wir in einer Bar, und er hat mir Angst gemacht. Ich erkannte die Gewalttätigkeit, die in ihm steckt. Da waren einige Männer, die irgend etwas machten – ich weiß nicht was –, irgend etwas, das ihm nicht gefiel, und das hat er dann auch gezeigt. Plötzlich sah ich, wie groß er war – er ist ein großer Mann –, und da spürte ich, welche Gewalttätigkeit in ihm steckt. Wißt ihr, was ich meine? Er brauchte gar nichts zu tun. Sie war einfach da. Ich bekam einen Schrecken, aber gleichzeitig fühlte ich mich sicher, unter seiner Obhut. Ihr versteht schon.»

Ich konnte nicht nachvollziehen, wie Teresa all dies aufnahm. Drogen hatten in unserem gemeinsamen Leben nie eine Rolle gespielt.

Wenn wir auf Abwege hätten geraten können, wären wir verleitet worden vom guten alten Bacchus mit seiner roten Nase, nicht vom hagermageren Timothy Leary. Sie schien jedoch unbeeindruckt. Ich selbst war nur ein ganz klein wenig nervös, gefangen von der wohlvertrauten Furcht, bei etwas Illegalem erwischt zu werden, dessen Folgen in keinem Verhältnis standen zum Nutzen. Ein Reibungspunkt war es jedoch nicht, denn ich kannte Tee gut genug, um zu wissen, daß sie ungefährdet war. Und ich wußte auch, daß gegenwärtig mit Marihuana in Kalifornien mehr Dollars gemacht wurden als mit jedem anderen landwirtschaftlichen Produkt.

«Es hört sich so an, als ob Anna in Schwierigkeiten steckt», sagte ich.

«Ja, sie verpfuscht sich ihr Leben. Sie ist nämlich gescheit. Sie hat mal bei einer Zeitschrift in New York gearbeitet, aber regelmäßige Arbeit kann sie jetzt einfach nicht mehr leisten. Dann könnte sie ja Seamus nicht sehen. Es wird alles ein bißchen zu schlimm, und ich hasse es, in ein Zuhause zurückzukommen, das wie eine Müllhalde ist. Mir fällt es sehr schwer, mit ihr darüber zu sprechen, aber ich schätze, es muß sein. Ich muß sie immer wieder um die Miete bitten. Euch wird das Haus gefallen. Es ist hübsch, und vom Dach hat man einen guten Ausblick.»

Um uns herum weitete sich die Bay.

«Sieh, da kommt jetzt die Golden Gate Bridge», sagte ich.

Die großen, rotbleiernen Türme ragten vor uns empor, zusammengehalten von den weit ausschwingenden Kabeln.

«Wie lustig», sagte Teresa. «Ich habe immer gedacht, sie ist golden. Was für ein schöner Blick.»

Jetzt fing es wirklich an, sie zu erwischen. Ich zeigte nach rechts.

«Da ist die Stadt. Da unten.»

Die Wolkenkratzer von San Francisco scharten sich am Rande des Wassers unterhalb des Hügels wie ein Schwarm großer Vögel. Die Sonne brannte vom Pazifik, tänzelte über die Bay, brach sich schimmernd in den Fenstern von Berkeley weit entfernt auf dem Kamm. Ich konnte hinuntersehen auf Pier 35, von wo ich vor fünf Jahren in einem solchen Gefühlsdurcheinander aus Glücklichsein und gebrochenem Herzen auf einem Ozeandampfer abgefahren war. Ich sah die Begeisterung auf dem Gesicht meiner Frau, und vor Freude und Stolz, sie an diesen herrlichen Ort gebracht zu haben, bekam ich keinen Ton heraus. Sicher, sang mein Herz, das wird alles in Ordnung gehen ...

Dann kam der Anstieg zum Regenbogentunnel. Oberhalb von Sausalito fuhren wir hinunter nach Mill Valley.

Das erste, was ich sah, als wir in Tees Straße einbogen, war ein riesiges Wohnmobil, auf dem mehr als überdeutlich Winnebago stand.

«Sie können nicht schon zurück sein», sagte Tee.

Es war wirklich ein hübsches Haus. Da gab es eine Hecke mit einem Tor, dann ein wenig Gras, eine Glastür und einen kleinen Flur, dann das Wohnzimmer. In der gegenüberliegenden Wand waren Fenster, und weil das Haus an einen Hügel gebaut war, konnte man weit sehen. Unterhalb des Ausblicks, ausgestreckt auf einem Sofa vor dem Fernsehapparat, lag Seamus. Er war lang und blond, mit einem ziemlichen Schnauzbart, die langen glatten Haare zu einem Zopf gebunden und ohne den geringsten Tropfen irischen Blutes, soweit ich sehen konnte.

Er hatte eine Dose Budweiser in der Hand, aber ich war nicht vorbereitet auf das ungewöhnlich warme und freundliche Lächeln, das er uns schenkte, als wir eintraten. Tee stellte uns vor, und ohne aufzustehen, streckte Seamus uns jedem einen Arm hin und sagte: «Hi, man.» Dann rief er:

«Sioux. Komm her. Beweg deinen Arsch her und sag Hallo zu 'nen paar Leuten.»

Eine fröhliche kleine Stimme zwitscherte von dem hölzernen Balkon, den Tee Dach nannte.

«Nein. Bin beschäftigt.»

Seamus stand auf, und, mich überragend, war er unangenehm groß in diesen Räumen mit ihren niedrigen Decken. Wie Tee gesagt hatte, war er dünn und hager trotz all des Biers, aber ohne den geringsten Anstrich von Bedrohlichkeit. Ja, seine Stimme war wie unterdrücktes Lachen, und sein Ausdruck war so leutselig, daß es schon beinahe dämlich wirkte.

«Du kommst auf der Stelle her, und kein Gequatsche», sagte er, und ich hörte, wie sich Sioux widerwillig in unsere Richtung schleppte.

Auch er übertraf Tees Schilderung. Sein Gesicht war tatsächlich engelsgleich, und seine runden blauen Augen blickten absolut furchtlos in die Welt. Er war vier Jahre alt, und er ließ einem überhaupt keine andere Chance, als zu versuchen, sich sein weiteres Leben vorzustellen und zu überlegen, was er wohl aus all den Komplikationen machen würde.

«Das ist Teresa, und das ist Ted.»

Seamus schlug mir auf den Rücken, und unwillkürlich stolperte ich vorwärts.

«Er ist auf einem Motorrad um die Welt gefahrn.»

Und da begriff ich es, nur einen Hauch von dem, was Tee «Gewalttätigkeit» genannt hatte. Es lag natürlich nicht in dem Schlag selbst, sondern darin, wie er sich mit dieser Geste auf meine Reise bezog. Die Botschaft, die ich empfing, lautete: «Du hast etwas getan, das ich respektiere. Vielleicht bist du stärker und zäher, als du aussiehst. Also sei vorsichtig. Unterschätze mich nicht. Ich will auch deinen Respekt, und sei es nur ein kleiner Abstand zwischen deinen Zähnen und meiner Faust.»

Es war das Versprechen, die Faust ohne weiteres und ohne viele Fragen zu benutzen, das mich beeindruckte. Aggressiv hätte ich es nicht nennen mögen. Es hatte nichts gemein mit der blinden Wut von Fußballrowdies oder dem Haß bigotter Fanatiker, die intensive Adrenalinstöße benötigen, um ihre Hemmungen zu überwinden, bevor sie mit dem Messer zustoßen. Er war ein friedfertiger und, so beurteilte ich es jedenfalls, von Natur aus zurückhaltender Mann, der einfach das Gesetz in die eigene Hand nahm, wenn es ihm notwendig erschien. Es war etwas, das man verstehen mußte, genauso, wie man viele Dinge verstehen muß, wenn man den Wunsch hat, in aller Ungezwungenheit Umgang mit Bären zu pflegen. Ob sie es ahnte oder nicht, Seamus war für meine Frau der erste Kontakt mit dem Wilden Westen.

Seamus machte es sich wieder auf dem Sofa bequem. Sioux trippelte eilig zurück auf den Balkon, wo er einen von Tees Stühlen auseinandernahm. Er hatte schon ein paar Querstreben entfernt und hoffte jetzt, auch eines der Beine zu demontieren.

«Würdest du damit aufhören, Sioux», sagte Tee und dann: «Wo ist Anna?»

«Die ist Hamburger holen oder so was. Seid ihr hungrig?»

«Aber nein», sagte Teresa und beschrieb alle Mahlzeiten, die wir im Flugzeug hatten erdulden müssen. Ihre Darstellung war sehr lebensecht und lustig, und dadurch klang es noch schlimmer, als es gewesen war.

«Solltest du nicht inzwischen oben in Washington State sein?» fragte Tee dann schließlich Seamus.

«Mann, ist das Ding in die Hosen gegangen.» Aus Seamus zischte das Lachen wie Dampf aus einem Kühlerleck. «War 'n Bummer, das kann ich dir sagen. Haben alles in Crescent City verloren. Alles ging klar, als wir unsere Ladung hinter Laytonville aufpickten mit diesem anderen Typen, der angeblich die Leute oben im Norden kannte. Er hatte seinen eigenen Pick-up, verstehst du, und er hatte hinten drauf auch ein paar Ballen versteckt. War ein komischer Typ. Echt auf Paranoia. Jedesmal, wenn wir anhielten, wurde es schlimmer. Er sagte die ganze Zeit: ‹Die sind hinter mir her – ich weiß es. Ich hab's im Urin. Die Cops sind hinter mir her.› Und dann hat er mich so gewaltsam angesehen, als ob ich was davon wüßte. Also hab ich ihm gesagt, er solle seine Klappe halten und ganz cool bleiben, denn alles sei okay. Kein Grund zur Panik.

Und in Eureka wurde es ganz schlimm mit ihm, und dann kamen wir in diesen Laden in Crescent City, und ich dachte, er rastet ganz aus, als diese beiden Bullen reinkommen, die Hände an den Knarren. Die sehen sich um, als seien sie nicht ganz gar, und ich dachte: ‹Jesus, der Arsch hat wirklich den richtigen Riecher gehabt. Die sind hinter uns her›, aber dann ...» er fing an zu lachen, «in dem Moment ...» und wieder wollte er sich schier umbringen vor Freude, bevor er weitererzählen konnte, «und dann zogen die Bullen ihre Knarren ... hiiiii, und sie rauben doch tatsächlich das Café aus. Wir saßen alle da wie die Blöden, als diese Typen alles Bare abräumten und dann abzogen. Und da sagte unser Kumpel: ‹Das war's. Ich steig aus. Ich seh zu, daß ich mir das Zeug vom Hals schaffe!› und dann rannte er raus.

Also ich hinter ihm her auf den Parkplatz, wo er seinen Karren stehen hatte, denn ich mußte doch sehen, was er machte, stimmt's? Und wir sahen ihm von der Ecke zu, wie er die Ballen in Mülltonnen stopfte, draußen auf dem Bürgersteig, als plötzlich ein Bullenwagen um die Ecke gekreuzt kommt – müssen die echten Cops gewesen sein, die hinter den Räubern her waren –, und die sahen diesen Dämlack. Kam ihnen verdächtig vor, und da schnappten sie ihn.

Wir sind dann südlich aus der Stadt rausgefahren, haben unser Zeug in einen Graben geworfen, und dann zurück. Hatten keinen Schimmer, was der Irre wohl sagen würde. Wir fahren heute abend wieder los. Ist alles abgesprochen. Bald muß Anna wieder mit dem Fleisch da sein. Junge, ich kann euch sagen, als Bauer hat man schon ein hartes Leben.»

Inzwischen mußten wir alle lachen. Er sank befriedigt in die Kissen zurück, leerte noch ein weiteres Budweiser und schloß die Augen.

Der Fernseher brabbelte in der Ecke vor sich hin. Da alle Stimmen und Bilder ständig miteinander konkurrierten, war es wie ein Tollhaus in der Dose. Ich fragte mich, warum Seamus zusah. Bestimmt nicht vor lauter Begeisterung.

Langsam packte uns beide der Dusel der Zeitverschiebung, aber wir waren entschlossen, mindestens bis zehn aufzubleiben. Teresa verschwand im Badezimmer, um zu duschen. Ich wanderte nach draußen auf den Dachbalken. Sioux ließ sein Stuhlbein am Geländer entlangrattern, und ich nahm es ihm ab, befestigte es wieder am Stuhl, sammelte die anderen Einzelteile zusammen und trug den Stuhl wieder nach drinnen. Seine Proteste waren halbherzig und kurz. An so was war er offensichtlich gewöhnt, und daher machte er sich jetzt daran, einen Tisch zu zerlegen. Unter dem Balkon war ein kleiner Garten. Ein Zitronenbaum und ein Orangenbaum trugen Früchte, und ich empfand eine absurde Hochstimmung bei ihrem Anblick. Ich denke, sie gaben mir das Gefühl, wieder frei zu sein und in der weiten Welt.

Das Tal erstreckte sich hin bis zur Bay. Dennoch bot der Ausblick nicht Mill Valleys schönste Seite. Der Grund des Tales war sumpfig und gesprenkelt von Fabrikgebäuden. Das große Freeway-Viadukt war platt und ohne Schwung, aber die Hügel in der Umgebung boten viel fürs Auge, und die Aussicht in die Ferne war schön. Ich nahm all die kleinen Unterschiede zu Europa mit unersättlichem Appetit in mich auf: die Holzhäuser, die schindelgedeckten Dächer, die Stop-Schilder und die Briefkästen auf Stelzen, die hohen Föhren und Redwood-Bäume, die die einstöckigen Gebäude überragten. Sogar das Geheul der Polizeiwagen, dieses an sich scheußliche Geräusch, hatte heute abend seinen Charme.

Dann folgte ich meiner Frau ins Badezimmer und erzählte ihr von den Zitronen und Orangen. Auch das Badezimmer unterschied sich wohltuend von denen, die wir gewohnt waren: die handfesten Emaillebecken mit abgeschrägten Ecken, die Zieh- und Drück-Wasserkräne, die soliden Kacheln, die sich emporkrümmten, wo der Fußboden an die Wände stieß, der charakteristische Moschusduft amerikanischer Toilette-Artikel und die verschwenderischen Wasserkaskaden aus der Dusche.

Was mich überraschte und was mich bei anderen Reisen in den USA überrascht hatte, war, mit welcher Selbstverständlichkeit ich mich heimisch fühlte in den häuslichen Details Amerikas, der Installation, der Innenarchitektur der Häuser, den Geschäften und Tankstellen, Bars und Restaurants. Es war die Wohlvertrautheit des Déjà-vu. Zweifellos aufgenommen durch die lebenslange Bekanntschaft mit mittelmäßigen und aus dem Gedächtnis verlorenen Filmen, vermittelte es mir Wohlbehagen.

Ich fragte mich, ob Teresa wohl diese Gefühle teilen könne und wie lange es dauern würde, bis sie es tat. Natürlich brauchten wir nicht zu bleiben. Es war alles nur ein Experiment. Aber wenn wir nicht blieben, was sollten wir tun? Meine alte Leidenschaft für Nordkaliforniens Landschaft überfiel mich, meine alte Sehnsucht, irgendwo in diesen

Bergen und Wäldern ein paar Morgen zu finden, ein Haus zu bauen, Gemüse anzupflanzen, ein mit der Natur verbundenes Leben zu führen. Wie sehr wünschte ich mir, es würde funktionieren. Aber bis dahin war noch viel Zeit. Inzwischen würden wir hier unten bleiben und herausfinden, wie es ging. Und wenn es uns gefiel, konnten wir lange genug bleiben, um unser Kind hier zu haben. Und dann, vielleicht, konnten wir einen Ort in den Bergen finden …

Das Baby, unser Kind. Noch erschien es mir kaum wirklich, aber einen Namen hatte es schon. ISWAS. Auf der Fahrt durch Frankreich sprachen wir einander laut Namen zu, all die Jungennamen zuerst.

«Adolph. Adam, Alan, Anthony … wie wär's mit Anthony?»

«Nein, schrecklich. Arthur, Andrew … Andrew ist gar nicht so schlecht.»

«Nöh, finde ich nicht gut. Wie wär's mit den B's? Das sind alles Kosenamen oder Spitznamen. Bert. Stell dir vor, du heißt Bertie. Bob. Billy. Bernie … he, wir haben Alexander vergessen. Der Name gefällt mir.»

«Nicht schlecht. Machen wir weiter …»

Wir hörten auf mit William Alexander, und dann gingen wir die Mädchennamen durch, die uns einfielen, aber nur Isabel kam in Frage. Isabel Simon oder William Alexander Simon. Wir nannten es ISWAS. Ist Was Wird Sein. Etwas Seltsames tritt da in unser Leben, ein willkommener, aber irritierender Punkt am Horizont, dessen Ankunft so vorhersagbar war wie ein Zusammenprall mit einem Kometen und dessen Konsequenzen ebenso unvorstellbar waren.

Anna kam zurück mit pfundweise Hackfleisch und zwei weiteren Sechserpacks Budweiser. Sie war ein dunkelhaariges, lebhaftes Mädchen, dünn und ein wenig geistesabwesend. Mit nervösen Zügen rauchte sich fast unentwegt. Während ihr Ellbogen auf der Stuhllehne ruhte, bewegte sich ihr Unterarm ständig zwischen Aschenbecher und Lippen hin und her wie ein Maschinenteil am Fließband.

Inzwischen waren wir hungrig genug, um mitzuessen, und wir hörten Annas Version der Geschichte des «Großen Reinfalls von Crescent City». Sie bestätigte, daß wir in ihrem Schlafzimmer willkommen seien, und sagte, in zwei Wochen seien sie wieder zurück. Bald gingen sie alle. Sioux war unter dem Tisch eingeschlafen, und Anna trug ihn nach draußen. Sie versprach, sauberzumachen, wenn sie wieder zurück sei. Wir füllten mehrere Einkaufstüten mit leeren Bierdosen und Zigarettenkippen und legten uns in Bergen bestickter, abgepaspelter und mit Perlen besetzter Kissen schlafen, im leichten Lichtschein einer Lampe. Sie hatte die Form einer leuchtenden Gans.

14

Der nächste Tag war idyllisch. Tee fuhr auf ihrem Fahrrad zur Arbeit, und wir konnten stillvergnügt über ihr Haus und ihren Wagen verfügen. Von der anderen Seite der Bay strahlte die Sonne in die Küche. Wir machten uns Frühstück und erfreuten uns der zahllosen kleinen Neuheiten amerikanischen Lebens: die gigantischen Milchtüten, die kleinen Stückchen Butter, die Eisschrankhöhle, voll von Resten, die langsam schlecht wurden, der patente Aufsatz des Gummischlauchs am Küchenwasserhahn, die dünngewellten Bacon-Scheiben. Der «San Francisco Chronicle» lag vor der Eingangstür, und wir nahmen ihn mit an den Frühstückstisch, reichten uns gegenseitig die verschiedenen Teile und lachten über die Hohlköpfigkeiten seiner Kirchturmpolitik. Wir schienen so gut miteinander auszukommen wie nie zuvor, und wir hatten keine Eile, irgend etwas zu unternehmen, das uns eventuell dieser Stimmung hätte berauben können.

Der Flug nach Kalifornien war aus einer spontanen Laune erwachsen. Wir hofften, hier unser Bedürfnis nach einem ländlichen Leben, einem guten Klima und dem Zugang zu relativ intelligenten Menschen befriedigen zu können. Es gab auch Probleme, aber unüberwindbar erschien keines von ihnen. Ganz besonders vermittelte uns Kalifornien eine Atmosphäre von Frische und Freiheit, von der wir uns im Moment beide anstecken ließen.

Wir konnten uns glücklich schätzen, nach Mill Valley gekommen zu sein. Ich war noch nie dort gewesen, und zum erstenmal entdeckten wir beide einen Ort gemeinsam. Ganz gewiß war es für Teresas Verfassung gut zu wissen, daß sie nicht wieder einmal den ausgetretenen Pfaden eines meiner früheren Abenteuer folgen mußte. Als wir das Frühstück nicht mehr länger ausdehnen konnten, fuhren wir mit Tees Wagen den Berg hinunter und folgten der Umgehungsstraße, um ins Stadtzentrum zu gelangen.

Es war wie bei den meisten amerikanischen Städten nur schwer zu erkennen. Wir kamen an der High School vorbei, für minderbemittelte europäische Augen auf beneidenswerte Art ausgestattet mit Sportplätzen, Aschenbahnen, Schwimmbädern und Tennisplätzen. Dann bogen wir in die ziemlich schlecht erkennbare Einmündung der Miller Avenue. Da gab es Läden, Bars, Tankstellen, Arztpraxen, Beerdigungsunternehmer, Immobilienmakler und alle Arten von Fast Food-Restaurants auf beiden Seiten der unüberquerbaren vierspurigen Hauptstraße, aber sie «säumten» nicht die Straße, wie wir in Europa gesagt hätten. Statt dessen sahen sie aus wie Teile irgendeines Brettspiels, in einem Stück geformt: Vorgärten, Staketenzaun, Zierbuschwerk und dergleichen. Als seien sie das Spielzeug eines unentschlossenen Kindes, das sie gestern liegengelassen hatte und sie wahrscheinlich morgen woanders aufbauen würde, erweckten sie den Eindruck, man könne sie beliebig austauschen.

Ein Stück weiter die Straße hinunter, wo die Hügel sich verengen und die beiden Fahrbahnen zu einer einzigen zusammenlaufen, war alles gesetzter und kontrollierter. Wir fuhren vorbei an einer großen Anzahl eleganter Privathäuser mit gepflegten Gärten, und zwischen den Gebäuden gab es keine Flecken Niemandsland mehr. Über uns erblickten wir zu allen Seiten Häuser, die sich hinter großen Redwood- und Eukalyptus-Bäumen versteckten, und obwohl man allgemein den Eindruck hatte, nur von bewaldeten Hügeln umgeben zu sein, ahnte ich, daß die Wälder Tausende von Häusern und Straßen verbergen mußten.

Die Häuser überraschten mich. Bis wir nach Mill Valley gekommen waren, empfand ich die moderne amerikanische Wohnhausarchitektur als deprimierend. Die Installationen mochten hervorragend sein, doch die Häuser selbst kamen mir vor wie massenproduzierte Schundquartiere, grob gezimmerte Machwerke, zusammengehalten mit Heftklammern und Klebstoff, weniger wert als der glänzende Chevrolet vor der Tür. Vielleicht ein Vorurteil. Die meisten englischen Kleinstädte hat man durch Millionen neuer Häuser ruiniert, die unvergleichlich schäbig und einförmig sind, aber zumindest bestehen sie aus Ziegelsteinen und besitzen ein festes Fundament. So erwecken sie wenigstens den Eindruck, solide und dauerhaft zu sein. Das durchschnittliche amerikanische Reihenhaus hingegen sieht so aus, als würde es beim ersten Schlappen eines Fliegengitters in sich zusammenfallen. Niemand hätte mir einreden können, ein echtes Haus könne gebaut sein aus einem anderen Material als aus Backstein oder Stein. Erst als ich nach Kalifornien kam, faßte ich auf der Stelle eine neue Meinung.

Die Häuser, die ich an den Hängen kleben sah und die zwischen dem Blattwerk hervorlugten, waren ebenso verwegen wie diskret. Ein jedes schien anders zu sein, und die meisten trugen den unverkennbaren Stempel eines in die Tat umgesetzten Lebenstraums. Die Leichtigkeit, mit der sie Terrassen, Balkone, Dachgauben, Türmchen und Anbauten jeglicher Art in alle Richtungen ausufern ließen, kündete auf wundervolle Weise von der Vielfältigkeit der Holzbauweise. Das Wunder bestand darin, daß all dies nicht zu einer ästhetischen Katastrophe führte, sondern durch die einheitliche Wirkung der hölzernen Außenflächen gerettet wurde. Seit jenen ersten Tagen in Mill Valley entwickelte ich ein Gefühl für das Bauen mit Holz, das mir sehr half, die mittelalterliche Welt aus Stein und Fliesen zu vergessen, die wir in Frankreich hinter uns gelassen hatten.

Um eine Art Insel, die den Mill Valley Lumber Yard und ein oder zwei alte Holzgebäude beherbergte, darunter die nicht mehr betriebene Mühle, die dem Tal seinen Namen gegeben hatte, teilte sich die Avenue von neuem. Kaum waren wir daran vorbei, befanden wir uns auch schon im Zentrum der Stadt, einem großen Platz mit Geschäften an drei Seiten, Parkplätzen und einem Busbahnhof in der Mitte. Jenseits des Platzes stieg das Land steil an und bildete eine Kette aus Hügeln und niedrigen Bergen, Teil des Gebirges, das an der Pazifikküste verläuft. Mehrere tausend Fuß oberhalb des Mill Valley war der Gipfel des Mount Tamalpais deutlich sichtbar.

Unser erster Spaziergang durch das Zentrum dieser kleinen Stadt war so aufregend wie ein Kinobesuch und öffnete die Augen wie der beste sozialkritische Dokumentarfilm. Mehr als jeder andere Ort, den ich kannte, kehrte Mill Valley sein Innerstes nach außen und bot sich hemmungslos dar. Dies war das Herz von Marin County, der Schauplatz von Cyra McFaddens erbarmungsloser Satire «The Serial». Hier wurden jede Mode, jede Laune und jeder Fetisch des kalifornischen Lebensstils zur makellosen Perfektion gebracht, zum Wohle der sorglosen Ehepaare, die der ewigen Jugend und dem letzten Schrei an Weisheit auf der Spur waren. Hier konnte man seinen Körper und seine Sinne jeglicher Kombination der erstaunlichsten Prozesse und Prozeduren aussetzen, die ersonnen waren von dem Bestreben zur Erweiterung des menschlichen Potentials. Man konnte sich einstellen und aufbrechen, zentrieren und zentrifugieren oder durch Sauerstoff aufmöbeln lassen. Man konnte sich dehydrieren, vereisen, verdampfen und kochen lassen, konnte wie eine Fledermaus in «Gravity-Boots» hängen, herumwirbeln wie ein Gurdjieff-Derwisch und lernen, die eigene Zunge zu verschlucken. Man konnte sich aufpäppeln, kitzeln, streicheln und durch Fußmassage traktieren lassen. Man konnte sich per Urschrei zurück in den Mutterleib schicken lassen, den Geist zu den Asteroiden projizieren, man konnte sich durch alle Stufen der menschlichen Evolution, vom Wurm bis zum Affen, hetzen oder reduzieren lassen auf ein makrobiotisches Tüpfelchen. Man konnte wie Ginseng in einem gehäkelten Topflappen schwingen und von einer exklusiven Diät aus Bananenbrot und Bohnenmus leben, ohne daß jemand deswegen auch nur eine Augenbraue hochgezogen hätte. Und, was am bemerkenswertesten war, man konnte essen, trinken, rauchen, sich anziehen und reden wie jeder beliebige, nicht der Erleuchtung verfallene Trottel auch, und das war auch okay.

Wir schlenderten herum, betrachteten die Schaufenster und Eingänge, belustigten einander, indem wir uns die atemlosen Ankündigungen vorlasen von Transzendentaler Meditation, Aerobic-Kursen, Sufischer Weltwahrnehmung, Bohnenkeimen-Germinatoren, Yoghurt-Inkubatoren und Sitar-Konzerten. Aber es war sehr deutlich, daß inmitten all dieser exotischen Dinge auch für die normalen Bedürfnisse des Lebens gut gesorgt wurde. Da gab es Banken, Supermärkte und Geschäfte wie überall sonst. Wenn sie auch ein bißchen teurer waren, war dies doch ein geringer Preis, den man zu zahlen hatte für das Privileg, Schulter an Schulter mit den wohlhabenden Angehörigen der Gegenkultur zu leben, mit den reichen Flüchtlingen aus Haight-Ashbury, die inzwischen ihre kostspieligen Angewohnheiten mit den Gehältern höherer Angestellter finanzierten, die sie sich zwischen neun und fünf Uhr im Stadtkern von San Francisco verdienten.

Wir sprachen mit den Menschen auf der Straße. Die meisten von ihnen lächelten schon im voraus, genau wie wir. Das lag an der Sonne. Mir war nie eine gütigere Sonne begegnet als die, die auf Mill Valley schien. Sie war wie ein ständiger Begleiter, eine positive Präsenz, die meine gute Laune verstärkte und bereicherte: hell und fröhlich am Morgen, warm und ermutigend während des Tages, sanft und golden am Spätnachmittag und ewig inspirierend bei Untergang, wenn sie den Himmel in Flammen setzte. Sie war ebenso verläßlich wie unwiderstehlich, und sie hatte einen tiefgreifenden Einfluß auf die Lebensqualität – nicht weil sie die Menschen besser gemacht hätte, als sie waren, denn das konnten sie nur allein, sondern weil sie sie zumindest drängte, so gut wie möglich zu sein. Manchmal wirkte es schon fast komisch, wie entschlossen die Menschen sich bemühten, ihren guten Willen zu zeigen. Die Begrüßung «Hi!» und die Abschiedsworte «HAVE A NICE DAY, NOW» waren immer von mehr Bedeutung geschwängert als alles, was zwischen ihnen ausgetauscht wurde. Das gesamte Leben war von diesen vergoldeten Klammern gekennzeichnet. Auch wenn die Nachricht von Bankrott kündete oder dem Hinscheiden eines Lieben, man konnte unter einer solchen Sonne niemals die Hoffnung auf einen schöneren Tag aufgeben.

Auf jeden Fall beeindruckten uns diese Sonne, die Aussicht auf ein kleines Haus, versteckt in den Bergen, und die angenehm exzentrische Dorf-Atmosphäre von Mill Valley sehr, und es dauerte nicht lange, da hatten wir uns geeinigt, es sei ein guter Ort, um ISWAS das Licht der Welt erblicken zu lassen.

15

Unser geheimnisvolles und zukünftiges Kind wurde ein paar Tage später für mich auf wundervolle Weise real. Ich hatte noch andere Freunde in der Bay Area, und einer war Arzt. Er hieß Joe, ein extrem zuverlässiger und großmütiger Freund, dessen Besuche um so angenehmer waren, als er leidenschaftlich gern französischen Champagner trank. Er und seine Frau Pamela wohnten noch auf dem Grat oberhalb Berkeleys, und seine Fenster zählten zu denjenigen, die uns zugezwinkert hatten, als wir zum erstenmal die Golden Gate-Brücke überquerten. Jetzt toasteten wir einander auf seinem Balkon zu und blickten hinunter auf die Bay. Bevor wir unser Problem schilderten, wünschten wir der gesamten Welt alles Gute und hoben dazu unsere Gläser, gefüllt mit «Mumm». Teresa war im fünften Monat schwanger und seit einem Monat nicht mehr untersucht worden. Wir hatten noch immer nicht entschieden, wo wir das Kind bekommen wollten und wen wir mit der ärztlichen Aufsicht zu betrauen vorhatten.

Joe machte Akupunktur, und in seiner Praxis war man nicht auf Schwangerschaftsvorsorge eingerichtet.

«Madge», rief er. «Madge Giras. Das werd ich regeln. Ihr geht einfach zu Madge. Der wird euch gefallen. Wir haben zusammen Medizin studiert.»

Madge Giras war ein ägyptischer Obstetriker (das versuche man mal, ganz schnell auszusprechen), ein Geburtshelfer, der seine Praxis in der Innenstadt von Oakland hatte, ein paar Räume in einem Ärztehaus. Oakland brachte mit sich, daß seine Patienten ein Rassengemisch waren, und als wir ankamen, schienen die meisten von ihnen sich versammelt zu haben. Nostalgie ergriff mich, und ich sehnte mich nach den Menschenmassen in Kairo, wäre gern wieder am Talaat Harb gewesen, scharf gewürzten Bohnenquark auf dem Tisch und außerdem meine ganze Reise vor mir. Diese Träume von einer verlorenen Freiheit überfielen mich noch immer häufig und waren ziemlich schmerzhaft. Wie ein Migräneanfall konnten sie mich jederzeit erwischen. Und dann folgten meine Gedanken unwillkürlich und in aller Eile den Ereignissen und Entscheidungen nach meiner Rückkehr. Die Galle kam mir hoch, weil in solchen Augenblicken das Gefühl stark wurde, ich hätte die ganze Welt fortgeworfen und mir dafür nichts als Jammer eingehandelt.

Diesmal hielt der Jammer nicht lange an. Giras ließ uns hineinbitten. Er war ein starker Mann voller Energie, der versuchte, sich durch eine Überzahl von Patienten durchzuarbeiten, bevor er auf Urlaub ging. Er war fröhlich und warmherzig, und es war nicht zu verkennen, daß Teresa ihn sympathisch fand. Er hörte zu, und erklärte, alles sei so, wie man es sich nur wünschen könne. Dann fragte er mich:

«Haben Sie Ihr Baby schon gehört?»

«Nein», sagte ich überrascht. «Habe ich nicht. Ich dachte, daß ... nun, ist es nicht viel zu früh?»

Wir waren beide noch ziemlich unwissend, was die Wohltaten und Komplikationen betraf, die die medizinische Wissenschaft dem Kinderkriegen auferlegt hatte. Giras lächelte nachsichtig milde. Dann holte er einen kleinen Apparat mit einer langen Strippe und einem Kopfhörer hervor. Sorgfältig plazierte er ihn auf Teresas rundlichem Bauch. Dann reichte er uns nacheinander den Kopfhörer.

Ich war absolut nicht vorbereitet auf das, was folgte. Ich hatte keine Zeit gehabt, mich einzustellen auf das, was ich hören würde, geschweige denn darauf, wie es mich beeindrucken sollte. Plötzlich hörte ich ein Herz sehr schnell schlagen. Es war verwirrend laut, pumpte kraftvoll entschlossen und unerbittlich. Was ich hörte, war nicht das schwache, kaum lebensfähige Embryo meiner selbstgefälligen Vorstellung. Es war der Trommelschlag einer Armee auf Eroberungsfeldzug, eine Kraft, der kein Einhalt zu gebieten ist, überwältigend und sogar bedrohlich. Ungläubiges Staunen und eine gehörige Portion Furcht ergriffen mich. Es war wie eine Zeitreise, unheimlicher als eine Stimme aus dem Totenreich. Die Toten können nicht zurückkehren, auch wenn sie zu sprechen vermögen, aber dies war eine Stimme aus der Zukunft, und vor der Zukunft gibt es kein Entrinnen.

Da war es und sagte: «Ich werde kommen, werde kommen, werde kommen», und es traf mich wie ein Schlag auf den Solarplexus, daß ein Leben, wie ich es seit achtundvierzig Jahren gekannt hatte, unwiderruflich enden würde bei der Ankunft dieses Lebewesens. Wenn dies Kind einmal geboren war, dachte ich, würde ich ihm verbunden sein, solange wie wir beide lebten. Ich hieß es willkommen und wurde von wundervollem Staunen ergriffen, aber ich empfand auch ehrfürchtigen Schrekken.

Als Teresa die Töne hörte, sah ich die Röte in ihre Wangen steigen. Sie schien wie elektrisiert, instinktiv erwartungsvoll gespannt wie ein wildes Tier. Sie empfand eine andere Art von Ehrfrucht und Ekstase, die sie mir zustrahlte. Auch meine deutlich erkennbare Gefühlsregung beeindruckte sie sehr, denn sie merkte wohl, wie ich die Realität des Geschenks registrierte, das sie für mich in sich trug. Und so brachte uns Iswas in jenem kleinen, leicht orientalisch anmutenden Raum in Oakland auf einer Ebene ungebrochenen Gefühls zuammen, die wir bis dahin wahrscheinlich noch nie erreicht hatten.

Dieses Erlebnis war der Anfang meiner Laufbahn als Vater in spe. Von diesem Augenblick an war jede Entscheidung, die ich fällte, jeder Plan, den ich machte, jeder Ehrgeiz, der in mir erwachte, geprägt von Teresas Schwangerschaft und der überwältigten Aussicht auf das Ende der «anderen Umstände». Es war eine eigenartig neue Erfahrung, denn das Resultat blieb schließlich unausweichlich. Wie auch immer wir uns darauf vorbereiteten, Iswas würde in der ersten Septemberwoche, vielleicht etwas eher, vielleicht etwas später, erscheinen. Wir konnten versuchen, die Zeit bis dahin für uns mehr oder weniger angenehm zu machen und für das Baby mehr oder weniger vorteilhaft, aber das Ereignis selbst würde eintreten, ob es uns gefiel oder nicht.

Obwohl die biologische Uhr unnachsichtig tickte, blieb unser Leben eine Zeitlang in seiner Alltäglichkeit nur wenig beeinflußt von «unserer» Schwangerschaft. Bei Tee blieben wir einen Monat, um weiterhin unseren Entschluß zu prüfen, in Kalifornien zu bleiben. Gewöhnlich konnten wir Annas Bett benutzen, aber wenn das Trio für kurze Zeit aus dem Norden zurückkehrte, begnügten wir uns mit einer Matratze auf dem Fußboden eines anderen Zimmers. Während der Zeit mieteten wir uns ein Auto und erkundeten fünf Tage lang die Berge, die Täler und die wilden Flüsse in der Gegend von Mendocino, Humboldt und Trinity, um ein Gefühl für das Land zu bekommen.

Nichts war mir wichtiger, als in Erfahrung zu bringen, wie Teresa darauf reagierte. Die weite Wildnis war inzwischen Teil meines Lebens geworden. Ich brauchte sie wie eine Ente das Wasser. Wenn ich einen bewaldeten Berghang, von dem ein Strom hinunterfloß, bestieg, sah ich meine Hütte schon gebaut, meinen Garten bestellt und meine Hühner emsig vor der Veranda gackern. Mill Valley mochte zivilisiert genug sein, um Erholung zu finden, das Leben zu genießen und ein Kind zu bekommen, aber meine tieferliegenden Sehnsüchte befriedigte es nicht. Wir hatten oft genug über die Art Landleben gesprochen, die ich im Sinn hatte, und uns auch geeinigt, aber jetzt mußten wir uns langsam seiner Realität stellen, und das machte uns zaghaft und beklommen.

Keine Frage, Teresa war beeindruckt. Die großen Redwood-Haine nördlich von Garberville erfreuten ihr Herz nicht weniger als die europäischen Kathedralen, die sie so liebte. Die rauschenden Flüsse, auch jetzt noch das Felsgestein umtosend, ließen ihr Herz höher schlagen. Wir kamen zurück über die Gebirgssättel und die Gipfel des Hinterlandes, und die majestätischen Föhren umschlossen uns. Angetan im Dunkelgrün mit schneebedeckten Zweigen, boten sie einer stillen und rätselhaften Welt Schutz, in der unsichtbares Leben zu Hause war.

Ich fragte sie, sooft ich es wagte.

«Ja!» sagte sie. «Ich liebe es. Es ist wunderschön. Ich bin so froh, daß wir es sehen. Ist es nicht atemberaubend?» Aber hinter der Begeisterung und der enthusiastischen Anerkennung ahnte ich ein einsames Menschenkind, das sich, nervös, wie es war, selbst in den Arm nahm. Und sie sagte nicht: «Hier möchte ich leben.»

Ich tröstete mich mit dem Gedanken, daß es noch die frühen Tage waren, daß die ganze Herrlichkeit vielleicht auch ein wenig trostlos erschien, da der Winter noch widerwillig die Berge verließ. Eine Frau, die ihr erstes Kind erwartete, mochte kaum in der Stimmung sein, sich der Härte und den Herausforderungen eines Pionierlebens zu stellen. Die Zeit und die Gewöhnung mochten das ändern.

«Ich weiß nicht, ob ich ohne Menschen leben könnte», sagte sie.

«Nun, ganz ohne Menschen wären wir doch nicht, oder? Ich meine, wir können doch nur dort Land kaufen, wo es schon Ansiedlungen gibt. Auf jeden Fall wird irgendwo in der Nähe eine kleine Stadt sein.»

Mir sank das Herz, als ich dies sagte. Diese kleinen Städte waren die größte Enttäuschung unserer Reise. Nach drei Jahren in Europa hatte ich vergessen, wie primitiv, wie roh und unappetitlich die Kleinstädte Nordamerikas aussehen konnten. Auf unserem Weg hatten wir viele durchquert, aber ich sah keine Gebäude, die ich hätte bewundern können, keine Restaurants, bei denen es sich gelohnt hätte anzuhalten, keine Anzeichen einer Gemeinde, in der es über Handel, Häuslichkeit und vielleicht die Kirche hinaus etwas Interessantes gab. Welche Gemeinsamkeiten konnten wir mit den Menschen finden, die dort lebten? Man mußte schon über viel Zuversicht verfügen, um glauben zu können, daß es immer gute Gesellschaft gäbe, wo andere Menschen lebten. Ich war willens dazu, konnte aber kaum darauf bestehen, daß es ihr ebenso erging. Und ich mußte mir ins Gedächtnis rufen, daß ich es leicht hatte. Schließlich hatte ich ja bewiesen, daß ich ohne alle Menschen auskommen konnte.

Mein schöner Traum begann zu zerrinnen, als mir plötzlich zu Bewußtsein kam, daß zwei Menschen ihn teilen mußten und es nicht nur eine Frage der Überredungskunst war. Dieser Traum mußte für uns beide in Erfüllung gehen. O Gott, dachte ich, werden wir beide je gleichzeitig grünes Licht haben? Zum Teufel mit der Ehe!

«Und überhaupt», sagte sie, «was ist mit der Schule?»

Beinahe hatten wir einen handfesten Streit, und krampfhaft schweigend fuhren wir durch die schöne Landschaft, bis sie schließlich sagte: «Hör mal. Es tut mir leid. Es ist nur so, daß ...»

Und ich sagte: «Mir tut es leid. Ich weiß, daß wir Menschen brauchen und Schulen und all das, aber können wir nicht warten, bis ...»

«Es ist nicht gut, wenn du denkst, du kannst mich einfach in die Wildnis verschleppen», sagte sie. «Das mach ich nicht mit. Du hast immer so grandiose Pläne und reißt jeden mit. Sieh doch nur, wo wir dadurch gelandet sind. Und jetzt machst du dasselbe. Ich kann dir nur eins sagen ... wenn wir hier leben, will ich Strom und heißes Wasser und Menschen, denen ich vertrauen und mit denen ich reden kann ...»

Und ich sagte: «Natürlich kannst du heißes Wasser haben, und unseren Strom können wir leicht selbst erzeugen, und ...»

Dann sagte sie plötzlich sanft: «Oh, Ted, das ist es ja nicht. Es ist nicht deine Schuld. Du bist ein guter Mann, und ich liebe dich. Tut mir leid, daß du meinetwegen zum Rammbock wirst.»

Sie meinte Sündenbock. Auf geniale Weise verdrehte sie immer wieder abgegriffene Metaphern.

«Ted, es ist einfach so, daß ich mir hier fremd vorkomme. Ich glaube, ich werde immer wie eine Europäerin empfinden. Ich kann mir nicht vorstellen, daß ich je meine Gedanken und Gefühle teilen möchte mit Menschen, die den ganzen Tag herumrennen und sagen: ‹Hi! Have a nice day!› Weißt du, welchen Alptraum ich habe? Ich stelle mir vor, daß eines Tages eine Horde lärmender, wohlmeinender und muskelbepackter Frauen in unser Haus einbricht und sie alle schreien: ‹Hi! Hier haben wir eure Babydusche!› Dann werde ich heulend zum Flugplatz rennen. Ich bin sicher, es sind alles wundervolle Menschen. Ich bin auch sicher, Babyduschen sind eine wirklich gute Idee. Aber nicht für mich, und ich wünsche bei Gott, du hättest mich nie hergebracht. Ich wünschte, du würdest aufhören, dich in mein Leben zu mischen.»

Und ich wurde wütend, hielt das Auto an, stieg aus und raste unter den Bäumen herum und trat nach allem, was mir im Weg lag. Ich wußte, daß es für uns beide keinen schlimmeren, keinen tödlicheren Ort zum Streiten gab als das Innere eines Autos. Dann stieg auch sie aus und sagte schmollend:

«Warum sagst du nicht, daß es dir leid tut? Warum kannst du mir nicht helfen? Du hast mir weh getan ...»

«ICH DIR WEH GETAN?» schrie ich. «Hast du mir etwa nicht weh getan?»

Und so ging es eine Weile weiter, bis wir wieder zur Vernunft kamen, und ich sagte, wir bräuchten doch noch überhaupt nichts zu entscheiden, und sie sagte, vielleicht sei alles anders nach einer Weile, und wir beide sagten, wie leid es uns tat. Manchmal hatte ich den Eindruck, Ehe bedeute, immer sagen zu müssen: ‹Es tut mir leid.› Und dann haßte ich sie wirklich.

Aber wie immer kamen wir uns wieder sehr nahe und waren voller Liebe. Es dauerte nicht lange, und wir gelangten hinunter aus den Bergen in ein liebliches Tal voller Weiden, riesiger Eichen und alter Scheunen, mit einer kleinen Stadt dazwischen. Auf den ersten Blick schien sie sich von allen anderen nur darin zu unterscheiden, daß sie weit ablag von den großen Highways und dem Verkehr und alle Freiheit besaß, sich ein wenig auszuweiten. Die meisten Gebäude waren einstöckig, und manche von ihnen verfügten über die charakteristischen Fassaden von Grenzstädten. Über einem von ihnen sah ich in riesigen Lettern das Wort GUNS.

Teresa wies mich auf einen weiteren Laden hin, eine landwirtschaftliche Kooperative mit einem hübsch geschnitzten Holzschild. Daneben befand sich ein kleines Restaurant, das «Wild River Café» hieß. Zweifellos gehörten beide einer anderen Kultur an als der freche Waffenladen, aber beide waren geschlossen.

Wir bogen in eine Seitenstraße ab und sahen mehrere große Holzhäuser. Eines von ihnen war offensichtlich ein Kino gewesen, und das andere mochte als Mühle gedient haben. Beide waren geschlossen. Dann kam eine kurze Reihe niedriger Gebäude, die zu einem weiteren Restaurant führten, und eben da geschah es, daß wir – getrieben von dem Wunsch nach einer Tasse Kaffee – auf Gold stießen.

«Yolla Bolly Bookshop» stand da, und gelangweilt betrachteten wir das Schaufenster, nicht mehr erwartend als die üblichen dummerhaften Taschenbücher, Ansichtskarten und Souvenirs. Aber dies war eine richtige Buchhandlung, ein Laden, der uns beide sogar in London oder San Francisco angenehm überrascht hätte.

Ich sah Teresa an.

«Denkst du, was ich denke?» fragte sie.

Ich nickte.

«Es ist unglaublich», sagte sie. «Gehen wir rein.»

Wir wurden von einer zierlichen Frau begrüßt, die blonde Haare und ein ernstes, wenn auch charmantes Lächeln besaß. Ihr Urteilsvermögen bewies sie auf der Stelle, indem sie uns erlaubte, in aller Ruhe allein zu stöbern.

Je mehr wir uns umsahen, desto beeindruckter waren wir.

«Dieser Laden ist viel zu gut», flüsterte ich. «Glaubst du, sie verkauft was?»

Wir fragten uns beide, was für Leute hier wohl leben mochten, um eine Buchhandlung wie diese zu rechtfertigen. Da gab es Bücher von Verlagen aus aller Welt. Gedichte, Romane, Biographien, Kunstbücher, vielerlei über Naturgeschichte und eine Menge über Hausbau, Autarkie und damit zusammenhängende Fertigkeiten. Eine große Auswahl in zwei Räumen, und alles war sorgfältig ausgewählt von jemandem, der Bücher nicht nur liebte, sondern wirklich etwas von ihnen verstand. Die Lösung des Geheimnisses deutete sich an, als meine Frau rein zufällig ein gedrucktes Pamphlet mit dem Titel «Book Farm» zur Hand nahm, herausgegeben von der Yolla Bolly Press.

«Haben Sie auch eine Druckerei?» fragte ich die Frau am Tresen.

«Ja, haben wir», sagte sie. «Drüben am Rande des Tals.»

Und dann kam alles heraus. Wir hatten das einzige Cowboy-Tal in der Einöde aufgetan, wo es eine Druckerei gab, die Bücher für Verlage sowohl an der Ost- wie an der Westküste Amerikas entwarf und herstellte. Sogar für den berühmten Sierra Club of San Francisco.

«Und der Buchladen?» fragte ich. «Ist der nur ein Hobby, oder lesen die Leute hier in der Gegend tatsächlich Bücher?»

«Sie würden sich wundern», sagte sie. «Es gibt in diesem Tal ein paar ziemlich interessante Leute. Und wir sind nicht einmal der einzige Kleinverlag. Wir sind nur der größte.» Und sie lachte. Wirklich ein hübscher Witz.

«Ich sehe, Sie haben elektrischen Strom», sagte ich, noch immer lachend. «Sollte es hier zufällig auch Schulen geben?»

«Aber sicher», sagte sie. «Wieso? Wollen Sie etwa herziehen?»

«Vielleicht», sagte ich.

«Ja», sagte Teresa.

«Nun, einen besseren Ort gibt es nicht», sagte sie.

16

Bald nachdem wir in Tees Haus zurückkehrten, mußte ich wegen einer Fernsehsendung nach Paris fliegen. Ein seltsames, irritierendes Erlebnis. Nur in Frankreich konnte ein Fernsehprogramm über Bücher und ihre Autoren zur besten Sendezeit vor einem Millionenpublikum über die Mattscheibe gehen. Die Einladung, in dem Programm «Apostrophes» interviewt zu werden, war ein Glückstreffer. Ich war ziemlich nervös, mich mit einer Gruppe literarischer Experten auf französisch messen zu müssen, aber es wurde dann doch ein höchst angenehmer Abend. Dank des hervorragenden Moderators konnte ich in bester Stimmung und fließend über meine Gefühle während der Reise sprechen, und dabei wurde mir bewußt, wie sehr ich sie bis dahin unterdrückt hatte.

Am nächsten Abend bekam ich zu spüren, welchen Einfluß das Programm hatte. Freunde führten mich in der Nähe des Pantheon zum Abendessen aus. Als wir das Restaurant verließen, standen diverse Menschen an verschiedenen Tischen auf, um mir zu applaudieren. Ich war verblüfft, dachte schon, daß man mir einen Streich spielte, aber nein, es bestand kein Zweifel: Ich war sozusagen über Nacht prominent geworden. So lautet doch wohl das romantische Klischee: «overnight celebrity». Und wenn es sich hier in Paris so verhielt, war es sicherlich auch im ganzen Land so. Eine Weile spielte ich mit dem Traum, ein Star zu sein, aber dann gab ich ihn auf. Welche Ironie des Schicksals, dachte ich, daß ich mich gerade in diesen Wochen entschieden hatte, Frankreich zu verlassen und siebentausend Meilen entfernt zu leben, wo man mich schnell vergessen würde.

Aber das war nicht die einzige Ironie, die mir deutlich wurde. Eine weitaus bedeutsamere begleitete mich. Bei der Sendung hatte ich besonders lange davon gesprochen, wie wichtig es ist, sich auf Reisen eine sensible Verletzlichkeit zu erhalten. Nur indem man sich öffnet und empfänglich macht für alles, was des Weges kommt – mag es gut sein oder schlecht –, kann man als Reisender hoffen, jemals persönlich und für alle Zeiten von einer Reise zu profitieren. Ohne Verletzlichkeit kann es keine wirkliche Veränderung geben. Doch wenn jemand langsam auf seine Abwehrmechanismen verzichtet, merkt er, wieviel leichter und behender jeder Schritt nach vorn wird. Und überdies kommt ihm zum Bewußtsein, wie sehr er noch belastet ist von dem Schutzmantel, den ihm eine zivilisierte Erziehung umgelegt hat.

Die größte Freude und die beste Belohnung während meiner vierjährigen Reise, so sagte ich, war zu lernen, furchtlos und wahrhaftig ich selbst zu sein, in welcher Situation ich mich auch befand. Und daß ich dabei feststellte, wie dies bei allen Menschen, auf die ich traf, die positivsten Reaktionen bewirkte.

Während ich darüber sprach, kehrte für eine Zeit dasselbe erregende Gefühl zurück, das ich beschrieb, und da erst wurde mir klar, wie sehr ich gesündigt hatte. Seit meiner Rückkehr war ich gezwungen gewesen, jene Rüstung Schicht um Schicht wieder anzulegen, die ich gerade gelernt hatte, von mir zu werfen. Obwohl ich gehofft hatte, in der Ehe eine neue Freiheit und neues Wachstum zu finden, war ich vorsichtiger, zurückhaltender und gehemmter geworden als je zuvor. Und gerade, als ich all die Lektionen der Straße in herrliche und befreiende Praxis umsetzen wollte, wurde ich statt dessen zurückgeworfen in die alten barbarischen gesellschaftlichen Strukturen.

Wenn ich ganz besonders pessimistisch war, tat mir meine Frau überaus leid. Ihre Intuition hatte sie gewarnt.

«Ich weiß, daß du eines Tages wieder auf eine große Reise gehen mußt», hatte sie mir gesagt, kaum daß wir verheiratet waren.

«Unsinn», erwiderte ich. «Ich habe es einmal getan, und das reicht. Ich werde doch kein Fliegender Holländer.»

Sie blieb unbeeindruckt.

«Ich hoffe nur, es wird nicht so bald sein», sagte sie.

Jetzt war meine Zuversicht erschüttert. Vielleicht hatte sie die ganze Zeit gewußt, daß eben jene Eigenschaften, die sie an mir so anziehend fand, die waren, die sie davon hätten abhalten müssen, mich überhaupt zu heiraten. Vielleicht hatte sie eine einfache Wahrheit erkannt, die zu akzeptieren ich mich hartnäckig weigerte: daß ein Mann um die Welt fährt, weil er es daheim einfach nicht aushält.

Teresa kam zum Flughafen in San Francisco, um mich abzuholen. Sie fuhr den alten Valiant, den wir für sechshundert Dollar angeschafft hatten, bevor ich fortgeflogen war. Sie stand da, leicht zitternd, und wagte sich kaum zu bewegen, als ich durch die Tür kam. Fast als erwarte sie, ich käme mit einem Starlet in jedem Arm zurück. Sie war sorgfältig gekleidet und trug auch Make up, auf das sie normalerweise verzichtete. Ich umarmte sie, und sie seufzte.

«Liebst du mich?» fragte sie. «Liebst du mich wirklich?»

«Aber ja. Ich liebe dich wirklich. Weißt du das denn nicht?»

«Manchmal frage ich mich, ob du überhaupt zurückkommst. Ich stelle mir immer vor, du findest was ganz Tolles und verliebst dich.»

«Ich liebe *dich*. Wie sollte ich mich da in jemanden anders verlieben? Ich sehe nicht mal jemanden anders.»

«Ich komme mir nur ziemlich fett und nicht begehrenswert vor. Oh, bin ich froh, daß du wieder da bist. Es wird ein bißchen hektisch im Haus. Seamus und Sioux sind die meiste Zeit dagewesen. Und dann ist da das Coke-Business.»

«Seamus trinkt doch nicht jetzt etwa Coke?»

«Nein, nein, Kokain. Anna dealt damit. Ist wirklich komisch. Zuerst wußte ich gar nicht, was los ist. Da kommen all diese smarten, aufgekratzten Typen an die Tür, Leute, die ich nie gesehen habe, und dann winken sie mir durchs Zimmer zu, sagen ‹Hi!›, als seien sie alte Klassenkameraden, und dann verschwinden sie mit Anna in der Küche. Ich hab mich immer gewundert, warum jemand eine Küchenwaage braucht, die aufs Milligramm genau wiegt. Ich glaube, Tee ist ein bißchen sauer deswegen. Es gefällt ihr nicht, daß so was in ihrem Haus abläuft. Das, und dann die Bierdosen, und dann die verstellten Stimmen, die aus Washington State Ferngespräche mit Seamus führen.»

«Vielleicht sollten wir uns langsam nach einer anderen Wohnung umsehen.»

«Nun, ich war mir nicht sicher, ob du das auch willst. Ich habe schon halbwegs erwartet, du kommst aus Paris zurück und sagst, du kannst es doch nicht aushalten, nicht mehr in Frankreich zu leben.»

Ich atmete tief durch.

«Nein», sagte ich bestimmt. «Es gefällt mir hier. Und wie ist es mit dir?»

«Ja», sagte sie. «Ich will bleiben. Ich glaube, es ist gut für mich. Gut für uns. Ich würde gern Pläne für das Baby machen, mich bei einem Arzt anmelden. Und können wir uns noch mal wieder unser Tal ansehen? Aber du brauchst sicherlich ein paar Tage, um dich zu erholen ...»

«Das ist das letzte, was ich will», sagte ich. «Gleich morgen geht es los.»

Auf der Fahrt vom Flughafen beschlossen wir vieles, und die positive Stimmung tat uns beiden gut. In solchen Augenblicken vergaß ich unsere Schwierigkeiten und sah nur Glück für die Zukunft. Besonders bedeutsam war, daß diese Augenblicke immer häufiger wurden.

Am nächsten Morgen fuhren wir im ewigen Sonnenschein los, ein Haus zu suchen. Wir sahen in die Zeitungen und besuchten alle Makler, die wir beim Umherfahren fanden. Viele Angebote gab es nicht, und alles war teuer. Die Makler konnten nur schwer ihr Lachen unterdrükken, wenn ich sagte, was ich zahlen wollte. Vierhundert Dollar im Monat schien mir ein fairer Preis für ein kleines Haus, aber sie waren anderer Meinung. Sie sagten, sie würden sich bei uns melden.

Und dann gab es noch ein kleines Büro am East Blithedale, wo wir es noch nicht versucht hatten. Hinter dem Fenster saß eine smarte Dame. Zuerst begrüßte uns ihr Pudel, dann sie. Ihre Art war sehr nett und sehr abgebrüht. Wir setzten uns und erklärten ihr, wonach wir suchten. Sie zeigte sich so amüsiert wie alle anderen auch und sagte, viel Hoffnung gäbe es nicht. Das war unser Stichwort, entweder das Angebot zu erhöhen oder zu gehen, aber ich blieb einfach sitzen und sah sie schweigend an. Sie blätterte in ihren Karteikarten, und dann sagte sie – wie im Film: «Also warten Sie mal. Da gäbe es eine Möglichkeit. Ist gerade heute morgen reingekommen. Natürlich auch bei allen anderen Maklern. Ist wahrscheinlich schon weg. Wegen dem Haus hier werden die Leute Schlange stehen. Um den Häuserblock. Es handelt sich um ein kleines Haus an der Laverne. Dreifünfundsiebzig wollen sie. Haben Sie Interesse?»

Sie griff nach dem Telefon und drückte auf ein paar Knöpfe. Dann stellte sie sich jemandem namens Oscar vor. Ihre Stimme klang wie eine mit Honig geschmierte Kreissäge.

«Dank dir, Oscar. Mir geht es gut. Also, siehst du dir noch immer Leute für Laverne an? Ich hab hier nämlich ein sehr süßes junges Paar. Machst du. Gut. Ich werde sie raufbringen. Und, Oscar, paß mal auf, ich möchte dich um einen ganz besonderen persönlichen Gefallen bitten – und, Oscar, ich glaube, den schuldest du mir auch – ich möchte, daß du die Hypothek für den Block drüben an der Tryon verlängerst. Willst du nicht? Gut. Wiederhören dann, Oscar. Have a nice day.»

Ihr Gleichmut war bewundernswert.

«Wann wollen Sie es sich anschauen?» fragte sie. «Im Moment bin ich beschäftigt. Nach dem Lunch?»

Wir kamen um zwei Uhr zurück und folgten ihrem riesigen braunen Kombi zu einer netten Straße oberhalb der Miller Avenue. Sie fuhr durch, wendete und fuhr wieder zurück, weil sie es offensichtlich nicht fand. Dann hielt sie und gab uns ein Zeichen. Ich stieg aus, um mit ihr zu sprechen, und sie wies auf eine schmale, geteerte Einfahrt, die steil von der Straße wegführte. Eine steilere Auffahrt hatte ich noch nie gesehen. Oben war nichts zu erkennen als große Redwood- und Eukalyptus-Bäume.

«Ich schätze, da oben ist es», sagte sie zweifelnd. «Glauben Sie, daß ich es schaffen kann?»

Dies war der einzige Hinweis darauf, daß es auch in ihrem Leben gewisse Unsicherheiten geben konnte.

«Ich weiß nicht», sagte ich, «aber Sie können es ja mal versuchen. Ich glaube nicht, daß Sie abstürzen.»

Als wir den halben Weg geschafft hatten, wurde links das Haus sichtbar, eine kleine Fachwerk-Kate, quadratisch, weiß gestrichen, schlicht und bescheiden. Als wir es erreichten, mußte sie haarsträubende Manöver mit dem Auto machen. Ein kleiner Lastwagen parkte schon auf der schmalen Spur, die von der Auffahrt vor dem Haus abzweigte, und es kam uns vor, als müßten wir unsere Wagen auf der Steilwand einer Pyramide wenden. Aber wir schafften es, und dann gingen wir ein paar bröckelnde Stufen zum Vorgarten hinauf.

Wir standen einen Augenblick in der Sonnenhitze auf einem hübschen kleinen Rasen und sahen uns um. Der Blick war unglaublich ländlich. Obwohl das Tal randgefüllt war mit Häusern und Straßen, konnten wir nur zwei oder drei Häuser auf dem gegenüberliegenden Hügel erkennen. Sonst gab es nur Bäume und wunderschön blühende Büsche, die uns an allen Seiten umgaben.

Wir waren beide aufgeregt, versuchten aber, es unseren Gesichtern nicht anmerken zu lassen. Ich fühlte schon jenen atemlosen Schmerz, der einen packt, wenn man weiß, daß einem das Glück hold ist. Zuerst unser Cowboy-Tal und jetzt dies. Ohne erst in das Haus sehen zu müssen, wußten wir, daß es das richtige war, und Wichtigeres gab es für uns nicht. Das Warten auf Iswas verlieh einem jeden unserer Schritte strahlende Bedeutung, als ob wir die Welt durch die Augen eines ungeborenen Kindes betrachteten – als ob unsere Emotionen sich schon spürbar machten in jener dunklen, flutenden Welt, wo die Zukunft Gestalt annimmt.

Die Maklerin hatte es eilig, und es war uns nicht gestattet, Zeit zu vergeuden. Das Innere des Hauses war sehr simpel. Die Vordertür öffnete sich direkt in den Wohnbereich, der die ganze Länge des Hauses ausfüllte. Ungefähr acht Meter, und auf der anderen Seite ein Kamin. Seitlich befanden sich Küche und Badezimmer und darüber eine offene Galerie, lang und schmal. Das Dach stieg steil von der Wohnzimmerwand zur Galeriewand. Später fanden wir heraus, daß es in den Vorkriegstagen als Sommerhäuschen für eine Familie aus San Francisco gebaut worden war, als Mill Valley noch ein kleines Dörfchen war. Nur die Hälfte des Hauses war fertig, daher sein einseitig schräges Dach. Hätte es aus Glas bestanden, wäre es gewesen wie so manches Studio in Paris, aber es gab viele Fenster, und die Atmosphäre war hell, luftig und geräumig.

Ein reichlich beleibter Mann in weißem Overall und mit einer weißen Kappe malte in der Küche. Ich sagte ihm, wie sehr mir das Haus gefiel, und fragte ihn nach der Heizung. Er hatte rotblondes Haar und einen gestutzten rotblonden Schnauzbart. Sprechen tat er mit auffällig pedantischer Präzision.

«Der Gas-Konvektions-Heizkörper sollte eigentlich allen Ansprüchen genügen», sagte er, «und er kann natürlich ergänzt werden, indem man die offene Feuerstelle benutzt. Das ist jedoch abhängig von den Wetterbedingungen. Der Wind verursacht manchmal einen ungünstigen Gegenzug im Kamin.»

Die Worte kamen so seelenlos wie aus einem Handbuch, aber hinter ihnen steckte eine Unbeholfenheit und eigenartige Schüchternheit, die mich faszinierten. Ich hatte jedoch nicht die Möglichkeit, das weiter zu erkunden. Die Maklerin entriß mich mit ihrem brüsken und befehlsmäßigen Tonfall.

«Wenn Sie noch irgendwelche Fragen haben, Mr. Simon, sollten Sie sie mir stellen. Die Besitzer sehen es nicht gern, wenn man ihre Arbeiter ablenkt. Schließlich bekommen sie Stundenlohn.»

Der Maler machte sich wieder ans Werk und schien von diesen Worten unbeeindruckt. Wir verließen das Haus und einigten uns darauf, daß wir es mit Freuden nehmen würden.

Im Büro der Maklerin mußten wir ein paar unsägliche Formulare ausfüllen, und die Tatsache, daß wir über keine örtlichen Referenzen verfügten, erwies sich ganz offensichtlich als Nachteil. Ich zeigte ein amerikanisches Exemplar von «Jupiter's Travels» vor, das gerade erschienen war und auf dem inneren Umschlag ein Foto von mir zeigte. Sie gestand ein, das könne vielleicht reichen. Ich sagte, zum Wochenende führen wir nach Norden, und sie sagte, ich möge sie am Montag anrufen, aber keine zu großen Erwartungen hegen, denn eine Schlange von Leuten so lang wie die Miller Avenue sei scharf auf dieses Projekt, und eigentlich hätten wir keine Chance.

Am nächsten Tag, einem Freitag, waren wir schon früh auf dem Highway.

«Was bedeutet das Schild?» fragte Teresa.

Ich sah auf und sah nichts.

«Das da ...» und sie zeigte auf ein BEGIN FREEWAY-Schild.

«Was ist damit?» fragte ich.

«Warum nennen Sie einen Freeway nach diesem fürchterlichen Mann?»

Wir hielten es beide für überaus witzig, als ich ihr meine Erklärung abgegeben hatte, und dann riefen wir uns andere höchst ulkige Fehler ins Gedächtnis, die wir bei der Ankunft in uns noch unbekannten Orten gemacht hatten. So alt der Valiant war, er machte die Fahrt, ohne zu murren, und seine berühmte «slant six»-Maschine verlieh ihm eine sanfte Kraft, wie ich sie noch nie zuvor in einem Auto besessen hatte.

An jenem Wochenende fuhr uns ein onkelhafter und schweigsam ernster Immobilienmakler in seinem Jeep mit Vierrad-Antrieb herum. Wir sahen uns Landstücke überall in den Hügeln an, manche davon zu teuer, andere zu abschüssig, manche zu abgelegen, andere zu trocken. Als wir dort draußen waren, sah ich Teresa förmlich in sich selbst hineinkriechen, weil alles so wild war, und als wir ins Tal zurückkehrten, sah ich ihre Erleichterung, weil sie in dem flachen Weideland, das von mächtigen Eichen bewachsen war, eine gewisse Ähnlichkeit mit englischen Parks erkannte.

Ein Stück Land jedoch gab es, mit Weiden, Baumbestand und einem Fluß, an dem wir des öfteren vorbeikamen und auf das sie mich hinwies. Kein Haus stand darauf, nur einen Brunnen konnten wir sehen.

Wir fragten herum und fanden heraus, daß es einem Ehepaar gehörte, das in einer anderen Stadt seinen Lebensabend verbrachte. Alle sagten uns, da gäbe es keine Chance. So mancher hätte seit geraumer Zeit versucht, das Stück Land zu erwerben, denn es sei «beste Qualität». Aber die Besitzer hatten eine Tochter, die noch immer im Tal lebte, und Teresa, entschlossen, ihren Teil beizutragen, fuhr sie besuchen. Triumphierend kam sie zurück mit Namen und Telefonnummer der Besitzer in einer Stadt, die Red Bluff hieß. Ich rief an. Es war die Frau, die das Geschäftliche abwickelte.

«Na ja», sagte sie, «es trifft sich gerade, daß wir gesagt haben, es sei vielleicht Zeit zu verkaufen.»

Sogar der Preis war in Ordnung.

Ich bekam es mit der Angst zu tun. Es war zu einfach, und dann war es eigentlich auch nicht, was ich im Sinn gehabt hatte. Ich hatte immer von Bergen und Flüssen geträumt, die sich zwischen Felsgestein reißend ihren Weg bahnten. Sie sagte, sie würde mir auf jeden Fall die erste Option einräumen, und ich versprach, sie zurückzurufen.

Am Sonntag kehrten wir zurück zu dem Stück Land in den Bergen, das ich auf Anhieb am liebsten gemocht hatte. Es war steil, mit einem Felsüberhang ganz oben und einem Stück Flachland unten, wo sich zwei Bergbäche trafen, die das ganze Jahr lang Wasser führten. Der Ausblick von oben war erhebend, und man konnte gerade einige der Dächer im Tal südlich erkennen. Wir gingen hinunter zum Fluß, und Teresa hatte ein wenig Mühe mit dem Extra-Gewicht von Iswas, das sich schon spürbar machte. Das Wasser sprudelte und strömte um die honigfarbenen Felsblöcke, daß es ein Genuß war hinzuschauen. Zwischen den Felsen fanden wir eine Wasserstelle, die tief genug war, um darin zu baden. Wir zogen uns aus und planschten eine Weile darin herum. Wir waren ausgelassen glücklich. Dann ließ ich sie in der Sonne liegen und suchte mir mühselig meinen Weg das Flußbett hinauf und dann entlang eines der Nebenflüsse, der zwischen zwei steilen Hügeln floß. Die überhängenden Bäume bildeten eine kühle, grün-schimmernde Höhle aus Licht und Schatten. Das Wasser tröpfelte und spritzte zwischen bemoosten Steinen, Farn und entwurzelten Erlen. Ich kam zurück und sprach von einem Damm, den ich vielleicht bauen wollte, einer Turbine, um Strom zu erzeugen, einer hydraulischen Pumpe, um das Wasser bergauf zu schaffen, Sonnenenergie-Heizungen, Methangeneratoren, Windrotoren, von all den schönen Plänen, die ich mir in Afrika, Amerika, Australien und Indien zusammengesammelt hatte, um sie eines Tages zum richtigen Zeitpunkt und am richtigen Ort zu verwirklichen.

Als ich davon sprach, wurden diese Träume so wahr, wie sie waren. Sie sagte, sie würde nie vergessen, wie glücklich ich an diesem Fluß ausgesehen hatte, meine Träume träumend, und ich sagte, ich würde nie vergessen, wie schön sie aussah mit ihrem angeschwollenen Leib, in dem die Frucht reifte. Es stimmte, daß ich sie noch nie so frei und einig mit ihrem Körper gesehen hatte wie an jenem Tag auf den Felsen am Fluß, und eine Zeitlang schien es so, als hätten wir eine Chance mit diesen Träumen, aber es waren meine Träume, nicht die ihren. Der lange Anstieg zum Gipfel erinnerte sie daran, und die lange Fahrt zurück ins Tal unterstrich es nochmals, und am Abend wußte ich, ich konnte sie nicht darum bitten. Es war zuviel.

Wir kamen wieder an dem Land im Tal vorbei, in der Dämmerung unter einem leuchtend roten Himmel, und ich mußte eingestehen, daß es da unten schön war und zudem praktisch wegen der Nähe zur Stadt. Am Montagmorgen rief ich die Maklerin in Mill Valley an, und sie sagte: «Gute Nachrichten. Sie haben es. Das hätte ich nie gedacht. Kommen Sie bald und unterschreiben Sie. Have a nice day!» Ein Omen wie das ist unwiderstehlich. Wir waren uns beide des Hauses so sicher gewesen. Und hier war der Beweis, daß unsere Gefühle im Einklang standen mit unserem Schicksal. Dies war der Zeitpunkt für kühne Entscheidungen.

«Fahren wir zurück und sehen uns das Stück Land an der East Lane an», sagte ich.

Wir parkten den Valiant vorm Tor, stellten 1-2-3-4 an dem alten Kombinationsschloß aus Messing ein, und dann gingen wir hinein. Direkt vor uns erstreckte sich ein Bereich, beschattet von Eichen und Walnußbäumen, mit Brombeerbüschen, die sich zwischen ihnen ausbreiteten. Als wir uns näherten, überraschte uns ein Schwarm Wachteln, wie wir sie überrascht hatten, und sie schwirrten davon, gefolgt von einem kleinen Reh, das eilig Zuflucht im Wald suchte.

Etwas nach links waren Zäune und die Laderampe eines alten Pferchs, gezimmert aus grauem, verwitterten Föhrenholz und Redwood. Überall war das Gras hoch und noch immer grün. Bald würde die Sonne es austrocknen lassen, und dann war es reif, geschnitten zu werden. Heu. Dann würden die Kühe kommen, für den Sommer.

Der Regen hatte inzwischen aufgehört und würde nicht wiederkehren vor Ende September. Die Bäche führten noch immer Wasser, aber es gab Furten, wo wir sie leicht überqueren konnten. Wir begingen das Land. Es gab mehrere Weiden, groß und klein, abgetrennt voneinander durch einige Morgen Wald, Mischwald aus Eichen und Eschen. Wir fanden viele liebliche Lichtungen zwischen den Bäumen, an den Ufern der Bäche, und sie berührten mich, wie das Bergland es getan hatte. Die Berge blieben ja da, waren sichtbar an den Rändern des Tals, verlokkend, aber nicht niederdrückend. Ich mußte zugeben, daß es einen Sinn hatte, hierher zu kommen. Es würde keine langen, zeitverschwendenden Fahrten auf unebenen Straßen in die Stadt geben. Der Boden war fruchtbar, und an Wert würde das Land schneller gewinnen. Alles konnte auf ihm gedeihen, und ein Kind war hier sicherer.

An einem besonderen Platz unter den Bäumen blieben wir sehr lange. Es handelte sich um eine breite, flache Wasserrinne, wo das gewohnte Unterholz einem Teppich aus smaragdgrünem Gras wich, das so fein und zart war wie Seidenfäden. Die Bäume reichten hinüber wie ein kühlgrünes Laubendach. Ich machte ein Foto von meiner Frau, wie sie im Gras unter den Blätterbögen stand, eine kleine und unendlich rührende Gestalt in schwarzen Gummistiefeln, einem lockeren Baumwollkleid. Ihre dunklen Haare mit einem Anflug von Kupfer umrahmten ihr blasses, schüchternes Gesicht, und ihre Finger hielt sie vor sich, leicht verschränkt. Das Sonnenlicht fiel auf sie, wie gefiltert durch gefärbtes Glas, und ich erkannte ein immer wiederkehrendes Leitmotiv in meinen Träumen, in der Welt meiner Phantasie, einen Zufluchtsort aus durchschimmerndem Grün, gesprenkelt vom Licht der Sonne. Befreiung und höchste Lebensfreude entsprangen daraus. Wo das Bild entsprungen sein mochte, konnte ich nicht sagen, aber es stellte sich in meinen Tagträumen ein und hielt mich gefangen auf meinen Reisen. An jenem Tag war es entscheidend: Ich war bereit, mein Stück Bergland aufzugeben für dieses Stück Land im Tal.

Bevor wir an jenem Nachmittag das Tal verließen, rief ich die Leute in Red Bluff an und sagte ihnen, ich wolle ihr Land kaufen.

«Vielleicht wirst du dir eines Tages auch dein Stück Bergland kaufen können», sagte Teresa. «Das würde mich glücklich machen.»

17

Jede neue Entscheidung band uns fester an Kalifornien, und doch waren wir kaum sechs Wochen hier, und zwei davon hatte ich in Paris verbracht. Wir ließen uns treiben, auf und ab. Oft erinnerte uns etwas an das Leben in Frankreich, und wir beide empfanden voller Schmerz den Verlust. Auslöser waren meist ganz triviale Dinge, und fast immer hatte es mit Essen oder Trinken zu tun. Schon ein Blick auf die Käseabteilung in einem Safeway-Supermarkt vermochte Reue zu erwecken. Wir liebten beide die wunderbaren Käsesorten aus französischen Landen, und die Zuneigung meiner Frau zu Roquefort grenzte schon beinahe an Manie. Die Schwangerschaft hatte ihrem Geschmack einen seltsamen Streich gespielt, und sie konnte ihn absolut nicht mehr essen, aber schon der Gedanke daran reichte hin, alte Sehnsüchte zu erwekken.

Kein Supermarkt konnte auch nur im entferntesten konkurrieren mit den Provinzmärkten in Frankreich. In der uns am nächsten gelegenen Kleinstadt versammelten sich an jedem Sonnabend die Weinbauern aus den Bergen und Ebenen, um Nahrungsmittel für die kommende Woche einzukaufen, um ein ganz besonders saftiges Stück Rindfleisch oder Lamm für die sonntägliche Grillade zu finden, Setzlinge für ihre Gärten, Hühnerfutter, Dünger oder Insektizide oder ein Paar Stiefel. Ganze Familien kamen, um sich unter die Städter zu gesellen und unter die Menschenmassen, die sich an den Ständen drängten. Und die Händler waren die Nacht durchgefahren, um bei Morgendämmerung ihre Stände geöffnet zu haben. Fischverkäufer kamen aus Mèze und Sète, die Schlachter kamen aus dem kalten Oberland von Lacaune mit ihren gepökelten Schinken, den Myriaden von Wurstsorten, Pâtés, Bruststücken und Schweinskopfsülze. Die Käsehändler kamen gar noch von weiter her, hoch aus den Bergen in Auvergne und Cantal, und sie brachten Käse aller Sorten, in allen Größen – von Mühlsteinen bis zu Pillendöschen. Marktgärtner zu Hauf, und Obst gab es aus Spanien und Nordafrika. Weil soviel arabisches Blut in der Bevölkerung war, hatte der Markt einen stark exotischen Reiz. Die Händler stellten ihre Produkte mit dem liebevollen Geschmack von Connoisseurs zur Schau, zeigten ihre Ware, so vorteilhaft es ging, damit sich das Augenmerk auf die Schönheit der Lebensmittel richtete und auf deren Wichtigkeit im Leben. Da ging es nicht um negative Dinge wie Hygiene oder Verpakkung. Wir befanden uns in einem Schlaraffenland, umgeben von

Köstlichkeiten in Hülle und Fülle, die den Appetit stimulierten und die Freude am Leben hoben.

Jeder Händler war auch Besitzer seines Standes, und seine oder ihre Anwesenheit und Persönlichkeit war von derselben Bedeutung wie die präsentierte Ware. Wir konnten nicht an Käse denken, ohne daß uns nicht auch Charley in den Sinn kam, der vertrauenswürdige und leicht rauhbeinige Händler, der ständig eine urkomische Rivalität mit seiner Frau ausspielte und uns in Versuchung brachte mit Stücken Roquefort, ausgestochen aus den großen Laiben, die mit Folie geschützt waren und Namen trugen wie «Sociéte» und «Marie Grimal», der eine scharf und salzig, der andere cremig und reif – oh, dieser Roquefort! Er wurde in den Bergen hergestellt, nur ein paar Stunden entfernt, und nirgendwo auf der Welt schmeckte er so gut. Und dann fiel uns natürlich auch noch Raymond, der Fischhändler aus Méze ein, ein Akrobat und Jongleur, der hinter seinem randvollen Tresen, auf dem die Fische in Eis lagen, flitzte und seine Pirouetten drehte. Er schlug seine Fische mit Papier ein, auf dem Rezepte für Fischsuppe und Rouille de seiches gedruckt waren, und die Pakete verschwanden in seinen Händen, um dann plötzlich wieder aufzutauchen. Damit entrang er den glanzäugigen Matronen ein Grinsen, wenn sie sich drängten, um einen Blick auf den Baudroie und die großen, schwarzschimmernden Moules zu erwischen.

Da war Fernand, und dann der lakonische Schlachter, der mich mit seinen Versuchen, Englisch nachzuahmen, immer wieder necken wollte. Da waren die Kräuter-Lady und der Mann mit den lebenden Hühnern, und die Familie aus Marseille mit ihren unglaublichen Auslagen: Oliven, eingelegte Gurken, Nüsse, alle erdenklichen Sorten Öl, Essig, gesalzener Fisch und getrocknete Früchte sowie Hunderte anderer Dinge, so hatte ich zumindest immer geargwöhnt, die ich noch nicht entdeckt hatte, in Fässern und in Schachteln unter der Markise hinter dem Marktgebäude.

Wie konnten die anonymen Regale eines Supermarktes mit ihren Konserven und Schachteln und sterilen Plastikverpackungen sich messen wollen mit der Sinnlichkeit, der Menschlichkeit und dem optischen Vergnügen eines solchen Marktes? Wenn wir daran dachten und dann schwelgten in unseren Erinnerungen an Restaurants, Hotels, Landstraßen und Strände, verloren wir uns nur allzu bald in einer Orgie der Nostalgie. Es überfiel uns die Gewißheit, daß nirgends auf der Welt die wahren Freuden des Lebens besser verstanden und großzügiger dargereicht wurden als in Frankreich und daß wir wahnsinnig gewesen sein mußten, von dort wegzufahren. Und erst nach einer Weile kamen wir wieder zur Vernunft und erinnerten uns daran, wie unglücklich wir dort gewesen waren. Dann dachte ich an das Land, das ich kaufen wollte und die großen, offenen Weiten, die es umgaben, und ich erinnerte mich daran, wie eingeschlossen ich mich in Frankreich, wie in ganz Europa gefühlt hatte, wie kontrolliert und reguliert das Leben erschienen war. Und wie oft die Reaktion auf eine Idee ein «Nein» gewesen war. Was war, wenn man mehr wollte, als widerspruchslos in ein vorfabriziertes Leben, in Maßkonfektion, zu schlüpfen.

Und so gerieten wir immer einmal wieder zwischen die Liebe zu unserem alten Leben und die Hoffnungen, die wir auf das neue setzten. Und ich, der ich ein Dutzend verschiedene Arten von Leben gekostet und bewundert hatte, die alle auf ihre Weise gleichermaßen verlockend waren, mußte mich ihnen mit aller Kraft widersetzen, wenn sie im Laufe eines einzigen Tages durch die eine oder andere Assoziation in meinen Gedanken auftauchten. Ich versuchte es, indem ich mich auf die guten Seiten Amerikas konzentrierte, während wir uns daranmachten, sie zu entdecken.

Die Einfachheit und Flexibilität des Lebens in Amerika beeindruckten uns, kaum daß wir begannen, das Haus an der Laverne Street einzurichten. Fast als erstes kümmerte ich mich um Telefon. Wir wollten sehr schnell einen Anschluß, und ich hatte die Vorstellung, das müsse hier viel leichter und schneller gehen als in Frankreich oder England. Ich rechnete mit ein bis zwei Wochen Wartezeit.

Ich rief bei der Telefongesellschaft an, um mich zu informieren.

«Haben Sie ein Telefon?» fragte die wohlausgebildete und höfliche Stimme.

«Nein, natürlich nicht», erwiderte ich verblüfft. «Wenn ich eines hätte, würde ich ja nicht um einen Anschluß bitten.»

«Ja, Sir. Ich weiß, Sir», sagte sie geduldig, «aber haben Sie Ihr eigenes Telefon, das Sie anschließen wollen, oder möchten Sie eines erwerben oder mieten?»

«Sie wollen sagen, die Leute hier besitzen eigene Telefone?» fragte ich, noch erstaunter.

«Ja, Sir, das tun sie», sagte sie. «Da es schon einen Anschluß in Ihrem Haus gibt, brauchen Sie nur hierher in den Telefon-Shop zu kommen und sich eines aussuchen.»

«Wie lange wird es dauern? Ich meine, wann kann ich kommen?»

«Der Laden ist durchgehend geöffnet von neun Uhr dreißig morgens bis fünf Uhr dreißig nachmittags, Sir», sagte sie.

Und das war alles. Am selben Tag noch brachten wir unser rotes Telefon in einer Plastiktüte mit nach Hause, und bevor wir ankamen, war der Anschluß geschaltet und wir hatten unsere Nummer. An jedem anderen Ort der Welt wäre das wie ein Wunder erschienen.

Der Vermieter war da, als wir kamen. Es war derselbe Mann, den ich bei unserem ersten Besuch mit der Maklerin für den Maler gehalten hatte. Als ich mich an die Bemerkungen der Maklerin erinnerte, hätte ich am liebsten lachen wollen und meine Scherze mit ihm gemacht, aber er empfing uns sehr formell, auf dieselbe steife und pedantische Art wie zuvor, ohne den Anflug eines Lächelns. Wenn er nur wortkarg gewesen wäre, hätte ich vielleicht gewagt, ihn ein wenig herauszufordern, aber in seinem Innern schien ein Unbehagen zu brodeln, das ihn nicht nur mit der lächelnden Welt von Mill Valley, sondern mit der Welt überhaupt in Mißklang versetzte. Er war zu sehr darum bemüht, sich nicht aus der Reserve locken zu lassen, als daß er ein spontanes Lachen riskiert hätte.

Dennoch aber sagte er, wir hätten das Haus bekommen, weil er zufällig damals anwesend war und ihm unser Aussehen gefallen habe.

«Es wird mir durchaus angenehm sein, hier einen Schriftsteller wohnen zu haben, der seine Ruhe braucht», sagte er, aber als ich versuchte, sein Interesse auszuloten, rannte ich wie gegen eine Wand, denn er sagte, seine Studien der Theosophie ließen ihm keine Zeit, auch noch normale Bücher zu lesen. Seine beklommene Eigenart teilte sich so deutlich mit, daß ich mich nicht vor den Kopf gestoßen fühlte, und auf seine Weise war er sehr nett zu uns. Als ich merkte, wieviel leichter er es mit Teresa hatte, überließ ich ihnen beiden das Gespräch.

«Uns gefällt Ihr Haus zu gut», sagte sie. «Es ist sehr wichtig für uns, denn wir werden im September ein Kind bekommen.»

Da tauchte das erste Lächeln auf, nur angedeutet, aber unverkennbar unter dem rotblonden Bart.

«Tatsächlich?» sagte er. «Das wird meine Mutter interessieren. Hier gibt es eine Menge Obst, das Sie pflücken und verbrauchen können.»

Er zeigte auf Bäume, die im Garten standen.

«Das da sind Apfelbäume. Da drüben eine Birne. Hinter dem Haus gibt es japanische Pflaumen. Und da oben finden Sie Kirschen.»

«Hier ist alles so fruchtbar», sagte sie. «Es ist wirklich unglaublich, wie hier überall Bäume und Büsche wachsen und blühen. Wir haben in einem kleinen Dorf in Südfrankreich gewohnt, und dort ist der Boden so karg und felsig. Da wächst nur Wein.»

«Tatsächlich?» sagte er, fast wißbegierig.

«Na ja, so ist es nun auch wieder nicht», murmelte ich, aber er schenkte mir keine Beachtung.

«Da Sie aus Frankreich kommen, haben Sie etwas mit dem Gärtner gemein. Er ist beauftragt, einmal die Woche zu kommen, um diesen Rasen zu pflegen und alles in Ordnung zu halten. Ich möchte Sie darum bitten, es uns wissen zu lassen, wenn er nicht erscheint. Er ist Baske, aus Frankreich.»

«Wie erstaunlich», sagte ich.

«Ganz und gar nicht», wies er mich tadelnd zurecht. «Es gibt viele Basken in San Francisco. Was den Garten betrifft, möchten wir Sie nur bitten, diese Büsche zu begießen. Sie können die Garage benutzen, aber ich habe darin ziemlich viele Ersatzteile, und es wäre mühselig, sie wegzuschaffen. Das ist auch ein Hobby von mir. Vielleicht möchten Sie sich die Autoteile einmal anschauen.»

«Aber gern doch», sagte ich, fast, als wollte ich mich anbiedern.

Er hatte Kotflügel, Türen, Kühlergrill und andere Karosserieteile eines Autos, das aus den fünfziger Jahren stammen mochte. Ich meinte, das Modell erkennen zu können, von dem sie stammten.

«Gehören die nicht zu einem Dynaflow?» fragte ich schüchtern.

«Nein, Sir, das sind alles Teile eines Cadillacs, den ich wieder zusammenbauen möchte.»

Noch lange sprach er über diese Autoteile, und ganz offensichtlich besserte sich dadurch seine Laune. Ich lernte meine Lektion und grunzte höchstens zustimmend, während er sprach. Und dann brachten wir zusammen ein weiteres Teil, die Kühlerhaube, von seinem Pickup in die Garage und legten sie vorsichtig auf den Haufen. Danach hatte ich das Gefühl, schon beinahe sein Freund geworden zu sein.

«Ich werde meiner Mutter von Ihrer Frau erzählen», sagte er, als er hinters Steuer kletterte. «Ich bin sicher, sie möchte, daß Sie sich hier wohl fühlen.»

Ich ging zurück zum Haus, wo Teresa wartete.

«Was für ein eigenartiger Mann», sagte ich. «Findest du nicht auch? Was ist nur mit ihm?»

«Das weiß ich auch nicht», sagte sie. «Ich finde ihn ziemlich nett. Ist es nicht wundervoll mit dem Obst?»

«Es ist komisch», sagte ich. «Ich habe das Gefühl, als hätten wir

Besuch gehabt von einem Gnom oder ... einem Zwerg. Genau, das ist er, ein überdimensionaler Zwerg. Ein humorloser Zwerg mit rauher Schale und einem Herz aus Gold, der in Garagen unter der Erde an alten Autos herumhämmert und Juwelen in Form von Äpfeln, Kirschen und Pflaumen verschenkt.»

Sie sah auf den Fußboden. Ihr Gesicht hatte sich verdüstert, und sie war nachdenklich.

«Was ist los?» fragte ich. «Ist es das Linoleum?»

Der Boden war mit grünem Linoleum ausgelegt. Das einzig Häßliche im Haus.

Sie sprach nicht.

«Was ist denn?» beharrte ich.

«Ich wünschte, du brauchtest nicht wegzufahren», sagte sie.

Mir sank das Herz, aber ich war auch böse.

«Warum mußt du jetzt daran denken?» sagte ich.

«Ich denke immerzu daran», sagte sie.

«Nun, ich kann nichts daran ändern», sagte ich brüsk. «Wir wußten doch immer, daß ich fahren muß. Aber es wird doch nicht lange sein», fügte ich abwiegelnd hinzu. «Und danach bleibe ich für immer hier.»

«Hah», rief sie verbittert aus. «Du wirst immer wieder fortgehen. Du bist ein Zigeuner. Gib es doch zu. Aber du solltest deine Frau unter diesen Umständen nicht verlassen. Das ist grausam.»

Ich wußte nicht, was ich sagen sollte. Es stimmte: Ich mußte nach England, um Promotion für das Taschenbuch zu machen. Die Termine waren schon vor langer Zeit festgelegt worden. Ich konnte nichts daran ändern, auch wenn ich es gewollt hätte. Es war einfach zu wichtig. Und weil eben nichts daran zu ändern war, konnte ich es auch vergessen. Sie jedoch nicht. Ich wollte ihr helfen, aber ich wußte nicht, wie. Meine Frustration machte mich ärgerlich.

«Um Himmels willen», sagte ich, «warum mußt du immer die besten Momente aussuchen, um dich über dies und jenes zu beklagen? Du weißt doch, daß ich fahren muß. Und du weißt auch, daß ich bald zurückkomme. Dann haben wir viel Zeit.»

Sie sah mich mit jenem giftigen Ausdruck an, den ich so fürchtete und zugleich haßte.

«Du könntest wenigstens sagen, daß es dir leid tut. Warum sagst du nicht, es tut dir leid?»

«Es tut mir leid», sagte ich. Aber es klang nicht so.

«Es tut dir nicht leid. Du bist doch nur froh, von mir wegzukommen.

Du bist froh, endlich die fette alte Schachtel los zu sein, die du nun mal leider geheiratet hast. Ich sehe dich schon, wie du gockelhaft durchs Land fährst und all diese Reklameschönheiten triffst und herumschwafelst von deiner verdammten Reise – und all diese verdammten Frauen, mit denen du Liebe gemacht hast. All diese berühmten Liebesaffären, über die schon die ganze Welt Bescheid weiß.»

Sie war wild entbrannt vor Haß und ich gelähmt vor Wut, unfähig, alldem Einhalt zu gebieten. Und während sie fortfuhr, mich zu beschimpfen, und ich dagegen ankämpfte, fragte ich mich: Wie kann das so schnell passieren? Wieso bin ich so hilflos? Warum vermag ich nichts zu tun, dies Leiden einzudämmen? Hatte ich denn überhaupt nichts gelernt?

«Ich verschwinde hier», schrie ich. «Renne davon, wie du es immer tust. Genau, wie du es immer getan hast.»

Ich drehte mich um und machte mich auf den Weg zur Tür.

«Hilf mir», schrie sie laut.

«Das kann ich nicht», rief ich zurück und rannte dem Mann vom Gaswerk direkt vor den Bauch.

Er trug einen blauen Overall und hatte eine Tasche dabei. Fast wäre er rückwärts den Treppenabsatz hinuntergefallen, aber sein Gesicht verriet nicht die geringste Überraschung. Man mußte sie gut trainiert haben unten bei Pacific, Gas & Electric.

«Hi!» sagte er. «Ich bin gekommen, um ihre Leitungen zu prüfen.»

Jede Spur von Emotion wich aus Teresas Gesicht. Ihre Haut rötete sich. Die tiefen, qualvollen Falten auf ihrer Stirn glätteten sich. Die verbittert verkniffenen Lippen lösten sich zu ihrem freundlichen Lächeln, und sie sagte: «Kommen Sie doch herein.»

«Nur zu», sagte ich und ging hinaus in den Garten. Innerlich war ich noch immer aufgewühlt, ein furchtbares Gefühl, das mich nach Luft schnappen ließ. Nach einer kleinen Weile kam auch sie heraus. Sie versuchte ein Lächeln, und ich versuchte, es zu erwidern.

«Haben Zwerge Mütter?» fragte sie.

«Gewiß doch», sagte ich, «und sie sind total abgefahren auf Theosophie.»

Sie kam herüber und berührte meinen Arm, und ich umarmte sie fest.

«Gerettet vom Gasmann», sagte ich.

«Oh, mein Liebster, es tut mir so leid», sagte sie weinend. «Ich weiß nicht, woher es kommt. Ich sehe nicht dich da stehen, sondern jemanden, der sehr kalt ist und entfernt. Es tut mir leid, daß ich solche Dinge sage. Sie sind nicht wahr. Das glaubst du mir doch, oder?»

«Mein Gott, das möchte ich wirklich.»

Der Gasmann kam aus der Tür und sah uns unvermittelt an. Er sagte: «Sie sind okay. Gleich haben Sie Gas.»

Dann ging er nach hinten um das Haus.

«Das ist ein höllisch guter Gasmann», sagte ich. «Eines Tages werde ich auch können, was er kann.»

«Eines Tages wirst du es nicht mehr brauchen», sagte sie. «Bald, das verspreche ich dir.»

18

Wir müssen allen wie ein seltsames und einsames Paar vorgekommen sein, so viele tausend Meilen von unserer Heimat entfernt, ohne Familienmitglieder, die man anrufen konnte und mußte, und ohne Wurzeln, an die wir uns in einer solch kritischen Zeit hätten klammern können. All unsere Freunde in Kalifornien stammten von woanders. Joe war aus Alabama, Tee aus Georgia, Anna von der Ostküste, Seamus aus dem Mittelwesten. Kaum je traf man einen Kalifornier aus Kalifornien, aber zumindest waren sie alle Amerikaner.

Wenn unsere Isolation eine schlimme Lage bedeutete, war ich ihr gegenüber blind. Ich hatte zwölf Jahre lang nicht in meinem eigenen Land gelebt, und davon war ich noch vier unterwegs gewesen und hatte bewiesen, daß ich überall auf der Welt zu Hause sein konnte.

«Vielleicht wirst du nie eine Heimat finden», hatten manche Menschen vermutet, aber mir widerstrebte dieser Gedanke, und ich weigerte mich, darüber nachzusinnen. Wie konnte ich mich mit dergleichen befassen, wenn ich verheiratet war und wir ein Kind erwarteten? Solange ich eine Heimat wollte (und ich glaubte inbrünstig daran, daß ich eine wollte), warum sollte sie nicht sein, wo ich sie wählte? Überall würde es gute Menschen in der Nähe geben. Solange wir einander liebten und besorgt waren umeinander, solange wir miteinander auskamen, so lange würde doch alles in Ordnung sein?

Und so erweiterte ich unbewußt die Philosophie des einsamen Reisenden, bezog meine Frau mit ein und vergaß die Lektion, die mir in Penang erteilt worden war.

Meine Vorstellung davon, durchzukommen, gründete sich darauf, daß ich zu bestimmen hatte. Dieser Fehler war leicht zu machen, so eingefleischt war die Gewohnheit, alleinverantwortlich zu sein. Als einziger Sohn, mit einem Vater, der schon lange tot war, und einer Mutter, unvermeidlich fern, wie sehr auch immer geliebt, kannte ich wenig von den Annehmlichkeiten und Pflichten des Familienlebens, weder als Spender noch als einer, der etwas davon hat.

O nein, meine Methode, die Kontrolle zu behalten, bestand nicht etwa darin, auf grobe Weise Befehle zu erteilen oder zu schelten und zu tadeln. Im Gegenteil, ich war der mildeste Ehemann und immer geneigt, es meiner Lebenspartnerin rechtzumachen.

«Ich brauche nichts mehr», so pflegte ich zu sagen, «als die Gewißheit, daß du glücklich bist.»

Es war nicht meine Frau, die ich gern unter Kontrolle gehabt hätte, es war unsere Beziehung. Ich tat lieber alles, was anfiel, selbst, statt sie darum zu bitten, wenn ich befürchtete, es könne dadurch zu Unstimmigkeiten kommen. Also kochte ich und kaufte ein und packte und tat tausend Dinge, die normalerweise sie getan hätte. Und ganz ohne Zweifel, wenn es möglich gewesen wäre, hätte ich auch unser Kind ausgetragen.

Und natürlich fragte ich sie bei jeder kleinen Entscheidung um Rat und versuchte ihre Zustimmung zu meinen Vorschlägen zu gewinnen, indem ich die lebenslange Erfahrung, all diese Dinge selbst tun zu können, einsetzte, während ich gleichzeitig beharrlich darauf verwies, sie sei natürlich frei, eigene Entscheidungen zu fällen. Auf allerliebste und ganz unschuldige Weise wirkte ich so jeder Möglichkeit entgegen, daß sie sich beklagen könnte. Das war meine Vorstellung, wie ich mit meiner Frau zurechtkommen könne.

Und dann, als ihre Frustration unerträglich wurde und sie explodierte, weil sie sich elend fühlte und voller Unmut, als die schrecklichen Ausbrüche irrationaler Wut uns packten, war ich schockiert und zu Tode erschreckt, und ich wußte nicht, welchen Weg ich einschlagen sollte, denn schließlich hatte ich doch alles getan, was ein Mann tun konnte. Also, wieso sollte ich mir Vorwürfe machen lassen? Und sie unterwarf sich mir, dem Helden und dem älteren, weiseren Mann, bis schließlich ihr Gefühl der Ohnmacht und Nichtigkeit von neuem entflammte.

Wir waren gemeinsam gefangen in einem verzweifelten Unternehmen und wären wahrscheinlich daran gescheitert, trotz unserer Liebe füreinander, wäre nicht Iswas gewesen, der/die mit Trommelwirbeln zur Rettung kam wie die US-Kavallerie. Teresas Körper erfuhr tiefgreifende physische und chemische Veränderungen, um sie instand zu setzen, ein neues Leben auszutragen. Ihre Stärke und ihr Optimismus wuchsen mit Iswas in ihr. Unser Leben richtete sich immer mehr auf das Kind aus, und in ihrer Schwangerschaft fand sie eine Rolle, die ich nicht untergraben konnte. Sie gewann dadurch ihren Stolz und ihre Selbstachtung wieder. Und so zerrannen unsere Schwierigkeiten, als die Wochen in Mill Valley vergingen und wir wußten, daß wir am Ende gemeinsam Sieger bleiben würden.

Das Haus bewohnbar zu machen, war ein herrlicher Spaß. Tee erzählte uns von Cost Plus, einem Laden, der aus den ärmeren Teilen der Welt in großem Umfang traditionelle Güter importierte. Durch diese glückliche Entdeckung befreit aus dem kläglichen Stumpfsinn von Sears und J. C. Penny, durchstöberten wir die Auslagen begeistert und voller Entdeckungsfreude. Wir kauften japanisches Steingut, mexikanische Gläser, chinesische Körbe und zwei indische Teppiche, von denen einer fast groß genug war, das gesamte Linoleum zu bedecken. Wir hatten einen rumänischen Tisch, Stühle aus Taiwan und Töpfe aus Korea. Und all das schien uns phänomenal billig. Wir waren nicht auf der Suche nach kostbaren Dingen, die ein Leben lang halten sollten. Davon hatten wir viele, die in Frankreich auf uns warteten. Wir wollten nur das absolute Minimum an einfachen und zweckmäßigen Dingen, mit denen wir jetzt leben konnten und die uns durch einen warmen Sommer brachten.

Es war eine Erleuchtung zu entdecken, wie wenig wir brauchten und wie wenig wir dafür ausgeben mußten. Wir kauften eine Schaumgummimatratze in Berkeley und legten sie auf die Galerie, eine schicke Lampe in einem Design-Shop in Sausalito, und dann, unsere Hauptausgabe, ein Sofa bei Macy's.

Wir waren hingerissen von unserem kleinen Heim. Wir wollten, daß alle sahen, wie glücklich wir uns darin fühlten. Wir kauften Wein und feine Dinge zum Essen, und dann luden wir alle ein, uns zu besuchen. Joe und Pamela, Tee, Anna, Seamus und Sioux, sie alle kamen und saßen auf unserem großen Teppich oder draußen auf dem Rasen, und sie gratulierten uns und lobten den Ausblick.

Sie alle waren interessiert an unseren Plänen für Iswas. Welches Krankenhaus hatten wir ausgewählt? Hatten wir uns schon für einen Arzt entschieden? Was die Geburt betraf, waren wir so gut wie unwissend. Keiner von uns beiden war je Zeuge einer Geburt gewesen. Und jetzt, da nichts wichtiger war in ihrem Leben, war Teresa mehr als begierig auf alle Art von Informationen.

Außer Seamus hatte keiner unserer nächsten Freunde Kinder, aber manche ihrer Freunde hatten welche, und ganz schnell pickten wir alle möglichen Informationen darüber auf, wie man es machen sollte oder machen konnte. Wir fanden heraus, welches die guten Bücher waren. Ältere Frauen erzählten uns von der barbarischen Zeit in den fünfziger Jahren, als zukünftige Mütter noch betäubt wurden und man ihnen die Babies aus dem Leib zog wie Korken aus Flaschenhälsen. Gleichermaßen unmöglich erschienen die Ideen der Ultra-Avantgarde, jener Pioniere, die ihre Babies unter Wasser zur Welt bringen wollten, aber dazwischen lag ein breiter Bereich von erwägenswerten Möglichkeiten, die alle auf ihre Weise praktikabel erschienen.

Eine überraschende Anzahl von Informationen wurde uns wie nebenbei zuteil auf den Straßen und in Geschäften. Andere Frauen bemerkten den Zustand von Teresa und sagten: «Hi! When are you doo, honey? Wann ist es denn soweit?» Sie sagten es so freundlich und mit einer derart überzeugenden Anteilnahme, daß es ihr spontan gefiel. Und dann redeten sie ohne die geringsten Hemmungen über Wehen und Geburt und Stillen. Leute liehen uns Bücher über die Le Boyer-Methode und die La Léche League und die Lamaze-Technik, und schon sehr bald erkannten wir, daß man heutzutage in einem wütenden Kampf rivalisierender Ideologien gefangen war, wenn man ein Baby haben wollte. Und zwar so lange, bis man sich entschieden hatte, auf militante Weise die eine oder andere Methode zu verteidigen.

Die lautstärksten waren, natürlich, die Earth Mothers, die das «Frau sein» zu einem religiösen Kreuzzug machten. Für sie waren jedes Medikament und jede Droge seit den Tagen von Paracelsus nichts als Instrument der männlichen Unterdrückung. Von ihnen bekamen wir all die alarmierenden Statistiken geliefert, in welchem Staat oder welchem Krankenhaus wie viele Kaiserschnitte gemacht worden waren und wo die Babies mit dem Messer herausgeschnitten wurden, als handelte es sich um einen Blinddarm. Sie sprachen von den bösen Folgen des Epidural und den Sünden der Episiotomie, und sie flüsterten von den Nebenwirkungen der verschiedensten Medikamente.

Für Teresa waren sie ungeeignete Partner, denn sie empfand es als peinlich.

«Ich würde es hassen, eine dieser Frauen in ausrangierten Krinolinen zu werden, denen die Brüste und die Babies vorm Bauch hängen und die ständig davon schwätzen, wie *schön* es ist, eine *Frau* zu sein und *Mutter* dazu», sagte sie, aber dennoch ließ sie sich von einigen Argumenten überzeugen und entschied sich, von einer Frau entbunden zu werden.

Ich nahm es für selbstverständlich hin, bei der Geburt von Iswas zugegen zu sein, aber weiter ging ich auch nicht. Ich wollte ihre Entscheidungen nicht beeinflussen, und es widerstrebte mir, all das so früh schon so ernst zu nehmen.

«Wie die Leute davon sprechen», teilte ich einem jeden mit, der mir zuhören mochte, «hat man den Eindruck, das Kinderkriegen sei eine Krankheit, und wenn man nicht das richtige Heilmittel findet, endet es mit einer Katastrophe. So vermag ich nicht zu denken. Ich glaube, für uns steht alles günstig. Frauen gebären überall auf der Welt in jeder Sekunde Kinder, auf alle erdenkliche Weise, im Stehen, Hocken, Liegen, an Ästen schwingend, in Grashütten, im Fond von Taxis, in Iglus und in Einbäumen, und auf die und jene Weise klappt es immer. Also warum sollten wir, die wir über alle Vorteile der Zivilisation verfügen, reich sind und medizinische Experten zu Rate ziehen können, einen Grund haben, uns Sorgen zu machen?»

Mancherorts hörte man solche Worte nicht gern, und schließlich dachte auch ich, es sei ziemlich dummerhaft und verzichtete auf solche Ansprachen. Als wir uns dann schließlich entschieden, wirklich einen Doktor zu suchen, war ich bereit, die Sache so ernst zu nehmen wie jeder und jede andere auch.

Madge Giras on Oakland war zu weit entfernt, um unser betreuender Arzt zu werden, und daher mußten wir jemanden anders finden. Wir hätten natürlich im Branchenverzeichnis nachschlagen können, aber das Bedürfnis nach einer menschlicheren Beziehung ließ uns herumfragen. Und bald kam auch jemand mit einem Namen, eine Frauenärztin und Geburtshelferin im Krankenhaus von Greenbrae, nur fünfzehn Minuten von unserem Haus entfernt. Wir machten einen Termin aus und trafen auf eine dicke und leutselige Frau in einem weißen Kittel. Ihre Praxis befand sich in einem modernen Ärztehaus, das wir als Flügel des benachbarten Krankenhauses erkannten. Sie sagte uns, worauf die routinemäßige Geburtsvorsorge hinauslief, und ich hielt sie für kompetent und sympathisch. Wenn wir uns bei ihr festlegten, sagte sie, würde es achthundert Dollar kosten.

Das schien nicht viel zu sein. Ich hatte mich für die hohen Kosten medizinischer Betreuung in den USA gewappnet. Kamen keine anderen Kosten hinzu, fragte ich.

Ja, da wären noch die Laborkosten.

Und auf wieviel könnten sich die belaufen?

Nun, das sei verschieden, aber vielleicht zwanzig bis dreißig Dollar pro Visite. Man müsse wohl mit gut zweihundert Dollar rechnen.

«Aber das sind immer noch nur tausend Dollar», sagte ich. «Verzeihen Sie bitte, wenn ich so darauf herumreite, aber wir möchten keine üblen Überraschungen erleben. Ich habe nämlich gedacht, es würde mehr kosten, hier ein Baby zu bekommen.»

«Nun, da kommen noch die Kosten für die Entbindung», sagte sie. «Die werden vom Krankenhaus berechnet.»

«Sind wir hier nicht im Krankenhaus?» fragte Teresa.

«Aber nein, dies ist das Medical Centre. Das Krankenhaus ist separat.»

Teresa und ich grinsten einander an, um unsere Verwirrung zu vertuschen.

«Wer würde also die Entbindung vornehmen?» fragte ich.

«Ich möchte hoffen, daß ich es bin. Natürlich.»

«Und wieviel kostet das?»

«Das Honorar beträgt fünfhundert Dollar.»

«Aber damit ist nicht alles abgetan?»

Mir wurde heiß und kalt bei diesen finanziellen Fragen, aber sie schien ganz zufrieden, wenn auch ein bißchen langsam, was die Vorausahnung meiner Fragen betraf.

«Nein», stimmte sie zu. «Sie müssen den Tagessatz des Krankenhauses bezahlen, und dann kommen natürlich noch ...»

«Die Laborkosten dazu», sagten wir unisono.

Wir waren Kinder des British National Health System. In einer Welt privater ärztlicher Betreuung waren wir so unsicher wie Kinder im dunklen Wald. Es war ein seltsames Gefühl, eine Ärztin nach ihrem Honorar und sonstigen Kosten fragen zu müssen. Anfangs schien es wie ein Sakrileg, ein bißchen, als schachere man mit einem Priester um den Preis der Erlösung. Dann dachte ich, zum Teufel damit. Auch in England müssen die Ärzte bezahlt werden, und pharmazeutische Firmen machen ihre Profite. Wenn wir feststellen müssen, wieviel wir daheim umsonst bekommen haben, dann wird es vielleicht ein heilsamer Schock sein. Und wenn wir bezahlten, gab uns das zumindest das Recht, uns für nichts entschuldigen zu müssen.

Von dem Augenblick an empfand ich die Situation als belebend, und ich hatte Spaß an der für mich neuen Perspektive, einen Arzt als jemanden zu sehen, der tat, wofür man ihn bezahlte, wie ein Klempner oder ein Kraftfahrzeugschlosser. Aber zum erstenmal in meinem Leben konnte ich mir diesen Luxus ja auch erlauben.

Die Gesamtsumme belief sich auf ungefähr eintausend Pfund für eine normale Geburt, und das war immer noch weniger, als ich befürchtet hatte. Ich lehnte mich zurück, da ich meine unangenehme Pflicht getan hatte. Sollte Teresa mit dem kreativen Tagewerk fortfahren.

Sie wollte mehr über die Entbindung selbst wissen. Welche Medikamente wurden benutzt? Konnte sie sich weigern, diese Drogen zu sich zu nehmen? Wie sehr würde es einer «natürlichen» Geburt entsprechen? War es in Ordnung, wenn ich dabeisein wollte? Benutzten sie einen Fötus-Monitor?

Der Fötus-Monitor! Das war immer das Alarmzeichen. Von all den Fallen männlich-chauvinistischer Vorherrschaft war der Fötus-Monitor für die Earth Mothers die hassenswerteste. Eine Sonde wurde mit dem Kopf des Fötus verbunden, während er sich noch in der Gebärmutter befand, und angeschlossen an ein Oszilloskop. Nicht nur war die physische Vergewaltigung unnötig und empörend, so sagten sie, sondern dadurch werde die gesamte Erfahrung zu einem Computerspiel degradiert.

Statt daß sich ein jeder auf die Earth Mothers konzentrierte und auf ihre psychische Energie, während sie in den Wehen lag, um zu gebären, richtete man sein Augenmerk auf kleine grüne Linien, die auf einem Bildschirm tanzten. Wenn irgendein Krankenhaus einen dieser fatalen Monitoren in mich pflanzt, so sagte eine Earth Mother voller Abscheu, dann sollen sie verdammt noch mal gleich Popcorn dazu verkaufen.

Aber ja, diese Ärztin benutzte den Fötus-Monitor. Ja, sagte sie, sie sei dafür, alle technischen Hilfen in Anwendung zu bringen, die zur Verfügung standen. Warum es nicht so sicher machen, wie es irgend ging? fragte sie, und aus ihrem Mund klang es mehr als einleuchtend.

Kurz herrschte Schweigen. Teresa schien mit ihren Gedanken zu ringen. Dann, wie beiläufig, aber mit einer tieferen Stimme, an der ich erkannte, wie schwer es ihr fiel, fragte sie:

«Würden Sie ... äh, entbinden Sie je Babies zu Hause?»

Ich setzte mich gerade. Die Ärztin gab sich alle Mühe, die Strenge ihrer Stimme zu verhehlen.

«Nein. Manche Ärzte tun das natürlich, aber ich muß sagen, daß ich

Heimgeburten nicht gutheißen kann. Ich bin der Meinung, daß damit ein unnötiges Risiko verbunden ist. Heutzutage bietet ein Krankenhaus eine Menge Freiheit und Zwanglosigkeit, und wir verfügen über alle Möglichkeiten, sollte es zu Komplikationen kommen.»

«Könnten Sie irgendwelche Ärzte hier in der Gegend empfehlen, die es dennoch tun?» fragte Teresa. Ich hielt das für eine mutige Frage, und im stillen zollte ich ihr Beifall. Die Ärztin verhielt sich anerkennenswert. Sie nannte uns alle Einzelheiten einer Praxis, die zu Fuß kaum mehr als fünf Minuten von unserem Haus entfernt war. Wir beendeten das Gespräch mit freundlichen Worten und sagten, wir würden zurückrufen oder vorbeikommen, wenn wir uns entschieden hätten.

Schweigend gingen wir die Treppen ins Foyer hinunter. Umgeben waren wir von einer Galerie heller Praxisräume. Weißbekittelte Ärzte und Labortechniker bewegten sich emsig und zielstrebig umher. Wir konnten medizinische Geräte und modernste Archive und Aktenschränke sehen. Als wir durch die Schwingtür nach draußen kamen, sagte Teresa:

«Ich hasse Krankenhäuser. Ich habe sie schon immer gehaßt. Ich hätte Iswas gern zu Hause. Hast du etwas dagegen?»

«Nein», sagte ich. «Natürlich nicht. Hört sich wunderbar an. Wir machen, was du willst.»

Sie nahm meine Hand und drückte sie fest. Dann legte ich meinen Arm um sie und hielt sie. Ich fühlte mich sehr wohl bei ihrer Entscheidung. Ich wurde mir bewußt, daß ich mir absolut nichts anderes gewünscht hatte.

19

Unser Haus war auf einem Felsvorsprung am Hang gebaut. Das war wohl so geschehen: Zuerst bauten sie eine Auffahrt, die halbwegs das steile, einen Morgen große Gelände hinaufführte. Dann ebneten sie den Hügel so ein, daß der Weg gerade verlief und Wagen darauf parken konnten. Dazu mußten sie natürlich eine Art Stufe in den Hang graben. Am Ende dieser Stufe bauten sie eine Garage und entlang des ausgehobenen Stücks errichteten sie eine Mauer aus roten Ziegelsteinen. Und ich glaube, dann benutzten sie die Erde, die sie ausgehoben hatten, und häuften sie oberhalb der Steinmauer. Auf diese Weise konnten sie eine weitere Plattform schaffen, um darauf das Haus zu bauen, ohne oberhalb nochmals in den Berg hineingraben zu müssen.

Die Idee war einfach, aber ich bewunderte sie, denn viele Häusergrundstücke sind in die Hänge hineingeschnitten, so daß an einer Seite eine hohe Wand entsteht und der Hügel über ihnen zu hoch und steil abfällt. Und wahrscheinlich entstehen dadurch auch Abflußprobleme. Statt dessen hatten wir ein hübsches, flaches Rasenstück neben dem Haus, das sich ganz natürlich an die Bäume und Büsche oberhalb anschloß.

Wenn man aus dem Haus kam, machte man ein paar Schritte auf einer Treppe hinunter in einen betonierten Bereich, der um das Haus herumlief und ein Veranda-Dach hatte. Dann konnte man über den kleinen Rasen zu einem Geräteschuppen laufen, der dem Haus gegenüberstand, oder links an ein paar Blumenbeeten entlang und Treppen hinunter, die in die rote Mauer eingelassen waren, bis man zur Auffahrt und zur Garage kam. Oder man konnte um das Haus herum in den kleinen Hinterhof gehen, wo offensichtlich die andere Hälfte des Hauses hatte gebaut werden sollen.

In der Mitte des Hofes wuchs ein Pflaumenbaum. Vor dem Haus, oberhalb der Steinmauer, stand einer der Apfelbäume, der kleinere. Der andere Apfelbaum war unterhalb des Hauses, jenseits der Auffahrt gepflanzt, und der Birnenbaum befand sich hinter der Garage. Die Kirschen wuchsen über dem Haus im Gehölz, und sie waren im Juni reif, noch bevor ich fuhr. Das Gehölz war ziemlich dunkel, wenn man aus dem hellen Sonnenlicht hineinkam. Überall wuchs der Efeu dicht, und man mußte sich vor Poison oak in acht nehmen. Ich selbst schien zu den wenigen Glücklichen zu zählen, die nicht allergisch auf das Gift dieser Pflanze reagierten.

Da oben gab es viele kleine Eukalyptusbäume und eine Menge totes Holz, das ich zum Feuermachen herunterschleppte. Es gefiel uns sehr, abends dem lodernden Feuer zuzuschauen, auch wenn es eigentlich warm genug war. Es stellte sich heraus, daß es schwierig war, allein Eukalyptus zu verbrennen. Ich mußte mit dem Valiant in die Stadt zu einem verlassenen Schulgelände am Panhandle, wo einige schwarze Burschen Feuerholz aus einem alten Aprikosen-Garten irgendwo auf der anderen Seite von Oakland verkauften. Es kostete mich fünfundzwanzig Dollar, den Gepäckraum des Valiant zu füllen, und das schien mir eine Menge Geld, aber das Aprikosenholz hatte einen herrlichen Geruch, der im Haus hing, und wir mischten es mit dem verdorrten Eukalyptus.

Das Feuer erwärmte das Haus nicht besonders, denn weder die Wände noch die Decke waren im geringsten isoliert, aber es reichte für den Sommer, und im Winter wollten wir sowieso schon in unser Tal gezogen sein.

Außer den Obstbäumen gab es an den steilen Seiten der Auffahrt von der Straße her Brombeerbüsche im Überfluß. Es war schwer vorstellbar, daß wir einen angenehmeren und besänftigerenden Ort hätten finden können, unsere Wunden zu kurieren und das Vergnügen aneinander wiederzugewinnen. Als ich im Juli aus Europa zurückkehrte, waren die Äpfel groß und wachsgrün, der Pflaumenbaum versprach eine prächtige Ernte, und die Büsche waren schwer beladen mit Beeren, die von der verläßlichen Sonne schon einen roten Schimmer bekommen hatten. All diese Früchte, die um uns herum gediehen, kamen uns vor wie der natürliche Ausdruck unserer eigenen glücklichen Erwartungen. Wir konnten nicht auf das weiche und glänzende Gras sehen, ohne uns vorzustellen, wie ein Baby darauf gluckste und krähte. Iswas würde reifen und fallen mit den Äpfeln in den ersten Septembertagen, und bald darauf wohl auch zum erstenmal ihren Saft kosten.

Der Sommer erwies sich in jeder Beziehung als fruchtbar. Meine Tour durch Großbritannien war fehlerlos vorbereitet und überwältigend erfolgreich. Das alte Triumph-Motorrad (alt an Er-Fahrung, nicht an Jahren) wurde aus dem Museum geholt und reiste mit uns, und jedesmal, wenn ich wieder auf ihm saß mit seiner Unmenge von Beuteln und Boxen und Taschen, kamen die Erinnerungen angeflogen, und ich konnte fließend und unermüdlich von den Abenteuern und Gefühlen berichten, die es in mir zurückrief. Das Buch erschien in einer weiteren Auflage, dann in noch einer, und ich konnte glauben, daß ich der Welt wenigstens einige ihrer reichen Schätze zurückgab, die sie mich hatte ernten lassen.

Und das war noch nicht alles. Schon vor meiner Abreise hatte Teresa bei sich eine Leidenschaft für Stoffe und Weben entdeckt. Sie war sehr überrascht davon, denn es stand in solchem Widerspruch zu all den akademischen Abstraktionen, denen sie sich seit ihrer Kindheit geöffnet hatte. Mit einer außerordentlichen Energie und so voller Enthusiasmus, wie es wohl kennzeichnend sein kann für die mittleren Monate einer Schwangerschaft, stellte sie sich dieser neuen Herausforderung.

Während der Wochen, die ich fort war, nahm sie den alten Valiant und flitzte vier- oder fünfmal die Woche über die Richmond Bridge nach Berkeley, Iswas hinter dem Steuerrad eingeklemmt und mit ihren bloßen Füßen kaum in der Lage, die Pedale zu berühren. Dort, in einem großen Raum, in dem es stampfte und klapperte vom Lärm der Klöpfel und Harnische, verlor sie sich in den Gerätschaften, Werkzeugen und Materialien einer der ältesten handwerklichen Künste dieser Welt. Kämme, Helfen, Fadenkreuzstöckchen, Weberschiffchen und Spindeln waren ihr täglich Brot, und des Nachts, anregt vielleicht durch die geschäftigen Füße von Iswas, wob sie Garnbaum und Einschlagfaden in das Muster ihrer Träume.

Als sie mich diesmal am Flughafen abholte, strahlte sie vor Gesundheit und Selbstvertrauen. Im Eisschrank wartete eine Flasche Champagner, und sie hatte allerlei Köstlichkeiten aufgetischt. Ein herrliches Gefühl, wieder zurück zu sein.

«Fühlst du dich auch wie ich?» fragte ich. «Wirklich wie zu Hause. Ein Zuhause wie dies haben wir beide noch nie gehabt.»

«Ich bin hier sehr glücklich», sagte sie, und wir umarmten einander.

«Da», sagte sie, «hast du es gespürt?»

«Ich habe gemerkt, daß etwas zwischen uns ist, wenn du das meinst.»

«Der Stoß!» sagte sie. «Hast du den Stoß gemerkt. Das macht er jetzt ständig.»

«Gib acht, wie du von meiner Tochter sprichst», sagte ich.

«Ist es nicht komisch? Ich stelle mir Iswas nie als ein Mädchen vor. Nun, das glaube ich wenigstens. Hättest du gern ein Mädchen?»

«Mir ist es eigentlich egal. Ich könnte ehrlich beschwören, daß es für mich keinen Unterschied macht. Hauptsache, es ist eines von beiden. Halten dich die Stöße bei Nacht wach?»

«Es ist komisch, aber du weißt doch, wie nervös ich werde, wenn ich allein bin. Nachts knirscht und knarrt es überall im Haus, aber jetzt habe ich das Gefühl, daß jemand bei mir ist. Ich bekomme kaum mehr Angst. Außer einmal nachts. Da habe ich wirklich einen Schrecken bekommen. Ich habe die Polizei angerufen.»

«Mein Gott! Was war denn da los?»

«Ich lag im Bett. Es war natürlich dunkel. Dann draußen diese Schritte, torkelnd wie von einem Betrunkenen. Davor habe ich immer am meisten Angst – daß ein paar Betrunkene aus irgendeiner Bar kommen, zu besoffen, um zu wissen, was sie tun. Dann fiel der Mülleimer um. Ich war zu Tode erschrocken, bin aus dem Bett hochgeschossen und habe die Polizei kommen lassen. Weißt du, es war wirklich erstaunlich. Die waren so schnell hier. Ich hätte nicht geglaubt, daß sie so reagieren, wenn irgendeine alberne alte Schreckschraube mitten in der Nacht anruft. Ich suchte noch immer nach dem Schürhaken, als der Polizist an die Tür kam.

Er war sehr nett, wirklich süß. Er sagte: ‹Ich glaube, es ist alles in Ordnung, Ma'am. Draußen war nur ein Hirsch – einer von denen mit vier Beinen.›»

Sie brach in fröhliches Lachen aus.

«Er war einfach toll. Hat gesagt, es wäre richtig gewesen von mir. Ich könne sie jederzeit anrufen. Das hat mich wirklich beeindruckt.»

Auch ich war beindruckt. Ich fragte mich, wie lange ich wohl gebraucht hätte, um in einem fremden Telefonbuch die Nummer der Ortspolizei zu finden, wenn bei mir ein Gespenst vor der Tür stand. Und Hirsche! Ich hätte niemals vermutet, daß es hier bei all den Menschen noch Hirsche geben könnte.

«Er sagte, hier gäbe es viele Hirsche. So wie in London Katzen. Ich habe seitdem einige gesehen. Sie sind sehr hübsch, aber sie machen eine Menge Dreck, wenn sie im Abfall herumstöbern.»

Wir nippten an unserem Champagner. Die Earth Mothers sagten, Iswas würde einen Gehirnschaden davontragen, wenn Teresa auch nur ein Glas Wein tränke, aber da wir aus Frankreich kamen, gaben wir nichts darauf. Sie sah liebenswert und höchst munter aus.

«Ich habe dich noch nie mit so roten Bäckchen gesehen», sagte ich. «Du siehst wundervoll aus.»

Sie errötete wie ein junges Mädchen. «Du bist sehr süß. Ich finde, ich sehe aus wie eine fette alte Schreckschraube.»

«Du hast wieder in den Spiegel gesehen», sagte ich anklagend. «Ich habe dir doch gesagt, du sollst damit aufhören. Damit kommst du einfach nicht zurecht. Dein Blick ist getrübt. Wozu mußt du auch in den Spiegel sehen? Make-up benutzt du doch nicht? Rasieren mußt du dich doch auch nicht, oder?»

«Woher willst denn du das wissen?» sagte sie schnippisch.

«Weil du nicht an deinen Lippen herumfummelst. Wer sich rasiert, fummelt auch immer da rum, wo er rasiert hat. Glaub mir, das weiß ich aus eigener Erfahrung.»

Ich hätte wissen müssen, daß ich damit keine Scherze treiben durfte. Solche Witze bestätigten nur ihren schlimmsten Argwohn. Und sich selbst gegenüber war sie überaus argwöhnisch. Sie blickte zu Boden und biß sich auf die Lippe, aber diesmal schaffte ich es gerade noch, sie im rechten Augenblick in die Arme zu nehmen.

«Du siehst schön aus», sagte ich. «Weißt du das eigentlich? Du siehst stark und gesund und schön aus.»

In ihr Gesicht kam wieder Farbe.

«Sag das mal dem Arzt», erwiderte sie. «Das war meine andere Angst, und die war noch schlimmer.»

Es mußte mir wohl anzumerken gewesen sein, wie nervös mich diese Worte machten.

«Hab keine Bange», sagte sie hastig. «Ist schon in Ordnung. Falscher Alarm. Aber du weißt doch, wie sie es immer mit dem Blutzucker haben.»

Das wußte ich. Da waren sie ganz rigoros. Wenn das geringste Risiko von Diabetes bestand, weigerten sie sich, zu Hause zu entbinden. Das hatte uns der Arzt von Anfang an unmißverständlich erklärt. Er hoffte, es würde alles gutgehen. Er war absolut für Entbindungen daheim. Seiner Ansicht nach war es für alle besser, natürlicher und, in mancher Hinsicht, sogar auch sicherer. Aber er konnte für nichts garantieren, und eine von fünf Frauen, die zu ihm kamen, mußte letztendlich dann doch ins Krankenhaus. Und meistens lag es dann daran, daß ihr Blutzuckergehalt zu hoch war – das und der Blutdruck.

Es war sehr vernünftig von ihnen, alle Vorsicht walten zu lassen. Der Blutdruck meiner Frau blieb immer gleich, aber der Zuckergehalt bewegte sich ständig an der obersten Grenze.

«Was ist also passiert?» fragte ich, und sie sagte mir, daß sie zu einer Routineuntersuchung unten war, und dann hatte man sie gerufen, als die Laborergebnisse kamen, und ihr gesagt, daß ihr Blutzucker über den Höchstwert gestiegen sei, und daher sähe es so aus, daß sie eine Heimentbindung nicht riskieren konnten, denn wenn es einmal passiere, könne es auch immer wieder passieren, und daher müsse sie unter besonderer Beobachtung stehen.

«Ich war verzweifelt. Ich bin den ganzen Sonntag zu Hause geblieben, fühlte mich total elend und dachte: ‹Mein Gott, ich habe schon wieder versagt.› Und dann, am Montagmorgen riefen sie an und sagten, sie hätten die Ergebnisse irgendwie vertauscht, und mit mir sei alles in Ordnung.

Ich war so erleichtert, daß es mir gar nicht einfiel, wütend zu werden. Anständigerweise kam er selbst ans Telefon und hat sich entschuldigt. Danach war ich wirklich sauer. Beinahe hätte ich ihn zurückgerufen. Ich hätte am liebsten gesagt: ‹Wenn Sie mir das noch einmal antun, können Sie Ihren Kittel abgeben!›»

Ich mußte laut lachen, und einen Augenblick lang sah sie verwirrt und verletzt aus, bis ich ihr erklärte, was sie mit dem Kittel angestellt hatte. Da freute sie sich wie ich.

«Du hast ein phantastisches Talent. Wir sollten deine Sprüche aufschreiben. Aber darf ich vielleicht einmal sehen, was du in der Zwischenzeit bewerkstelligt hast?»

Also brachte sie die Musterstücke hervor, die sie gewebt hatte, und ich sparte nicht mit Bewunderung. Dann brachte sie eine Stoffrolle und ging auf die Galerie, während ich unten blieb und den Champagner austrank. Sie hängte die Stoffe über das Geländer, eins neben das andere – Baumwollbahnen, die sie durch ein Seidensieb bedruckt hatte – komplizierte Muster in vielen Farben und sehr schön. Ich applaudierte laut, und sie knickste dankend – zumindest versuchte sie es, und dann kam sie wieder von der Galerie herunter, errötend vor Freude.

Aber es war die Weberei, die sie wirklich in Beschlag genommen hatte. Nach einer Weile gegenseitigen Neckens erklärte sie, sie habe darin ihrer Meinung nach einen Lebenszweck gefunden. Eine Entdekkung, die gewiß nicht auf die leichte Schulter zu nehmen war. Und so war es wirklich ein fruchtbarer Sommer.

20

Bis zu jenem Nachmittag in Greenbrae war die Vorstellung, das Baby zu Hause zu bekommen, eines der Hirngespinste, mit denen wir herumspielten. Zumindest kam es mir so vor. Teresa sagte nichts, was diesem Eindruck widersprochen hätte, und ich war auf ängstliche Weise bedacht, ihrer Entscheidung nicht in die Quere zu kommen. Aber es entsprach doch mehr als alles andere meinen Idealvorstellungen. Zu meiner Vorstellung von einem guten Leben gehörte, alles menschenmögliche selbst tun zu können.

Ich war kein strikter Befürworter der Autarkie, einer Idee, die zu jener Zeit besonders populär war. Ich legte eher Wert auf das Lernen als auf das Tun. Es widerstrebte mir, von Spezialisten und Experten abhängig zu sein und ihre Dienste und Wohltaten bei Dingen in Anspruch zu nehmen, die doch jeder Mensch allein bewältigen können sollte.

Wenn die Menschen nicht wußten, wie sie für sich selbst sorgen konnten, würden sie niemals lernen, ihre natürlichen Ressourcen zu schätzen und zu schützen. Ihr Urteilsvermögen bliebe schwankend, und sie wären um so leichter Opfer von Erpressung und Bestechung. Und gleichzeitig würden die Spezialisten, denen man so erlaubte, ihr Monopol zu festigen, zu Ungeheuern, die immer mehr in die Versuchung geführt wurden. Ich mißtraute den Technologen und hatte das Gefühl, sie würden, wie jede andere menschliche Elite auch, zu selbstgefällig werden und uns davon überzeugen, daß die immer größer werdenden Probleme, für deren Entstehung allein sie verantwortlich sind, sich nur durch noch größeren Einsatz von Technik würden lösen lassen.

Dieser Philosophie hing ich schon an, bevor meine Reise begann. In meinem französischen Dorf tat ich mein bestes, die elementarsten Fertigkeiten des Bauens mit den primitivsten Materialien zu erlernen: mit Stein, Holz, Gips, Kacheln, Kalk und Zement. Ich erlernte die Grundlagen des Gartenbaus und begriff einige einfache Formen der Architektur. In jenem Dorf sagte man, daß man vor nur fünfzig Jahren noch alle eigenen Bedürfnisse hatte befriedigen können, nur Kaffee, Zucker, Salz und Kakao mußten von woanders herbeigeschafft werden. Als ich zum erstenmal dorthin kam, waren einige dieser Traditionen noch lebendig: wie man Sachen reparierte oder Pferde einsetzte, die ihre ganz spezielle Rolle in jenem natürlichen Kreislauf spielten, der den Import von Dünger und die Beseitigung von Mist ersparte.

Man hatte aufgehört zu spinnen und zu weben, die letzten Schafe waren abgeschafft worden, und niemand weichte mehr die Fasern des Besenginsters auf und schlug sie trocken, aber diese Kultur war noch lebendig in den Köpfen der Menschen. Während der wenigen Jahre jedoch, die ich dort lebte, starb sie. Die Pferde wurden abgeschafft und durch Traktoren ersetzt. Häuser wurden als Feriendomizile an reichere Fremde als mich verkauft, und der daraus erwachsende plötzliche Wohlstand schuf Massen von Abfall. Alles Alte wurde fortgeworfen, respekt- und rücksichtslos, und die Flußufer waren übersät von Müll. Da es keine Pferde mehr gab, fand man auch keinen jener Ställe mehr, in denen sie sich ausgemistet hatten und die immer als nützliche, wenn auch einigermaßen unbequeme Örtlichkeiten zur Erledigung menschlicher Bedürfnisse gedient hatten. Toiletten und entsprechende Kanalisation wurden installiert, man riß die Kopfsteine heraus und schüttete Beton darüber, und der Unrat bahnte sich seinen Weg in den Fluß, um dort mit den Kunstdüngersäcken aus Plastik einen absurden Tanz der Umweltverschmutzung aufzuführen.

Das Fernsehen feierte seinen Einzug in die Wohnungen, und die Menschen suchten Entspannung von der Mühseligkeit des alten Lebens, indem sie sich anschauten, was man so in Paris trieb. Kleidungsstücke wurden weggeworfen, nicht mehr geflickt oder gestopft. Nahrungsmittel baute man nicht mehr in dem Maße an, sondern kaufte sie lieber ein. Blechdosen und Plastikflaschen machten die Abfall-Lawinen noch bedrohlicher, unpassende Baumaterialien veränderten und verdarben das Gesicht des Dorfes, und Autos rasten rücksichtlos durch seine engen Straßen.

Ich mußte mit ansehen, wie innerhalb von fünf Jahren eine Lebensweise zerstört wurde, die Jahrhunderte überdauert hatte. Und doch konnte ich, wenn ich ehrlich blieb, den Einwohnern dieses Dorfes keine einzige dieser neuen Bequemlichkeiten mißgönnen. Die Tragödie bestand darin, daß keine dieser «Verbesserungen» für das Landleben gemacht war. Von dem plumpen Schund auf ihren Fernsehschirmen bis zu den hoffnungslos unangemessenen Kanalisationssystemen – sie hatten einfach urbane Systeme und Organisationsformen auf eine zutiefst ländliche Gemeinde übertragen und sie damit verschandelt. Wie die Windpocken Polynesien entvölkert hatten, so überfiel die Großstadtkrankheit mein ungeschütztes Dorf und hunderte, vielleicht tausende andere. Kenntnisse und Weisheit, aus alten Tagen angehäuft, waren urplötzlich nutzlos. Was den menschlichen Geist bereicherte und seine Harmonie förderte, wurde vergeudet. Die äußere Schönheit blieb erhalten – eine weitere Ironie –, weil die Stadtbewohner das Dorf zu ihrem Ferienort machten, aber es war eben nur die äußere Schönheit. Das Dorfleben war schon lange tot, und fast alle außer den Alten hatten die Stadtflucht angetreten.

Ein trauriges Beispiel, das ich mit mir um die Welt trug, und überall sah ich denselben beklagenswerten Wandel. Im Afrika der Negerstämme, von einem Ende Lateinamerikas bis zum anderen, am Kata Beach, in den Dörfern Indiens (dort vielleicht am wenigsten), überall war der Prozeß dieser Verderbnis entweder schon abgeschlossen oder im Gange. Manchmal war die unausweichliche Zukunft nur sichtbar für diejenigen, die wie ich diese Pest schon woanders gesehen und erkannt hatten.

Was hatte es für einen Sinn, sich gegen den Fortschritt zu stemmen, der den Menschen Antibiotika brachte, Nahrungsmittel, Bildung und Befreiung von der Plackerei? Natürlich durfte sich ein jeder dieser Wohltaten erfreuen. Aber mußte ein Ausverkauf der Welt stattfinden, um das zu ermöglichen?

Hilflos stand ich vor dieser Flutwelle, und ich konnte nur hoffen, daß ich eines Tages meinen eigenen Platz finden würde. Jetzt war die Zeit gekommen.

Ich wußte, daß ich bereit war, Risiken einzugehen, Unannehmlichkeiten und Verzicht zu erdulden, und ich wußte auch, daß Teresa bereit war, mit mir gemeinsame Sache zu machen, aber wir hatten einige bittere Wahrheiten über uns erfahren müssen. Ohne Frieden und Verständnis zwischen uns konnten wir nicht hoffen, ein so harsches und anstrengendes Leben durchzuhalten. Das Land, das wir gekauft hatten, war unser erster zaghafter Schritt in diese Richtung. Vielleicht war eine Heimgeburt ein absurdes Risiko hier in den Außenbezirken von San Francisco, aber sie paßte sehr gut zu der Art Leben, das wir noch immer in unserem Cowboy-Tal zu finden hofften.

Nachdem sich Teresa nun einmal dazu entschlossen hatte, regte diese Entscheidung meine Vorstellungskraft an, wie nichts anderes es vermocht hätte. Ein mutigeres Zugeständnis zu den Idealen, über die wir gesprochen hatten, hätte sie nicht machen können. Es bewies, daß wir noch immer auf einem gemeinsamen Weg waren, und auf phanatische Weise waren wir entschlossen, Erfolg zu haben, als ob wir uns dadurch qualifizieren wollten für das Leben, das vor uns lag, und die weiteren Kinder, die wir uns für die Zukunft wünschten.

So wollten wir gern Gefallen erregen, und als der Arzt uns sagte, er habe es gern, wenn seine Patienten «Geburtsunterricht» nahmen, schrieben wir uns begeistert ein, um die Lamaze-Methode natürlichen Gebärens zu erlernen.

Jeden Donnerstag bot sich in einer ruhigen Seitenstraße von Mill Valley ein seltsames Bild. Paare näherten sich einander schüchtern und befangen im Lichterschein der Lampe. Es ist eigenartig genug, acht Damen in solch einem erschreckend aufgeblähten Schwangerschaftszustand zu sehen, wie Boote mit überdimensionalen Spinnakern. Aber es waren die Männer, die das Schauspiel bizarr machten. Ein jeder von uns trug zwei Kissen vor die Brust gepreßt, in kläglicher Nachahmung unserer Angetrauten. Gehörten wir zu irgendeiner esoterischen Transvestiten-Sekte? Noch waren wir nicht schamlos genug, die Kissen unters Hemd und in die Hosen zu stopfen. Aber das alles in einem Kirchenraum, mein Lieber? Und mit Keksen und Himbeereis?

Da waren diese acht ausladenden Damen, platt auf den Kissen zappelnd, inzwischen eher wie gestrandete Seelöwen, nicht wie Schiffe auf See, am Rande der Ekstase nach Luft hechelnd, während ihre männlichen Sklaven unter ihnen kauerten und ihnen fleißig das Bäuchlein rieben. Wir waren natürlich vollständig bekleidet, aber manchmal dachte ich, das sei eigentlich schade. Wären wir nackt gewesen, hätte man einen Film drehen können, um ihn einem Publikum von Seelöwen irgendwo auf arktischen Eisschollen vorzuführen, und zwar als fairen Ausgleich dafür, daß wir ihre Gewohnheiten nachäfften. Man stelle sich nur vor, welches Geheule, Gebelle und welch klitschiges Vergnügen dieser Film hervorgerufen hätte.

Ich glaube nicht, daß die Seelöwen aufgehört hätten, sich zu amüsieren, wären sie darüber informiert worden, daß wir nur übten. «Auswitterung, kombiniert mit Atemweise Nummer vier!» Aber für uns gab es nichts zu lachen.

Wir waren ein gemischter Haufen. Da gab es einen Automechaniker, einen jungen Baptisten, der gerade inordiniert wurde, einen Bankangestellten und einen Handelsvertreter. Gelegentlich konnte der Vertreter nicht kommen. Wir alle waren bemüßigte Studenten und vielleicht dem Mutterleib ein wenig zu nahe, um die Komik dessen zu schätzen, was wir trieben. Unseren Spaß hatten wir dennoch. Und wir erfuhren Dinge über den mechanischen Ablauf des Geburtsvorgangs, die uns alle sehr erstaunten.

Hauptzweck der Unterrichtsstunden war es, die Ehemänner zu befähigen, ihren Frauen während der Wehen beizustehen. Im wesentlichen ging es darum, den Schmerz und den Schrecken der Geburt zu überwinden, damit die Mutter so natürlich wie möglich und mit einem Minimum an Drogen und technischen Hilfen in die Wehen gehen konnte. Ein Maximum an Wohlgefühl und Befriedigung wurde erstrebt. Das paßte uns perfekt. Außerdem verhalf es mir zu einem bedeutsamen Anteil an dem wundersamen Ereignis und befreite mich aus der ziemlich mitleiderregenden Rolle des hilflosen Vaters, der zermürbt vor verschlossenen Türen auf und ab rennt, während irgendwelche Frauen Wasser erhitzen und Geheimnisse hüteten.

Um dies zu erreichen, mußte man in erster Linie eine bestimmte Atemtechnik erlernen.

Von Anfang an ließ unsere Lehrerin keinen Zweifel aufkommen, wie schwierig das war. Sie war eine unmöglich fröhliche und athletische Frau, die jede Aussicht auf Schmerzen geradezu einladend erscheinen ließ. Und Schmerzen würden kommen. «Ihr Mädchen –» sogar in San Francisco zweifelte bis jetzt niemand daran, daß das Kind von der Frau geboren wurde – «ihr Mädchen werdet staunen, wie sehr es weh tut. Es kann euch wirklich den Atem nehmen, daß sag ich euch. Aber was wir machen, soll ja bewirken, daß ihr ihn, mit unseren Partnern hier, wiedergewinnt und unter Kontrolle bekommt. Der Schlüssel zu allem ist das Atmen. Wenn ihr richtig atmet, könnt ihr lernen, mit den Schmerzen mitzugehen, euch zu entspannen und von den Schmerzen helfen zu lassen. Daher haben wir vier verschiedene Atmungsweisen, die wir in den verschiedenen Stadien der Wehen anwenden, und euer Partner wird dabeisein, um euch anzuleiten und zu helfen. Aber ich kann euch noch etwas anderes sagen. Auch wenn es höllisch weh tut, ist es ein Schmerz, der sich mit keinem anderen vergleichen läßt, und wenn ihr ihn überwindet und mit aller Kraft gegenanpreßt, dann ist er etwas, das ihr niemals mehr missen möchtet. Es ist wirklich das wunderbarste Gefühl. Jedenfalls war es das für mich, und ich habe noch keine Frau getroffen, die da anderer Meinung ist.»

Soviel Frauenstolz und Begeisterung schwangen in ihren Worten mit, daß ich mich ausgeschlossen fühlte und Teresa beneidete, die still neben mir zuckte und versuchte, keine hämische Freude zu zeigen. Und so steigerten wir uns mit aller Inbrunst hinein. Wir übten lange, seufzende Atemzüge für die ersten Schmerzen, die langsamen Verkrampfungen, die sich steigern zu einem Höhepunkt und alle zehn oder fünf Minuten wieder vergehen. Ich stoppte die Zeit und atmete mit ihr, hob und senkte meine Hand im Rhythmus wie der Dirigent eines Orchesters, das aus nur einer Frau besteht. Albern erschien es mir ganz und gar nicht. Wir taten etwas zusammen, das sich ganz direkt auf einen der wichtigsten Momente richtete, den wir in unserem Leben teilen würden, und in ihrer Einfachheit war diese Situation herzerwärmend und von Liebe geprägt.

Wir erfuhren, was uns erwartete, wenn die Wehen immer stärker wurden, wir lernten die Muskelkontraktionen zeitlich abzuschätzen, wir lernten, wann es Zeit wurde, Hilfe zu rufen. Wir lernten etwas über die schwierigen und unsauberen Umstände, die eintreten konnten, über das Erbrechen und die unerwarteten Darmträgheiten. Weil wir diese Informationen gemeinsam aufnahmen, erschien uns dies natürlich und unwichtig, und zwischen uns entstand eine neue Form von Zutrauen. Ich merkte, daß ich in erster Linie unterscheiden mußte zwischen meiner Frau als einer komplizierten und in ihrem Lauf unvorhersagbaren Maschine, die menschliche Wesen produzierte, und meiner Frau als einem Menschen, den ich liebte und haßte, an dem ich Freude hatte und an dem ich verzweifelte. Aber es dauerte nicht lange, da fügte sich alles zusammen, und ich konnte sie in all ihren Eigenschaften umarmen. Und das war für mich vielleicht der wichtigste Aspekt dieser gemeinsamen Erfahrung.

Man gemahnte uns, daß die Schmerzen während der Wehen so stark werden konnten, daß eine Frau keine Energie übrig hatte für die liebevollen Blicke und Gesten der Dankbarkeit, die wir alle so gern bieten und empfangen. Noch das letzte Quentchen ihrer Willenskraft und ihrer Gefühle wird aufgewendet für die schwierige Aufgabe, und ein Mann, dessen Ego leicht verletzt ist, muß sich überflüssig und mißachtet vorkommen, bis er lernt, daß der Respekt und die Abhängigkeit seiner Frau eben dann am größten sind, wenn sie sie am wenigsten zeigt.

Dies sind jedoch nicht Dinge, die man gelehrt bekommen kann. Sie müssen auf harte Weise erfahren werden, und hart war es, als die Zeit kam, aber ich war froh, daß ich mich an jene Worte der Warnung erinnern konnte.

21

Im Gegensatz zu den anderen Paaren, mit denen wir uns einmal die Woche im Kirchenraum trafen, brauchten wir beide nicht zur Arbeit zu gehen. Vielleicht beneidete man uns. Alle anderen Männer arbeiteten, und einige der Frauen auch. Wir konnten tun und lassen, was uns gefiel. Es wäre jedoch besser gewesen, wenn wir igendeine Anstellung gehabt hätten. Nach der kurzen Begeisterung, die Teresa für ihren Unterricht in Berkeley empfunden hatte, juckten ihr jetzt die Finger, dieser Berufung zu folgen. Die Zeit war für sie schwer wie Iswas. Mit einer alten Nähmaschine, die wir über eine Anzeige im Supermarkt gekauft hatten, nähte sie eine Velveton-Decke und Kissenbezüge. Wir kauften bei Cost Plus einen Babykorb aus Binsengeflecht, und sie fand einen hübschen, gesteppten Stoff mit einem wunderschönen Mosaikmuster, mit dem sie ihn auslegte. So sah er aus wie eine winzige byzantinische Kapelle. Sie hatte nie zuvor in ihrem Leben genäht, gestrickt oder gehäkelt, aber jetzt fing sie mit alledem an, und was auch immer sie anfaßte, es wurde schön.

Und dann erwähnte sie eines Tages nach einem Besuch bei Tee ganz nebenbei, es stünde ein Webstuhl zum Verkauf. Je mehr sie seine Nachteile aufzählte – er sei zu groß, zu teuer, zu gut für sie – desto deutlicher machte sie mir, wie gern sie ihn gehabt hätte. Wir sahen ihn uns gemeinsam an. Er stand in einem kleinen sonnendurchfluteten Raum auf der anderen Seite der Straße, Tees Haus gegenüber, wunderbar anzusehen und aus hellem, gefirnistem Ahornholz. Er besaß einen einhundertzwanzig Zentimeter breiten Weberkamm mit acht Harnischen und Platz für weitere zwei. Es gab nichts, was man auf einem solchen Webstuhl nicht hätte versuchen können.

Ein Webstuhl ist kein Spielzeug. Wunderschön anzuschauen, wie ein allerfeinstes Möbelstück, war er eine Zierde für jeden Raum, ihn aber allein deswegen anzuschaffen, weil er so schön war, wäre mehr als unsinnig gewesen. So wie ein nicht gespieltes Klavier seine nachlässigen Besitzer ständig zu tadeln scheint, würde ein nicht benutzter Webstuhl mürrisch in der Ecke stehen und auf Versagen wie Unfähigkeit hinweisen. Ein Klavier und ein Webstuhl ähneln sich bemerkenswert in den Ansprüchen, die sie stellen, in ihrer Solidität und Dauerhaftigkeit, und in ihrer Reaktion. Weben ist mehr noch als Architektur wie eingefrorene Musik, und wenn man ein Klavier oder einen Webstuhl ins Haus bringt, muß man sich ernsthaft der Verantwortung ihnen gegenüber bewußt sein.

Als meine Frau sich entschied, sie wolle ihn dennoch haben, wußte ich, was für eine große Verpflichtung sie damit einzugehen bereit war. Seamus und ich hievten ihn auf einen alten Lastwagen und brachten ihn in unser Haus. Einen Augenblick lang wackelte er gefährlich über seinem Kopf, als wir uns die Betontreppen von der Auffahrt hinaufkämpften, aber Seamus' Kraft siegte über das massive Gewicht, und triumphierend gaben wir ihm seinen Platz unter einem Fenster. Dann tranken wir ein Bier auf sein Wohl.

Tagelang starrten wir ihn bewundernd an. Teresa umschnüffelte ihn wie ein Terrier einen Fuchsbau, wollte nichts lieber, als ihn benutzen, war aber voller Angst angesichts seiner Größe und Kompliziertheit und fürchtete, etwas zu beginnen, das sie nicht würde zu Ende bringen können. Schließlich richtete sie ihn für ein Probestück ein und machte sich an die Arbeit. Leicht war es nicht. Immer wieder machte sie Fehler und mußte oft neu anfangen. Sie verbrachte Stunden über ihren Büchern und versuchte, sich an all das zu erinnern, was sie damals im Webkursus gelernt hatte.

Sie war ungeduldig bei ihrer Arbeit. Zeitweilig wurde sie wütend, war frustriert und verzweifelt. Als die Augustwochen dahingingen, wurde Iswas zu einem immer größeren Hindernis. Ihre Energie verließ sie, die Sommerhitze machte sie müde, und als sie schließlich einen kleinen Stuhlbezug fertig hatte, wußte sie – wie gut er auch geworden war –, daß sie mehr nicht fertigbrächte.

Auch ich hatte meine Schwierigkeiten mit der Arbeit. Ich hatte den Auftrag, einen kleinen Artikel zu schreiben. Normalerweise eine Sache von höchstens ein paar Tagen, aber diesmal saß ich wochenlang daran und mußte schließlich Zuflucht in der Bücherei am anderen Ende der Stadt suchen, um ihn zu beenden.

Es gab andere kleine Arbeiten zu erledigen und Dinge zu besorgen: Plastikunterlagen, um die Bettwäsche unseres Babys zu schützen, ein Thermometer, ein ganz besonderes Röhrchen mit einem Gummiball, um die Nase des Kleinkindes freizusaugen. Natürlich besorgte meine Frau die netteren Dinge: zum Beispiel die Matratze für das Körbchen, Babydeckchen und einige winzige Baumwollhemdchen. Aber es fiel ihr immer schwerer, allein mit dem Auto zu fahren.

Die Schwangerschaft machte sie ungewöhnlich nervös, was Unfälle betraf, und wenn ich fuhr, hatte sie größte Angst. Auf den Berg- und Talstraßen von San Francisco stand sie Todesangst aus und rief alle paar Meter «Stop». Am Ende mußten wir es aufgeben, in die Stadt zu fahren.

Ich fand einen Spiegel, auf dem gedruckt stand YOU'RE GORGEOUS, und verbot ihr, einen anderen zu benutzen. Wir aßen gut und waren immer froh, wenn Freunde kamen, aber zwischen uns beiden herrschte immer noch eine unterschwellige Spannung, die schwer zu vertreiben war.

Einige unserer Schwierigkeiten waren dieselben, denen jedes Paar ausgesetzt ist, das ein Kind erwartet, aber wir hatten andere, die uns schwerer belasteten. All unsere Hoffnungen auf die Zukunft gründeten sich allein auf einen einzigen Glaubensakt: daß es uns gelingen würde, auf unserem Land ein Leben zu finden, das uns zusammenbrächte. Wir besaßen sehr wenig Berechtigung, dies zu glauben – nur den starrköpfigen Wunsch, es zu schaffen.

Es fiel uns sogar schwer, über die Zukunft zu sprechen. Ich hatte Angst, die Ideen auszumalen, die mir im Kopf herumgingen: was wir bauen konnten und anbauen und überhaupt tun in unserem Tal. Ich fürchtete, dadurch ihre weniger konkreten Pläne zu überrennen. Und sie begann, sich sehr angreifbar zu fühlen, unsicher, was unsere Aussichten betraf, und erschöpft nicht nur durch ihren körperlichen Zustand, sondern auch durch das Bemühen, sich den Glauben zu erhalten.

Unfähig, mit der Zukunft zu spielen, spielte ich mit der Vergangenheit.

Kaum war ich eine Woche aus England zurück, kamen schon die ersten Briefe. Manche enthielten Besprechungen des Buches, andere kamen von Lesern. Jeden Tag war da etwas. Der Briefkasten thronte auf seinem Pfosten am Beginn der Auffahrt, und wir konnten ihn von oben sehen. Wenn ich etwas abzuschicken hatte, legte ich es hinein und hißte eine winzige rote Blechfahne. Dann konnte ich morgens sehen, ob der Postbote schon dagewesen war, denn er schob die Fahne wieder hinunter. Dieses System ersparte mir unnötige Wege. Der Weg war nämlich steil, und jeden Tag wurde es heißer.

Fast immer hatte ich etwas abzuschicken. Teresa redete mir zu, den Lesern zu antworten, und ich tat es gern. Es erstaunte mich immer wieder, wie viele Leute sich die Mühe machten, mir zu schreiben. Die meisten Besprechungen waren gut, und ein oder zwei Kritiker hatten versucht, etwas Sinnvolles beizutragen, aber viele von ihnen schienen eher darauf aus zu sein, sich dafür zu entschuldigen, daß ihnen etwas gefiel, das eigentlich leicht unter ihrer Würde war.

«Es hat keinen Sinn, nach seinem politischen Bewußtsein zu suchen, denn er besitzt keins», schrieb eine Dame und verriet dadurch ihre eigenen politischen Scheuklappen.

«Humorlos und egozentrisch», schrieb ein anderer. «Überraschende Ausbrüche von Heiterkeit», schrieb ein dritter, während mir ein vierter Komplimente machte, weil ich so bescheiden war. Und so schneiten sie mir ins Haus, diese Stellungnahmen, und ich strahlte vor Begeisterung, schäumte vor Wut und brabbelte empört vor mich hin. Ein Redakteur widmete eine ganze Seite seines Magazins dem Geständnis, er möge mich persönlich absolut nicht, gab seinen Lesern jedoch gleichzeitig den Rat, das Buch zu lesen, obwohl es nicht besonders gut sei. Ein anderer sagte, ich hätte so wenig über eine Etappe meiner Reise geschrieben, daß er den Verdacht hege, ich sei gar nicht da gewesen. Ein anderer sagte, die Beschreibung sei so detailliert, daß ich alles erfunden haben müßte.

Natürlich verschlang ich all diese Besprechungen und suchte zwischen den Zeilen, was nicht zu finden war. Insgesamt boten sie nur wenig Erhellendes. Das machten die Leser wieder gut. Einige der Briefe waren reine Fan-Post, aber fast alle, die schrieben gaben sich größte Mühe, aus ihrer eigenen Erfahrung Wichtiges beizutragen, um zu erklären, warum sie sich so angesprochen gefühlt hatten.

Der kürzeste Brief gefiel mir am meisten. Auf einem Stück linierten Papiers, aus einem Briefblock gerissen, stand einfach gekritzelt: «Danke. Endlich hat mir jemand den Kick gegeben, diesen verdammten Scheißjob aufzugeben und etwas Sinnvolles zu tun. Chrissy.»

Alles, was meine Reise und das Buch betraf, erweckte in meiner Frau zwiespältige Gefühle, und ich vergoß Herzblut für sie. Sie war stolz auf mich, stolz auf das, was ich getan hatte, stolz auf den Erfolg des Buchs, aber all das schien die Kluft zwischen uns zu vergrößern, schien mich zurückzuwerfen in eine Vergangenheit, in der ich, so meinte sie jedenfalls, soviel besser zu Hause gewesen sei als heute.

Immer mehr Briefe kamen, die Verkaufszahlen stiegen in schwindelnde Höhen, die Sonne wurde heißer, und es wurde noch schwerer für uns beide, die gleiche Welle zu finden.

Obwohl ich hoffnungslos wenig Arbeit hatte, machte ich das beste aus den Jobs, die es gab. In einem wilden Anfall von Begeisterung baute ich eine alte Sonnenliege aus dem Garten zu einem Entbindungsbett um. Es handelte sich um ein schweres Holzgestell mit einem Rad am Ende und einer verstellbaren Rückenlehne. Am Ende erwies sich mein Unterfangen als sinnlos, aber zumindest war ich eine Weile beschäftigt. Außerdem gab es kleinere Reparaturarbeiten an unserem Valiant.

Die Lamaze-Lehrerin empfahl ihren «Mädchen», zu Beginn der Wehen etwas in der Nähe zu haben, das sie gern ansahen, etwas, auf das sie ihren Blick richten konnten, gleichsam als Konzentrationspunkt einer Meditation. Wir hatten einen sehr schönen Druck eines primitiv gemalten Garten Edens, ein Bild von Buttercup Garrad, einem Freund von uns, und ich sagte, ich würde ihn unten im «Do it yourself»-Laden rahmen lassen.

Ein aufgeweckter junger Kanadier half mir, und ich erzählte ihm, was wir damit im Sinn hatten.

«Sie wolln das Baby zu Hause kriegen, ja? Na dann, keine Bange. Wissen Sie, ich hab mein erstes Baby auf die Welt gebracht, als ich dreizehn war. War in Kanada ein Bauernjunge. Wir wohnten weit ab, aber in der Nähe von der großen Landstraße. Unser Haus stand ein wenig unterhalb davon, und eine kleinere Straße führte hin. Ich war mit meiner kleinen Schwester zu Hause, meine Eltern abends unterwegs. Also, ich hab den Knall schon gleich gehört. Ein Typ war in voller Fahrt auf der Landstraße mit seiner Missus, wollte noch rechtzeitig ins Krankenhaus kommen, und dieser andere Bursche kam die Gabelung rauf und ist ihm voll reingefahren. Sein Wagen kam direkt vor unser Haus gerollt, und der Mann war ohnmächtig, und seine Frau bekam hinten drin im Auto ihr Kind. Ich hab mich drum gekümmert, ging gut. Ich hatte es schon mit Kälbern und anderen Tieren gemacht, aber es war doch ganz besonders. Wissen Sie, menschliche Babies, die strecken sich nicht so, wie es manche Tiere tun. Junge, die kommen manchmal raus wie die Gummibänder.»

Immer wenn ich aus dem Haus ging, passierte mir so was. An der Kreuzung, wo wir auf die Miller Avenue kamen, war ein großer Delikatessen-Shop, der «Jerry's» hieß mit einer Apotheke an der Ecke, und gegenüber von der Apotheke war ein Friseursalon namens «Shear Fantasy». Zumindest sollte er wohl so heißen. Eines Tages sah ich hinauf auf das große und sicher für teures Geld geschnitzte Holzschild, das draußen hing, und las SHEAR FANATSY. Zuerst wußte ich nicht, was ich mit dieser herrlichen Entdeckung anfangen sollte. Ich wollte sie nicht preisgeben, indem ich den Leuten im Salon davon erzählte, aber als ich später in der Apotheke war, konnte ich durchs Fenster das Schild sehen.

Der Apotheker war ein hochgewachsener, schlanker Mann mit einem unerschütterlichen Lächeln. Ich dachte, ihn könne nichts beeindrucken.

«Sind die schon lange im Geschäft?» fragte ich beiläufig und zeigte aus dem Fenster.

«Wen meinen Sie?» sagte er.

«Shear Fanatsy», sagte ich.

«Sie meinen Shear Fantasy», sagte er herablassend.

«Nein, Shear Fanatsy», sagte ich und versuchte, meinen Triumph zu verhehlen. «Sie wissen schon, die Friseure, Shear Fanatsy.»

Er warf mir einen eigenartigen Blick zu.

«Nein, Sie meinen ...» Und dann sah er selbst hinaus und pfiff leise vor sich hin. «Ich will verdammt sein. Da habe ich das Schild nun schon tausendmal gesehen ... He, machen wir uns einen Spaß.»

Er fand ihre Telefonnummer im Buch und rief sie an. Er besaß die besten Pokermanieren, die ich je gesehen hatte.

«Ist da Shear Fanatsy», sagte er. Er grinste mich an, aber seine Stimme verriet nichts.

Ich konnte den Tonfall der Stimme aus dem Hörer mitbekommen. Da muß irgendein Bescheuerter an der Strippe sein, teilte sie mit.

«Nein, ich möchte nicht Shear Fantasy», sagte der Apotheker. «Ich möchte Shear Fanatsy, an der Miller Avenue.»

Es war köstlich mit anzusehen. Er kostete jede Sekunde aus, bevor er sagte: «Nun, ich sehe gerade auf Ihr Schild, und da lese ich Shear Fanatsy.» Und dann wurde uns das große Vergnügen zuteil, sie einem nach dem anderen aus dem Laden kommen zu sehen. Sie starrten das Schild an und kratzten sich am Kopf.

Unsere letzte und beste Ablenkung von den Gefahren aus der Vergangenheit war das Obst. Die Bäume brachten eine reiche Ernte an Äpfeln, herrlich knackig und saftig. Ich pflückte hunderte Pfund davon, stieg höher und höher hinauf in die Bäume, während meine Frau nervös auf der Türschwelle stand und immer wieder warnend eingriff. Ich versuchte, sie nicht in Angst zu versetzen, aber ich konnte einfach nicht von den Äpfeln lassen. Wir machten riesige Mengen Apfelmus, aber die braunen Papiersäcke, die randgefüllt draußen standen, wollten einfach nicht weniger werden.

Wir verschenkten, soviel wir konnten, aber der Apfelberg blieb.

«Wir könnten versuchen, sie zu verkaufen», schlug ich zweifelnd vor. «Wie wär's, wenn wir sie Sonntag alle mit zum Flohmarkt nehmen?»

Ich hatte kaum Hoffnung, ein gutes Geschäft zu machen, aber der Flohmarkt in Sausalito war ein großer Spaß, und ich dachte, es sei ganz interessant, daran teilzunehmen und etwas zu verkaufen. Da würden wir einen anderen Eindruck von den Menschen bekommen. Wir luden den Kofferraum mit Äpfeln voll, legten zwei Klappstühle auf den Rücksitz und begaben uns auf den Weg, das große Rennen um den amerikanischen Dollar mitzumachen.

Wir kamen nicht bei Sonnenaufgang an, aber das schadete nicht viel. Die besten Plätze waren sowieso schon am Abend vorher besetzt worden, und für uns war es nicht sonderlich wichtig, wo wir standen. Als wir vorfuhren und unsere sechs Dollar bezahlten, sahen wir als erstes einen mit Äpfeln vollbeladenen Lastwagen aus Oregon. Sie verkauften sie billig, aber nur kistenweise.

«Die unterbieten wir», fauchte ich grimmig. «Vielleicht hart, aber so ist eben das Geschäft.»

Der Markt breitet sich über einen großen Bereich offenen Geländes aus, weit entfernt von der Stadt. Es ist wirklich ein Flohmarkt, und es wird eine Menge Tand angeboten, nur wenige schöne Sachen darunter. Leute, die umziehen, verkaufen das Zeug, das sie nicht mitschleppen wollen. Leute verkaufen irgendwelche Sachen, weil sie Geld für den Urlaub brauchen. Es ist ein toller, freundlicher Markt, eine angenehme Mischung aus Amateuren und Profis, einer der besten Flohmärkte, die ich gesehen habe. Wir hatten ein bleiverglastes Fenster, zwei elegante Stühle und eine Klarinette dort gekauft und waren darüber sehr glücklich.

Wir fanden einen Platz und breiteten unsere besten Äpfel auf Zeitungspapier vor uns aus. Rundherum stellten wir sie tütenweise zu lächerlich geringen Preisen aus. Wir wollten nichts weiter, als daß die Leute unsere Äpfel aßen und wir unsere sechs Dollar wiederbekamen. Dann setzten wir uns auf unsere Leinenstühle und warteten. Wir müssen ein wenig seltsam ausgesehen haben, und, um ehrlich zu sein, darauf zählten wir auch. Die Leute grinsten breit, wenn sie uns sahen, aber sie kauften auch Äpfel, und wir machten einen Profit von zwei Dollar, für Benzin und Hot Dogs.

Der Mann mit dem Apfellastwagen kam vorbei und lachte.

«Ihr macht wohl Witze», sagte er. «Diese Äpfel taugen nichts.»

«Versuchen Sie doch einen», sagte ich, und das tat er auch. Er gestand ein, daß sie doch ganz gut waren.

«Was ist das für eine Sorte?» fragte ich.

Er sagte, es seien Jonathan und daß sie schnell weich würden, aber das machte uns nichts. Wir hatten einen wirklich guten Tag, einen unserer besten. Glücklich und müde fuhren wir nach Hause, fühlten uns wie Figuren aus einem Buch von Steinbeck. Immer wenn wir dergleichen zusammen machten, kamen wir wunderbar miteinander aus. Aber ich war zu lange unterwegs gewesen, hatte zuviel gemacht, und es tat mir weh, Unkenntnis heucheln zu müssen. Ich sah jung aus für mein Alter und fühlte mich auch jung, aber für sie war ich eigentlich alt, und das wußten wir beide. Zu alt, um zu heiraten und eine Familie zu gründen. Zu alt für sie.

Vorher schien das Alter für mich nie eine Bedeutung zu haben. Frustration und Müßiggang ließen mich darüber nachdenken, und ich sah, wie eine Heirat einen Mann älter machen konnte. Mit soviel Dingen aus der Vergangenheit, an die ich mich erinnern konnte, und so wenig in der Gegenwart, das mich davon hätte ablenken können, hatte ich das Gefühl, daß mein Leben zerrann, während ich wartete ... und wartete. Und wozu? Je weniger ich tat, desto älter wurde ich. Je mehr ich tat, desto größer wurde die Distanz zwischen uns. Als der «Termin» näherkam, wurde das Warten anstrengender, und dann gab es Augenblicke, da ich dachte, die Geburt von Iswas werde mein Tod sein. Schon konnte ich spüren, wie die Spinnweben langsam meine Glieder fesselten. Nur eine leichte Berührung, aber genug, mich in Panik ausbrechen zu lassen. Es war alles ein schrecklicher Fehler. Ich war doch kein Mann, der sich in diesem Netz fangen ließ wie eine Fliege, um sich dann aussaugen zu lassen von einem plärrenden Baby und einer aufgewühlten Mutter. Ich fühlte einen unbändigen Drang, davonzulaufen, zu verschwinden, meine Identität zu wechseln und nie wieder aufzutauchen.

Ich hatte Männer gekannt, die das taten. Freunde von mir, Männer, die ich respektierte. Damals war es mir unerklärlich erschienen, aber jetzt verstand ich sie. Einer von ihnen war niemals zurückgekehrt. Wie abgebrüht war er erschienen, wie verrückt. Und jetzt hatte es den Anschein, daß mir nichts fehlte als der Mut, seinem Beispiel zu folgen. Der Wunsch zu entfliehen war um so stärker, weil er nicht ständig da war, aber ich ließ mich von den Umständen treiben. Der richtige Augenblick trat nie ein, und wenn ich daran dachte, praktisch und mit Überlegung, wie ich es hätte anstellen sollen, dann wußte ich klar und deutlich, daß mich früher oder später der Kreislauf der Erfahrung an eben dieselbe Stelle zurückbringen würde – leider dann aber zermalmt von der Gewissenslast des Betrugs. Das Spinnennetz war mein Schicksal. Ich hatte es gewählt und gewollt, aber ich konnte nicht anders – meine Flügel flatterten hilflos, während es sich um mich schloß. Für meine Frau konnte die Geburt von Iswas nur eine ungeheure Erleichterung sein. Aus meiner Erfahrung kannte ich nichts, das mir geholfen hätte zu begreifen, was sie vor sich hatte. Als die letzten Tage vergingen, gewann sie eine neue Entschlußkraft. Sie war bereit, wie sie nie zuvor zu etwas bereit gewesen war. Endlich war es vorüber, das Warten, die Erschöpfung, das enorme Gewicht. Sie litt unter keinem der Symptome, die einige unserer Freunde aus dem «Geburtsunterricht» heimsuchten, den geschwollenen Knöcheln, dem erhöhten Blutdruck, den Schwindelanfällen. Sie war stolz auf ihr Wohlbefinden und ihre Gesundheit, und sie war fest überzeugt davon, ohne Schwierigkeiten ein normales, gesundes Kind zu gebären. Ihre Zuversicht war ungewöhnlich und ermutigend.

Iswas hatte pflichtgemäß alle akrobatischen Übungen vollzogen, sich auf den Kopf gestellt und die gewünschte Lage eingenommen.

Wir beide wußten jetzt genau – oder dachten es zumindest –, was wir zu erwarten hatten. Wir hatten Bilder von den eigenartigen Mißbildungen gesehen, die Babies während jener letzten Wendungen erleiden, die sie ans Licht der Welt bringen sollen. Die spitzen Köpfe wie Eistüten, die aberwitzigen Verfärbungen, die schrecklichen Male und schockierenden Haarpelze konnten mich nicht in Furcht versetzen. Wir wußten, wann wir die Hebamme zu rufen hatten, wann der Arzt zu erwarten war. Mit den anderen Paaren hatten wir das Krankenhaus besucht, um uns die Entbindungsstation anzusehen, wo alle möglichen technischen Apparate auf die Frauen warteten. Meine Frau war um so entschlossener, ihr Kind daheim zu bekommen. Sie war entschlossen, der Versuchung zu widerstehen, irgendwelche Medikamente zu nehmen, und ich hatte versprochen, ihr dies auch dann nicht vorzuschlagen, wenn die Schmerzen zu stark wurden.

«Ich werde es wissen», sagte sie grimmig entschlossen. «Wenn ich etwas brauche, werde ich es dir früh genug sagen. Mach es nur nicht schlimmer für mich.»

Sie war bereit, und der Tag kam, und er verging – wie der nächste und der übernächste –, und nichts geschah. Sie begann den Mut zu verlieren. Irgendwie hatten wir uns nicht auf diese normalste aller Situationen eingestellt. Das erste Kind kommt nur selten am vorausgesagten Datum zur Welt, aber wir waren wie hypnotisiert gewesen vom Kalender, und ich mußte mit ansehen, wie ihre Zuversicht auf grausame Weise schwand, als sich die Tage dahinzogen und immer noch nichts geschah.

Post kam weiterhin in Massen. «Outraged» aus Camberley schrieb: «Warum haben Sie das, was ansonsten ein außergewöhnlich interessantes Buch hätte sein können, verdorben durch so detaillierte und langweilige Beschreibungen Ihrer Körperfunktionen? ... Glauben Sie wirklich, daß die Benutzung des Wortes ‹fuck› Ihr Buch lesenswerter oder erfreulicher macht? Diese Eigenschaften des Buches haben mich veranlaßt, es dem Papierkorb anzuvertrauen.»

Von Äpfeln und Pflaumen wandte ich mich den Brombeeren zu und machte mehr Marmelade, als wir je verbrauchen konnten. Am Freitag besuchten wir den Arzt, um uns Rückenstärkung zu holen. Es war der sechste Tag nach dem angekündigten Termin.

«Es ist mein freies Wochenende», sagte er, «mein erstes seit Wochen. Ich fahre zum Fischen in den Norden.» Er sah uns fragend an. «Und ich wette, Sie werden an diesem Wochenende ihr Baby bekommen. Es ist schon komisch. Ich hatte immer das Gefühl, bei der Geburt nicht hier zu sein. Ich habe daher veranlaßt, daß ein Freund mich vertritt. Er ist ein guter Arzt, und ich habe ihn gebeten, herzukommen und Sie kennenzulernen.»

Wir trafen einen Riesen von Mann mit einem sanftmütigen Gesicht. Er gefiel uns beiden auf der Stelle, aber inzwischen hatten wir uns damit abgefunden, ewig warten zu müssen. Wir konnten uns nicht dazu bringen, noch an irgend etwas zu glauben. Ärzte kommen und gehen, aber Iswas hatte sich entschlossen zu bleiben, wo er war. Wir fuhren nach Hause, schicksalsergeben und mutlos, um weiter auszuharren.

Am nächsten Morgen spürte sie die ersten Krämpfe, und auf der Stelle verflog unsere Lethargie. Wie eine Schiffsbesatzung bei Flaute hörten wir den Mann im Ausguck schreien: «Land ahoi!», und unser geduldiges Elend wich fieberhafter Erwartung. Wir riefen die Hebamme an, um ihr das erste Warnzeichen zu geben, und guter Dinge machte sie sich bereit, aber riet uns, nicht zu aufgeregt zu sein. Wir sollten sie anrufen, sagte sie, wenn die Wehen in Abständen von fünf Minuten kamen, denn es hätte keinen Sinn, wenn sie vorher zu uns käme, und es könne noch eine Weile dauern. Sie hatte recht. Die Krämpfe vergingen, und wir fühlten uns verraten. Abends begannen sie wieder, aber in zu großen Abständen, um ernstgenommen zu werden. Wir klappten unten das Sofa auf, und ich bereitete für Teresa das Bett vor.

«Du solltest lieber etwas schlafen, solange es noch geht», sagte sie zu mir. «Es kommt eine Menge Arbeit auf dich zu. Ich schlafe hier unten und wecke dich, wenn etwas passiert.»

Ich schlief bis sechs, ohne zu träumen, und dann kam ich hinunter, um Frühstück zu machen. Sie sagte, sie habe während der Nacht alle halbe Stunde etwas gefühlt. Viel geschlafen hatte sie nicht. Ich brachte die Schaumgummimatratze runter und legte sie auf den Boden, breitete Plastik darüber aus und polsterte die Laken, damit die Feuchtigkeit absorbiert wurde, wenn der «Wasserbeutel» riß – ein weiteres der Mysterien, die wir im Laufe unserer Abenteuer in dem Kirchenraum enthüllt bekommen hatten.

Langsam spürten wir unsere Einsamkeit. Wieder riefen wir die Hebamme an.

«Ich bin bereit», sagte sie. «Keine Sorge. Ich werde bei Ihnen sein, sobald Sie mich brauchen.»

Wir richteten uns aufs Warten ein.

Ich durchblätterte ein altes Notizbuch und sah, daß seit dem Militärputsch in Chile und dem Tod von Allende genau sieben Jahre vergangen waren. Jener Tag wurde wieder lebendig. Die chilenische Tragödie traf in Europa auf einen Nerv und erweckte ein Mitleiden, das im Grunde Chiles Größe und Wichtigkeit nicht angemessen gewesen wäre. Aber eben die Entfernung machte das Ereignis besonders bitter.

Meine Tagebucheintragung lautete:

«Victoria jabs. Yank with DX. Good riddance to A.»

Ich erinnerte mich sehr deutlich an damals. «Victoria» war der Air-Terminal in London, ein sehr guter Ort, um sich impfen zu lassen. Meine Reise sollte in einem Monat beginnen, und ich wartete dort auf meine erste Cholera-Impfung. Der Raum war überfüllt. Der Amerikaner war vor mir dran, ein großer Kerl, aber dennoch nicht ganz so groß, wie er alle glauben machen wollte. Er war anspruchsvoll durchgestylt und sah wohlhabend aus. Seine schwarzweißen Hosen mit Blümchenmuster waren ein wenig zu schrill. Zu seinen zahlreichen Accessoires, alle vom besten, zählten eine goldene Armbanduhr, ein Ring, ein Armband mit Namensschild, Manschettenknöpfe, ein neuer Regenschirm und eine Frau. Er hatte das Gesicht eines Geschäftsmanns und den Blick eines Gangsters. Gelegentlich checkte er das Wartezimmer nach einer Marktlücke oder einer Menschenseele, die leicht einzukaufen wäre. Er las eine Zeitung.

«DX» bezog sich auf den «Daily Express», den er in der Hand hielt, noch im alten Format. Auf der Titelseite war ein Sensationsfoto von der Moneda, dem chilenischen Präsidentenpalast, nach einem Bombenangriff in Flammen. Die Schlagzeile verkündete den Tod Allendes.

Mit lauter, lässig schleppender Stimme sprach der Amerikaner zu seiner Frau.

«Was ich so höre, war es 'ne verdammt gute Sache, daß sie den endlich losgeworden sind.»

Die manikürte Hand der Frau flatterte nervös gelangweilt auf dem Schoß ihres pfefferminzgrünen Rocks.

Die dummdreiste, besserwisserische Stimme raspelte weiter:

«Der hat wirklich sein Land gefickt. Du erinnerst dich doch an Al – neulich abend?»

«Sicher», nickte sie überaufmerksam.

«Na, Al sagt, der hat auch sonst noch allerhand gefickt. War 'n gottverfluchter Frauenheld, da kannst du Gift drauf nehmen.»

Ich dachte daran, wie verbittert ich gewesen war, als ich diese unverschämt gedankenlosen Worte hatte mit anhören müssen ... da hörte ich meine Frau ein Geräusch von sich geben und drehte mich zu ihr. Sie stieß einen Seufzer aus.

«Da geschieht etwas», sagte sie.

«Was ist mit Tee?» fragte ich, und sie nickte.

Ich rief Tee an, und sie sagte, sie käme gern gleich rüber. Sie hatte immer dabeisein wollen, und meine Frau wollte auch, daß sie kam.

«Niemand sonst», sagte sie. «Tee und du und die Hebamme.»

Sie war sehr entschieden, was die Geburt betraf, und ich war ihr dafür dankbar. Es war Sonntag, wieder ein schöner Tag. Gegen zehn Uhr morgens stöhnte sie laut auf.

«Mein Gott», sagte sie, «das war eine ganz schlimme ...»

Und dann fing es wirklich an.

22

Die Straße nach Chile begann, kaum daß ich in Argentinien war.

Brasilien, so katastrophenträchtig und triumphierend, so einheitlich und vielfältig, so mächtig sanft, so weit und groß, daß es ein Subkontinent ist, Brasilien liegt da anmaßend abgesondert von dem Rest, nährt sich aus eigenen Wurzeln, ist durchdrungen von seiner eigenen Poesie und von seinem eigenen Mythos. In Brasilien wanderte ich vier Monate lang zwischen Tod und Liebe, Folter und Musik. Und dann, eines Septembermorgens im Jahre 1974, trieb ich über den Iguaçù-Fluß, der auf unheimliche Weise ruhig ist, obwohl er doch unter einem der tosendsten Wasserfälle der Welt strömt, und dann rollte ich von der Fähre hinein nach Argentinien.

Argentinien war ein politisches Niemandsland, bevölkert von Stadtguerilleros, faschistischen Mordbuben und peronistischen Mobs, unter der verworrenen und verzweifelten Präsidentschaft der Peron-Witwe Isabelita von Tag zu Tag tiefer abgleitend ins Chaos. Es war mehr als ein Jahr her, daß die vier Generale Chile in seine eigene blutige

Katharsis gestürzt hatten. Während ich die argentinische Wildnis mit einander widerstrebenden Hoffnungen und wachsender Systemlosigkeit durchstreifte, schien ein leuchtender Schimmer aus südlicher Ferne zu locken. Ich fühlte mich hingezogen zu jenem Land, in dem sich Argentiniens schreckliches Schicksal schon spiegelte.

Die Ansichten aus der Ferne, die man von fremden Nationen und ihren Schwierigkeiten hat, sind vielleicht Stoff für Zeitungsartikel und Dokumentarfilme, haben aber mit dem täglichen Leben wenig zu tun. Auf dem Boden der Tatsachen stellen sie sich anders dar: da gibt es mit einemmal weder Zahnpasta noch Öl zum Braten, da werden Fremde plötzlich voller Argwohn betrachtet, da steigt die Inflation in den Himmel, und Devisenbestimmungen werden undurchschaubar.

In Argentinien herrschte die Gewalt. Die Einschußlöcher in einer Hotelrezeption in Villaguay legten davon Zeugnis ab. Am Tag zuvor hatte man versehentlich den Hotelbesitzer erschossen. Ziel des Attentats war ein Regierungsbeamter gewesen, der mit zwei Leibwächtern reiste, und einer seiner Leibwächter hatte auf ihn geschossen. Der Beamte ging hinter der Rezeption in Deckung und kam davon, der Hotelbesitzer und der andere Leibwächter wurden von Kugeln durchlöchert. Ich kam einen Tag zu spät.

Ich war nämlich unaufmerksam gefahren, in eine tiefe Furche ausgetrockneten Lehms geraten und hatte die Kontrolle über mein Bike verloren. Ich flog über den Lenker, das Motorrad machte einen Salto und fiel auf mich. Es landete direkt auf meinem rechten Oberschenkel, und ich war sicher, daß es mir das Bein gebrochen hatte. «Herr im Himmel», sagte ich bei mir, «diesmal hast du's wirklich geschafft.» Ich sagte es laut, aber ich stand auf, und der Knochen war in Ordnung. Das Bike lag da wie ein Käfer auf dem Rücken. Der Motor spuckte. Ich machte ihn aus und betrachtete mein Motorrad. Die Lampen waren kaputt, der Lenker um neunzig Grad gedreht, und – am allerschlimmsten – die Gabeln waren verbogen. Beide Boxen waren schwer beschädigt, und meine Habseligkeiten lagen auf der Straße verstreut. Langsam sammelte ich alles zusammen, band es fest, während meine Oberschenkelmuskeln zu überdimensionaler Größe anschwollen, und dann humpelte ich in die Stadt.

Steif stand ich an jenem Abend vor dem Hotel auf der Plaza der Stadt und sah zu, was so geschah. In der Polizeistation herrschte nach der Schießerei hektische Aktivität. Mehrere fette Polizisten, eng eingeschnürt in ihre Khaki-Uniformen, salutierten der Flagge, die eingeholt wurde. Nach Einbruch der Nacht nahmen zwei von ihnen zu jeder Seite des Hotels Aufstellung, hielten Wache und pfiffen einander gelegentlich in der Dunkelheit zu. Im Angesicht der Welt, dachte ich, war Argentinien ein gefährlicher Ort, wo täglich Menschen entführt und ermordet wurden, doch die einzige Gewalt, deren Opfer ich wurde, war ein dämlicher Motorradunfall, bei dem ich noch viel Glück gehabt hatte. Mehrere Tage dauerten die Reparaturarbeiten. An die Einschußlöcher bei der Rezeption dachte ich kaum. Sie waren höchstens eine Geschichte wert.

Ein brasilianischer Diplomat stellte mich Mercedes de Menendez vor, das heißt, er gab mir ihre Telefonnummer, und als ich in Buenos Aires ankam, rief ich sie an. Sie war Universitätsstudentin und hatte eine Gruppe von Freunden. Zusammen durchstreiften wir die Stadt. Ich hatte Glück, daß sie etwas Englisch sprachen, denn zu jener Zeit war ich noch hoffnungslos ins Portugiesische verstrickt und verstand nicht ein einziges Wort Spanisch.

Sie gaben sich viel Mühe mit mir und behandelten mich mit großem Respekt. Ich fand das erstaunlich, aber natürlich auch ziemlich angenehm. Das glich die Tatsache aus, daß die Mädchen alle in festen Händen waren, und vielleicht war es besser so.

Mercedes war schlank und blaß mit rötlichem Haar. Sie stammte aus einer wohlhabenden Familie, die in einem Apartment voller gewichtiger Möbel im französischen Stil in einem gefragten Teil der Stadt wohnte. Angesichts dieses Hintergrunds hielt ich ihr wißbegieriges und unaufgesetztes Interesse an der Welt für ein erfrischendes Zeichen wirklicher Intelligenz. Sie hatte ihre Freunde mit Bedacht gewählt, denn alle waren weltoffen. Sie war mit Jorge zusammen, einem hageren und verträumten Mann, der sich mit einem schütteren hellbraunen Bart zierte. Dann waren da noch sein Bruder Pucci, graziös und leicht maniriert, und Hebe, ein majestätisches, dunkles und schmollendes Mädchen. Raoul war klein, energisch und leidenschaftlich. Seine Freundin war die einzige von ihnen, die arbeitete. Sie hieß Marta, ein hübsches, praktisches Mädchen voller Energie und guter Laune. Sie hielten mich nachts lange wach mit Kaffee und Barbecues und Gesprächen über Politik und das Leben. Und sie brachten mir bei, den Tango zu singen.

Als ich ihnen erzählte, daß ich wegfahren mußte, beschlossen sie alle, mit mir zu kommen, und wir trafen uns zweihundertfünfzig Meilen südlich an der Küste in Mar del Plata, wo die Porteños hinfahren, um dem schlammigen Wasser des River Plate zu entrinnen und im erfrischenden Wasser des Ozeans zu baden. Wir campierten in den Sanddünen und hatten ungeheuren Spaß zusammen.

Sie alle waren leidenschaftlich engagiert im politischen Drama Argentiniens und warteten auf die nächste, unweigerlich bevorstehende Phase. Wie diese aussehen würde, darüber stritten sie sich heißblütig. Ich erzählte ihnen von dem Attentat, dessen Zeuge ich in Villaguay beinahe geworden wäre, einem Vorfall, der auf typische Weise verwirrend war. Sie gaben sich die größte Mühe, mir zu erklären, was ablief, aber ich hatte das Gefühl, daß sie zu sehr darinsteckten. Allein indem ich zusah, wie sie sich darüber ereiferten und stritten, lernte ich vielleicht, alles besser zu verstehen.

Mit einer gewissen Trauer gestanden sie ein, daß jeder Argentinier eher darauf aus ist, seine eigene Meinung zu verteidigen, als zu einer Übereinkunft zu gelangen, aber in Argentiniens Geschichte gab es auch nur wenige Ereignisse, die das Vertrauen zur Kompromißbereitschaft bestärkt hätten. Sie taten mir ziemlich leid, als ihr hitziger Streit die Nacht andauerte und sich immer wieder explosionsartig entlud.

In unserer letzten Nacht träumte ich sogar davon, und dann wachte ich von echten Gewehrschüssen auf. Soldaten beschossen Ziele am Strand. Draußen auf See sah ich eine Vielzahl schwarzer Figuren, die offensichtlich auf die Küste zurückten, und ich dachte, es handle sich vielleicht um eine Art Froschmann-Komando, bevor ich merkte, daß nur ein paar Seehunde auf einem Riff lagen.

Das Wetter hatte sich verschlechtert, und uns wurde klar, daß wir nicht mehr länger bleiben konnten. Ich besaß jede Menge Praxis, Abschiedsworte zu formulieren, aber ich hatte sie in mein Herz geschlossen und meinte zu ahnen, daß ihnen schlimme Zeiten bevorstanden. Wir waren alle sehr traurig.

Der Himmel war düster. Die Straße folgte der Küste beinahe geradewegs nach Westen, und ein kräftiger Südwind blies, dessen unverhoffte Böen mich umzuwerfen drohten. Dann fiel kalter Regen in Sturzbächen, gepeitscht vom Wind. Nach kurzer Zeit wollte das Bike nicht mehr ziehen. Dann verlor die Maschine ihre Kraft, und ich war gezwungen anzuhalten.

Im Regenguß war die Küste öde, und als einzige Zuflucht fand ich einen kleinen Betonunterstand an einer Bushaltestelle. Der Fußboden stand zentimeterhoch unter Wasser, aber es gab eine Bank aus Beton. Ich schob das Bike hinein und hockte mich auf die Bank, naß und kalt.

Es schoß mir durch den Sinn, daß dieser Busunterstand genauso war wie einer an der Südküste Englands. Überhaupt war alles so, daß ich mich ebensogut sechzig Meilen von London entfernt hätte befinden können, und zwar im Winter. Dieser Gedanke machte mich noch niedergeschlagener.

Leichten Trost fand ich in der Arbeit, und schließlich entdeckte ich, daß die Hauptdüse des Vergasers sich gelöst hatte und in den Hohlraum gefallen war. Das reparierte ich, säuberte den Gaszug, kochte Kaffee und zog mich um. Mitten bei diesen Verrichtungen hörte der Regen auf, und eine Truppe kleiner Schulmädchen mit kleinen weißen Nylonschürzen erschien wie aus heiterem Himmel, um den nächsten Bus zu bekommen. Betreut wurden sie von einer seriösen Señorita. Wie versteinert betrachteten sie mich, während ich mich vor ihren Augen wieder zusammenrappelte.

Ein wenig weiter die Straße hinunter machte das Gas von neuem Schwierigkeiten, diesmal am Griff. Und dort in Miramar, als ich am Straßenrand arbeitete, stoppte ein Ehepaar mittleren Alters beim Anblick meines britischen Nummernschilds seinen Morris Minor. «Wohin fahren Sie?» rief der Mann in kräftigem Englisch. Ich sagte ihnen, ich sei auf dem Weg nach Bariloche.

«Oh, dann müssen Sie bei Teddy Wesley übernachten», rief er begeistert. «Hier, ich schreibe es Ihnen auf.» Er gab mir einen Fetzen Papier mit einer Adresse.

«Er ist ein wundervoller Bursche. Sagen Sie ihm, George und Else haben Sie geschickt. Bestellen Sie ihm schöne Grüße.»

Irritiert und herzerfrischt von dieser Begegnung, weil ich mich ja schließlich in Argentinien befand und nicht in Kent, fuhr ich weiter, um die Pampa in Richtung Anden zu überqueren und nach Chile zu gelangen. Ungeheure Erwartungsfreude erfüllte mich, denn es war ebenso sehr eine Reise ins Unbekannte wie die Überquerung des Atlantiks nach Südamerika, ja, wie der Trockensprung ein Jahr zuvor, als ich mich durch Afrika wagte. Aber jetzt war alle Nervosität verschwunden, die ich damals noch hatte. Ich hatte Kraft gewonnen, ich hatte Sinn und Zweck meiner Reise erkannt. Alles schien sich zu bewahrheiten, ich fühlte mich durch und durch voller Gewißheit, denn ich erfüllte mir eine lebenslange Sehnsucht, deren Qualität ich früher nur vage geahnt hatte.

Es war nicht – wie ich vielleicht einmal gedacht haben mochte –, daß ich allein von Abenteuerlust getrieben wurde. Ich war nicht auf jenen

Stoff aus, der den Leser eines Buchs vor Schreck erstarren läßt. Natürlich geschahen solche Dinge auf dem Weg auch, und ich barg sie sorgfältig in meinen Notizbüchern und in meiner Erinnerung aus eben jenem Grunde – daß sie sich später im Buch gut lesen würden. Ich zweifelte nämlich an meiner Fähigkeit, jemals die reine Befriedigung vermitteln zu können, die es für mich brachte, mich einfach fortzubewegen, durch die Landschaft zu trödeln, mit dem natürlichen Rhythmus von einer Kultur in die andere zu gleiten, bis ich endlich die Hoffnung haben konnte, zu verstehen, wie sie sich mischten und trafen, sich trennten und aus dem erwuchsen, was uns allen gemeinsam ist.

Ein Jahr auf der Straße hatte mir das Gefühl gegeben, wirklich einer Berufung zu folgen, und obwohl ich wußte, daß es jeden Augenblick zu Ende sein konnte, hatte mir doch meine Erfahrung unbeugsames Selbstvertrauen und Überlebensfähigkeit gegeben. Ich war nicht darauf angewiesen, daß irgend etwas besonderes geschah, um meiner Reise ihren Wert zu geben. Nichts als die tägliche Ration an Reizen für meine fünf Sinne: etwas zu sehen, etwas zu hören, etwas zu riechen, etwas zu fühlen und etwas zu schmecken. Das reichte, mich gesund zu erhalten, meinen Geist anzuregen und in mir Verständnis zu speichern, das ich so wertschätzte.

Das Fahren auf meinem Motorrad wurde mir zur zweiten Natur. Das Sitzen im Sattel war für mich so natürlich, wie in einem Sessel zu sitzen, ja, sogar noch bequemer. Alles am Fahren war wohlvertraut und angenehm: der Fahrtwind, der mir ums Gesicht blies, die Temperaturveränderungen, der Geruch von Heu und Staub und Pflanzenmark und Dung und Diesel und schalem Urin, was immer in der Luft war. Und wenn ich auch manchmal den Verlust der Stille bedauerte und die Tatsache, daß ich weder den Gesang der Vögel noch Stimmen in der Entfernung hören konnte, war doch der Klang der Maschine tröstlich und auf seine Weise hilfreich, meine Gedanken zu bewegen.

Ich kannte das Bike gut, glaubte an es und nahm seine Fehler hin. Ich hatte alles, was ich brauchte, auf vernünftige Weise um mich verteilt, und ich wußte, wenn etwas schiefging, konnte ich es der Vorbestimmung anlasten und brauchte nicht mir selbst Vorwürfe zu machen, und auch darin lag eine gewisse Befriedigung.

Irgendwo hinter Bahia Blanca, als ich endlich landeinwärts fuhr, machte das Bike seine ersten zwanzigtausend Meilen voll, und das war ein hinreichender Beweis gesunder Partnerschaft, hätte ich einen solchen noch gebraucht.

Von den ersten Augenblicken der Reiseplanung an waren es die Ozeane, die Berge und Wüsten gewesen, die mich am meisten fesselten. Ich hatte eine Wüste durchquert und einen Ozean überquert. Jetzt lagen die Anden vor mir. Sie hatten schon aus tausend Meilen Entfernung gelockt. Ich sah die Welt geteilt von zwei gigantischen Felsvorhängen, dem Himalaya, der Norden von Süden trennt, und die Anden, die Osten von Westen trennen. Ich konnte weder hoffen noch erwarten, jemals die Berge des Himalaya zu überqueren, obwohl ich hoffte, eines Tages in sie hineinzufahren, aber die Anden standen mir im Weg. Sie waren die natürliche Wasserscheide meiner Reise, und ich hatte sie mir immer als eine magische Trennungslinie vorgestellt, jenseits derer vielleicht jene Welt auf der anderen Seite des Spiegels liegt. Immer rührte sich in mir die irrationale Hoffnung, irgendwo des Weges in ein Land zu kommen, wo das Gras rosa und die Bäume blau und wo die Menschen auf den Köpfen standen. Und so machte ich mich auf den Weg über die Pampa in lebensvoller Vorfreude.

Es war ein Nationalfeiertag. Alles war geschlossen, kaum irgend etwas regte sich, und ich hatte die Pampa für mich allein. Anfangs sah ich Dornenbüsche, aber bald wichen sie Gras und Buschwerk, ungefähr einen Meter hoch. Die Straße war ein wenig erhaben und an den Seiten mit Stacheldraht abgezäunt. Dreihundert Meilen lang änderte sich die Landschaft nicht. Ich sah einige wenige Kühe und Bussarde, die über Aas kreisten. Es war Oktober, Spätfrühling auf der südlichen Hemisphäre, und die Sonne stieg hoch und war heiß und diesig. Ein stetiger Wind blies aus Nordwesten über und gegen mich und trieb Steppenläuferbüschel über meinen Weg, aber die Straße war gut geteert, und nach nur einem Frühstücks-Stop kam ich nachmittags auf der anderen Seite in General Roca heraus.

Am nächsten Tag änderte sich die Landschaft, wurde karger und wüstenähnlicher, aber es brachen auch schon die ersten Wellen aus Felsgestein durch den Boden. Ein Plattfuß hielt mich auf, und nach 170 Meilen gelangte ich nach Piedra de Aguilla und entschied mich, dort zu kampieren. Das Dorf lag unter einer Reihe dramatisch ausgezackter Felsen: einfache Gebäude aus Lehm und Ziegeln, strahlend weiß getüncht. An einer Tür war das Schild «Schlachter», und ich kaufte bei einem jungen Mann ein paar Rippchen und Lammnieren. Danach erstand ich nebenan Eier und Wein. Derselbe Mann tauchte hinter dem Tresen auf. Es war, als spielten wir «Stühlchen, wechsel dich», und ich empfand ein kindliches Vergnügen daran. Da gab es offensichtlich ein

Gesetz, daß Fleisch- und Milchprodukte nicht in demselben Laden verkauft werden durften.

Ich wußte, daß es in der Nähe einen Fluß gab, und folgte einer Piste ungefähr eine Meile weit, um ihn zu finden. An einem grasbewachsenen Uferstück baute ich unter Bäumen mein Zelt auf. Ein kalter Wind wehte unablässig, und daher hob ich eine flache Grube aus, machte darin ein Feuer, steckte einige grüne, angespitzte Stöcke in den Boden, so daß sie an der Leeseite schräg über die Glut ragten, und dann balancierte ich meine Rippchen auf ihnen aus. Das System klappte ganz gut, und ich plante fürs nächste Mal noch einige Verbesserungen. Wein, Zigaretten und Tee waren mir angenehme Gesellschaft. Ein guter Abend wie dieser, allein unter den Sternen in einem fremden Land, kann lebenslang die Erinnerung wärmen. Die Nacht war kalt und friedlich. Ich wachte früh auf und war bereit, die Anden zu begrüßen, die nur noch 150 Meilen entfernt lagen.

Die Straße stieg stetig an, und bald schon wurden sie sichtbar. Ich hielt eine Weile an und ließ die Stille in mich einwirken. Das Land war wundervoll in seiner Fremdartigkeit. Halbwüste, geborgen zwischen Felsgipfeln und ausgelegt mit einem Teppich aus kargem salbeigrünem Buschwerk. In der Nähe war der Boden braun und steinig, aber weiter in der Ferne wurde das Grün immer intensiver, bis es sich in die Böschungen hinaufrollte. Ich sah einige Pferde frei in der Wildnis herumlaufen, hörte sie schnaufen und wiehern. Vor mir senkte sich die Straße wieder, hinunter ins Tal des Limay-Flusses, und dort, weit entfernt, ragten die ersten schneebedeckten Gipfel der Anden empor. Ein erhebendes Gefühl ergriff Besitz von mir, mehr als ich verkraften konnte, und ich mußte etwas tun, mich ihm zu entziehen. Ich machte ein paar Bilder von mir und dem Bike. Nur selten dachte ich daran, solche Aufnahmen zu machen. Die Kamera stand auf einem Steinvorsprung mit gespanntem Selbstauslöser, und ich hastete hin und her, lachte und spielte wie ein Kind. Mit klaren Augen sah mir ein Pferd zu.

Jene Fahrt von Piedra nach Bariloche war von Anfang bis Ende herrlich. Bei Traful traf die Straße wieder auf den Fluß und durchlief mit ihm das Valle Incantado, eine Schlucht, die von Felsen bewacht wird, die zu den phantastischsten Formen ausgemeißelt sind. Und dann tauchte endlich der erste der Seen auf. Nahuel Huapi, ein atemberaubendes Blau inmitten eines sattgrünen Kiefernwaldes, eingebettet am Fluß der schneebedeckten Hänge, die sich jung und scharf hinaufschwangen bis auf achttausend Fuß.

Ich war absolut nicht vorbereitet auf die erschütternde Schönheit dieses Ortes. Ich vermied es wie die Pest, Touristen-Broschüren zu lesen und informierte mich so wenig wie möglich über die Orte, die ich besuchte, bevor ich dort ankam. Vielleicht hatte ich schon einmal einen so blauen See wie Nahuel Huapi gesehen und vielleicht auch einen Berg so hoch und schneeweiß wie den Catedral oder Wälder, so grün wie die um Bariloche, aber alles drei zusammen vorzufinden unter einem blauen Himmel in jenem spröden, kalten Licht, war unerhört wie die Vision des Paradieses, der Alptraum eines Poeten, denn es machte jede Poesie überflüssig.

Ich fand die Wesleys auf der anderen Seite von Bariloche, auf einem Stück Land zwischen zwei Seen. Teddy war nicht der Schmusebär, den man hätte erwarten können. Er war ein kräftiger, zäher Mann mit grünen Glitzeraugen, einem bedachtsamen und distanzierten Lächeln und dem Bart eines Conquistadors. In Argentinien geboren, aber von den Wellesleys abstammend und daher mit dem Duke of Wellington verwandt, war er alt genug, um im Zweiten Weltkrieg ein Kommando geführt zu haben, sah aber so jung aus, noch immer Peru erobern zu können, wenn es unentdeckt gewesen wäre.

Er hatte eine zierliche, blonde Frau mit freundlichem, aber leicht abwesendem Benehmen, das zweifellos auf die Mühe zurückzuführen war, die es gekostet hatte, die vier gemeinsamen Söhne zu gebären und großzuziehen. Sie empfingen mich ohne viel Aufhebens und brachten mich in einem Wohnwagen unter, der hinter ihrem Haus geparkt stand. Und so war ich acht Tage lang in der Lage, frei herumzuwandern in diesem Himmel auf Erden und abends in angenehme Gesellschaft zurückzukehren, wo am Kaminfeuer Geschichten erzählt wurden. Bariloche war ein berühmter Urlaubsort, im Winter für Skiläufer, im Sommer für Wanderer, Bergsteiger und Angler. Außerdem war es Argentiniens Atomforschungszentrum, und das Institut dort zog geniale Menschen aller Nationalitäten an. Diese Mischung brachte ein kulturelles und intellektuelles Leben, wie es sonst kaum in einem Urlaubsort zu finden ist.

Teddy nahm mich mit zu Andrew, einem polnischen Skilehrer, der am Seeufer ein übel beleumundetes Leben führte. Er war ein geborener Geschichtenerzähler und wußte skurrile Anekdoten über die Leute in der Stadt zum besten zu geben. Dabei sah er mich aus verwaschenen blauen Augen an, die keinen Widerspruch duldeten.

«Selbstmorde», erklärte er, «geschehen ausschließlich aus sexuellen

Gründen. Nehmen wir zum Beispiel diese Frau –» und er nannte ihren Namen – «die sich aus dem Fenster gestürzt hat. Sie hat es getan, weil er sie nicht befriedigen konnte. Sie meinen vielleicht, ich weiß es nicht. Der stinkt doch schon von weitem!»

Viele Männer stinken schon von weitem, und wenn man ihm glauben wollte, dann war er damit beschäftigt, einen Ein-Mann-Kreuzzug-zur-Bewahrung-von-Frauen-vor-dem-Selbstmord zu führen. An seiner Tatkraft und seinem Mut war jedoch nicht zu zweifeln. Er war Seemann auf dem polnischen Schiff Batory gewesen und hatte das Leben beim Schopf gepackt, indem er in Buenos Aires von Bord gesprungen war, um quer über den Kontinent nach hierher zu kommen. Er hatte sich sein eigenes Haus auf Niemandsland aus Fundstücken gebaut. So sah es auch aus, und seine Geschichten waren voller Lebensfreude und Vitalität.

Zwei Deutsche, die ich kennenlernte, waren am anderen Ende der Skala zu Hause. Sie hatten das beste Hotel in Bariloche, das El Casco gebaut. Es war von ihnen eher wie ein Luxusanwesen gestaltet, nicht wie ein Hotel, und sie empfingen uns in ihrem formidablen Foyer wie Freunde zum Dinner. Ruth und Alfred hießen sie. Es war Zwischensaison, und sie hatten keine Gäste, so daß man in der Tat den Eindruck hatte, dies sei ihr Privat-Etablissement, ein Erholungsort, prunkvoll wie aus Vorkriegszeiten. Sie besaß die Ausmaße einer Wagner-Walküre, mit denen sie ihr Ballkleid zu sprengen drohte, und er war ein Zwerg neben ihr, ein adretter, kleiner Mann im korrekten und altmodischen Dinner-Jackett, mit Fliege.

Auch ihre Geschichte war romantisch. Er stammte aus Stuttgart, sie aus Berlin. Im Krieg war seine Frau nach Schweden geflohen, ihr Ehemann in russische Gefangenschaft geraten. Beide Ehen gingen an der Trennung zugrunde. Sie trafen sich, heirateten und kamen nach Bariloche, beides Nazi-Gegner, die sich plötzlich in der Gesellschaft von geflohenen Nazi-Wissenschaftlern wiederfanden. Aber die alten Wunden waren inzwischen verheilt. Es machte nichts mehr. Ihre Töchter waren herangewachsen und zu Besuch gekommen. Beide hatten ihre Ehemänner im Institut gefunden.

Weit entfernt vom politischen Aufruhr in Buenos Aires, war Bariloche wie eine Welt mit eigenen Gesetzen, fernab von allem, ein feiner Ort für Menschen, die Politik satthatten und die Sorgen des Lebens auch, für Menschen, die wieder anfangen wollten. Auch für mich hatte es seinen Reiz und war einer jener Orte, die ich mir wohl merkte als mögliche Schlupfwinkel für die Zukunft.

Argentinien war noch immer eine Demokratie, sozusagen, und ich war mir durchaus bewußt, daß ich jenseits der Berge hinunterkommen würde in einen Polizeistaat, wie er zu jener Zeit grausamer auf der Welt wohl nirgends zu finden war. Als es Zeit wurde fortzufahren, war es schwer wie immer.

Dreimal fuhr ich fort von den Wesleys. Das erste Mal merkte ich, kaum daß ich ein kleines Stück gefahren war, daß ich einen Teil meiner Küche zurückgelassen hatte, und ich fuhr zurück. Beim zweitenmal hatte ich schon fast den See umrundet, als mich plötzlich die Gewißheit überkam, daß ich meine wasserdichten Überhosen vergessen hatte. Blöde kam ich mir vor, als ich mich langsam zurückschlich. Diese peinlichen Verzögerungen sollten mir später eine Menge Schwierigkeiten bereiten.

23

Tee kam mit Brathähnchen und einer guten Flasche Weißwein. Wir hatten schon Champagner im Eisschrank und eine Menge Nüsse und Kartoffelchips, außerdem Steak und Suppe und so manche anderen guten Sachen. Wir wollten gut essen und eine Party daraus machen. Meine Frau trug ein langes weißes Nachthemd, abgesetzt mit Spitze. Sie lehnte sich gegen einen Kissenberg. Buttercups Bild hing so, daß sie es gut sehen konnte.

«Du siehst gut aus», sagte Tee, und das tat sie auch. Sie war glücklich und schien zu vibrieren vor Erwartungsfreude. In ihr war jene besondere Wachheit, die ich noch in Erinnerung hatte seit jenem Moment, als wir zum erstenmal Iswas' Herzschlag hörten. Sie redete und lachte mit uns, als stünde nichts zu erwarten, und dann wurde sie alle zehn Minuten oder so von den Schmerzen und der Mühseligkeit einer neuen Wehe gepackt und schien in sich selbst zu verschwinden. Wir machten die Atemübungen und sie folgte konzentriert meiner Hand, wie sie sich hob und senkte, hielt sich mit ihrem Blick daran fest, wenn die Schmerzen zum Höhepunkt kamen und dann erstarben. Ich lag neben ihr, fühlte mich ihr nahe, empfand, ich hätte damit zu tun und sei nützlich. Ich war sehr froh, dazusein.

Dann tauchte sie wieder auf und redete weiter, wo sie aufgehört hatte, und wir gewöhnten uns an diese eigenartigen Intervalle eingefrorener Zeit. Sie wurden immer häufiger, aber es war früh am Nachmittag, bevor sie alle fünf Minuten kamen und wir berechtigterweise die Hebamme rufen konnten. Wir wollten sie sehr gern bei uns haben, wie ein Symbol der Hoffnung und des Voranschreitens. Vielleicht zu gern, denn als sie schließlich kam, waren die Zeitabstände zwischen den Wehen wieder größer geworden.

Es wurde uns klar, daß es noch ein langer Weg war, und meine Frau wurde müde. Seit mehr als sechzehn Stunden lag sie jetzt schon in den Wehen.

«So ein Pech», sagte sie. «Warum muß ich nur so ein Pech haben?»

Wir hatten sehr viel Glück mit unserer Hebamme. Sie war eine junge Frau mit einem eigenen Kind und einer Persönlichkeit, die uneingeschränktes Vertrauen weckte. Als sie hereinkam, schien sie nicht im geringsten überrascht, daß wir uns so abmühten, und auf der Stelle wußte sie uns zu beruhigen.

«Es ist in Ordnung. Ich bin sicher, alles wird gutgehen. Es gibt eine Menge Dinge, die wir tun können», sagte sie. «Und nun wollen wir mal sehen, ob Sie geweitet sind.»

Die Wehen und die Geburt werden gemessen in Dilatationen und Kontraktionen. Fünf Minuten-Kontraktionen – man hole die Hebamme. Zwei Minuten-Kontraktionen – man hole den Arzt. Der Bekkenring muß sich weiten, um das Baby durchzulassen. Das wird in Zentimetern gemessen, und zehn Zentimeter sind das Ziel. Zehn Zentimeter braucht der Kopf des Babys, um durchzukommen. Das ist jedoch nur eine Zahl, eine ganz normale Tatsache im Leben, bis man jemanden sieht, wie er daliegt und keucht und stöhnt, zerrissen von Schmerz und schweißüberströmt, und sich müht, es zu erreichen. Vielleicht halten deswegen die Ärzte und Hebammen, die Babies zu Hunderten zur Welt bringen, die Geburt jedesmal von neuem wieder für ein Wunder.

Wir hatten zwei Zentimeter. Nicht mehr.

«Ich sage Ihnen was», meinte die Hebamme. «Warum machen Sie nicht einen Spaziergang?»

Aber natürlich! Was für eine gute, einleuchtende Idee. Wir dachten zuviel. Wenn wir aufstanden und uns bewegten, wäre es vielleicht geschafft. Wäre draußen unser Reisfeld, hätte ich vorgeschlagen, ein paar Setzlinge zu pflanzen. Bilder des primitiven Lebens gaben mir Trost. Meine Frau stand erleichtert auf und zog sich ein Kleid an.

Gemeinsam wankten wir die steile Auffahrt hinunter. Ab und zu griff sie nach mir, und ich stützte sie bei einem ihrer Krämpfe. Wir gingen einen weiten Weg und kamen über die Kuppe des Hügels zurück. Als wir wieder im Haus anlangten, war die Sache schon schneller geworden.

Fünf Minuten. Vier Minuten. Drei Minuten.

Und vier Zentimeter.

Die Hebamme meinte, sie würde ruhig schon mal den Doktor rufen. Wir lagen wieder auf dem Bett und arbeiteten hart. Für mich war es ermüdend, für sie erschöpfend. Sie war sehr müde, und ihr Rücken tat höllisch weh. Unentwegt massierte ich ihn. Dann übernahm Tee für eine Weile, und dann lagen wir beide bei ihr, einer machte das Atmen, der andere massierte, um die schrecklichen Rückenschmerzen zu vertreiben.

Aber wir saßen fest bei drei Minuten und vier Zentimetern.

«Okay», sagte die Hebamme. «Wir werden etwas anderes versuchen. Wir werden die Fruchtwasserblase öffnen. Normalerweise geschieht das in diesem Stadium von selbst. Aber so kommen wir weiter.»

Sie nahm ein Instrument aus ihrer Hebammentasche, eine lange Nadel wie zum Häkeln, und tat ihr bestes, der Natur nachzuhelfen. Inzwischen waren wir alle so ergriffen und engagiert bei der Geburt, ihren Launen und anatomischen Geboten, wie Ärzte an der Front. Alle Nettigkeiten des Anstands und der Zurückhaltung waren vergessen. Meine Frau sagte, es sei schwer, nicht zu fluchen, wenn die Schmerzen zum Höhepunkt kamen, und wir ermutigten sie lachend.

«Los doch», sagte ich, «schrei es hinaus und zur Hölle mit Camberley.»

Und das tat sie auch. Es klang vollkommen vernünftig und brachte uns einen weiteren Zentimeter. Mehr jedoch nicht.

Um sechs Uhr abends kam der Arzt und pflanzte seinen massigen Körper in einen unserer Leinenstühle, um zu warten. Er war ruhig, wenn auch nicht ganz gefaßt, und er überließ die Routine unserer Hebamme, die weiterhin ermutigend und enthusiastisch blieb. Ihre Anwesenheit war so positiv, daß wir, bei all dem Entsetzen, das uns packte, wenn sich Fortschritt andeutete und dann doch wieder versiegte, sicher waren, bald würde der wundervolle Augenblick eintreten. Aber jetzt waren es schon zwanzig Stunden Kampf, und mit nur einem Teller Suppe im Bauch, fühlte sich meine Frau furchtbar müde.

«Sollten wir ihr lieber eine ‹IV› geben?» fragte die Hebamme. Der Arzt nickte.

«Das ist wegen der Dehydration», erklärte sie uns. «Weil sie ja so geschwitzt hat. Wegen Dehydration ist man so erschöpft.» Sie holte die Flasche mit Salzlösung und den Schlauch heraus und hängte sie über einen Lampenhalter an die Wand. Ohne Murren willigte meine Frau ein, aber bat sonst um nichts. Sie wußte, daß die Hebamme alle Medikamente in ihrer Tasche hatte, war aber entschlossen, es auf ihre Weise durchzustehen.

Der Arzt sagte, es würde noch ein, zwei Stunden dauern, und meinte, bis dahin könne er auch noch zu Abend essen. Er nannte uns den Namen eines mexikanischen Restaurants in Mill Valley, und wir sahen ihn erst nach anderthalb Stunden wieder. Aber als er kam, waren wir noch nicht weiter.

Es erschien unmöglich, unerträglich, aber ich war inzwischen so entschlossen, sie zu unterstützen, daß ich nicht über die nächste Wehe hinausdachte. Es kam mir so vor, als könnten ihr die Techniken, die wir erlernt hatten, nicht mehr viel helfen. Sie schien nicht in der Lage zu sein, durch Mitgehen die Schmerzen zu besiegen, trotz des Atmens, und jedesmal erschlugen sie sie. Aber ich fühlte mich verantwortlich, sie da durchzubringen, und ich mußte einfach glauben, daß es zu schaffen sei.

Dann regte sich der Arzt und sagte:

«Es tut mir leid. Wir haben lange genug gewartet, vielleicht sogar zu lange. Es ist Zeit, ins Krankenhaus zu fahren.»

24

Die Fahrt nach Villa la Agostura war überaus eindrucksvoll. Dreißig Meilen fuhr ich am gegenüberliegenden Ufer des Nahuel Huapi entlang, das blaue Wasser und die Berge zu meiner Linken, grasbewachsene Hänge und Kiefern rechts. Es war Gras zum Träumen, zum Sich-drin-Wälzen, zum Sich-drauf-Verlieben. Dann kam der Anstieg bis auf 6000 Fuß zum Puyehue-Paß. Die Straße war nicht gedeckt, hatte aber eine gute und feste Oberfläche. Zu beiden Seiten war Schnee aufgehäuft, und die Koniferen wichen hohen Laubbäumen mit hellgrünem Blattwerk. An der argentinischen Grenze hatte ich keine Probleme.

Und dann kam, etwas unterhalb auf der anderen Seite, der chilenische Zoll.

Es war unmöglich, sich da hineinzubegeben, ohne an das Blutbad zu denken, in das Chile ein Jahr zuvor gestürzt worden war, an die Bomben, die Leichen auf den Straßen, die Massenverhaftungen und Massaker, die Foltern und die Brutalität und, seither, die erbarmungslose Jagd auf die «Marxisten». Und dann fragte ich mich einen Moment, ob es vielleicht ein Fehler war, hierherzukommen. Es gab Gerüchte über enge Verbindungen zwischen dem brasilianischen und dem chilenischen Militär. Vielleicht hatten sie meinen Namen schon auf der schwarzen Liste. Würden sie mich überhaupt ins Land lassen? Oder schlimmer noch, würden sie mich überwachen, mich bespitzeln, auf eine falsche Bewegung warten?

Nun, es war zu spät für paranoide Wahnvorstellungen. Ich ging mit meinem Paß hinein, mit dem, der mich als Baumeister auswies. Männer in grünen Uniformen behandelten mich alle mit fast übertriebener Freundlichkeit. Waren es Polizisten oder Soldaten? Das konnte ich nicht erkennen. Ich bemerkte nur, wie europäisch sie aussahen. Viele von ihnen waren blond, auf jeden Fall germanischer Abstammung. Es gab nicht die geringsten Schwierigkeiten. Ein Zöllner fuhr einmal schnell mit seiner Hand in eine meiner Boxen und murmelte dann: «Listo. Fertig.» Aber es hingen Plakate an der Wand. Fotos von Waffen, die auf dem Boden ausgebreitet lagen, ganze Arsenale von Gewehren, Granaten, Maschinenpistolen und Sprengstoff. Zu lesen stand dabei: «Sie wollten Ihren Sohn töten, weil er ihre Ansichten nicht teilte.» Ironie der Propaganda. Es paßte auf beide Seiten.

Dann war es vorüber, und ich begann den langen Abstieg zum Pan-American Highway und nach Osorno.

Es war eine höllisch schlechte Straße, eine hohe Schicht lockeren Gesteins, in Ordnung für Autos, schrecklich für mich, die schlimmste Straße dieser Art seit Äthiopien. Ich schlingerte und schleuderte um die Kurven, die Bremsen schlimmer als nutzlos, aber dennoch registrierte ich, wie sehr alles auf dieser Seite des Berges anders war. Die Vegetation sah subtropisch aus. Große Farne und Bambus wuchsen zwischen den Felsen. Dann gab es Wälder, von Schlingpflanzen fast erwürgt, das Unterholz zwei Meter hoch, Pflanzen mit dicken Blättern voller Feuchtigkeit, wie ich sie so weit südlich nicht erwartet hätte, und dann kam zu meiner Erleichterung ein Straßenbelag aus Teer und gleichzeitig wurde die Landschaft üppig grünes Weideland, sorgfältig eingezäunt und bewirtschaftet. Milchkannen standen an der Straße wie einst auch in England. Ich sah Ochsen, die Pflüge und Karren zogen. Kurz vor sechs kam ich in Osorno an.

«Kümmern Sie sich gar nicht erst um Osorno», hatte Teddy gesagt. «Fahren Sie nach Pucatrihue. Es ist nur noch vierzig Meilen weiter in Richtung Küste. Und da gibt es ein sehr schönes kleines Gästehaus, wo Sie wohnen sollten.»

Ich war in einer Zwickmühle. Ich besaß kein chilenisches Geld und war zu spät angekommen, um noch zur Bank gehen zu können. Ich hatte jedoch genug Benzin, um bis an die Küste zu kommen, und ich besaß Dollars und argentinische Pesos. Und ich wollte zum Pazifik kommen. Mein Gott, wie sehnte ich mich nach dem ersten Blick auf den Ozean. An einem Nachmittag die Anden zu überqueren und den Pazifik zu erreichen, das schien mir eine phantastische Leistung. Ich konnte der Verlockung nicht widerstehen.

Von Osorno an war die Straße Stein und Erde, nicht schwierig, aber man mußte doch ein Auge darauf haben. Ich hatte jedoch nicht mit der Sonne gerechnet. In Chile ist die untergehende Sonne keine bescheidene rote Scheibe wie ein nachglühendes Stück Kohle, sondern sie ist so heiß und sengend wie bei uns die Mittagssonne im Juni. Sie glitt vor mir am Himmel hinunter und blendete mich. Wie auch immer ich versuchte, meinen Kopf oder meinen Helm zu neigen, ich konnte das Feuer nicht aus den Augen halten. In einer Stunde hatte ich kaum zwanzig Meilen hinter mich gebracht, und um acht Uhr stand es fest, daß ich vor Einbruch der Dunkelheit die Küste nicht erreichen konnte. Ich richtete mich darauf ein, draußen zu schlafen, und hielt wie immer nach einem Fluß Ausschau. Ich sah, daß die Straße bald den Tranallaquin überqueren würde. Ich kam an eine hölzerne Brücke, und die lockeren Planken klapperten unter mir wie ein schlecht gestimmtes Xylophon.

Auf der anderen Uferseite, zu meiner Rechten, sah ich einen Platz, der sich zum Schlafen eignete. Ein Graspfad führte ein wenig flußabwärts zum Wasser, und da waren kleine Bäume, Reetbüschel und Bambusgruppen. Der Platz schien geschützt und unauffällig, obwohl ich sehen konnte, daß Pferde ihn als Tränke benutzten. Ich wollte nicht gesehen werden. Ein wenig von meiner früheren Nervosität mußte noch da sein, und doch handelte ich völlig unlogisch, denn kaum hatte ich das Zelt aufgebaut, machte ich mir ein Feuer, um bessere Laune zu bekommen.

Ich aß Steak und Reis und trank gehörig aus meinem Weinbeutel. Um mich herum war es sehr still. Nur zwei Autos und ein letzter Bus rappelten über die Brücke. Der Mond stand am Himmel, voll. Schon immer, seit meiner ersten Nacht in den Sanddünen von Libyen, waren die glücklichsten Stunden meiner Reise mit dem Vollmond zusammengekommen.

«Muß wohl mondsüchtig sein», sagte ich leise zu mir selbst.

Auf dem weichen Gras schlief ich leicht ein. Zog mich nicht mal aus, wie ich es sonst gewöhnlich tat. Ich wickelte mich nur in den Schlafsack ein. Um sechs Uhr erwachte ich unter einem hellen, klaren Himmel. Schon jetzt war die Luft warm. Ich entschloß mich, weiterzufahren und erst zu frühstücken, wenn ich ankam.

Ein Reiter kam von der Straße herunter, als ich meine Sachen packte. Er trug einen Schlapphut und einen nebelgrauen Poncho. Seine Steigbügel waren aus massivem Holz, eindrucksvoll geschnitzt zu Köpfen wilder Tiere. Er sprach ein schwierig zu verstehendes Singsang-Spanisch, anders als das, woran ich gewöhnt war, aber er hatte einen Sprachfehler. Dadurch war er langsamer, und ich konnte ihm folgen.

«Sind Sie die ganze Nacht hier gewesen?» fragte er. Er schien sehr erstaunt, mich hier zu finden, aber er stellte keine der üblichen Fragen, die das Bike betrafen oder woher ich kam. Er fragte, ob ich ein Pferd gesehen habe. Ich erinnerte mich daran, während der Nacht Hufgetrappel gehört zu haben, und sagte es ihm. Das Pferd habe nicht die Brücke überquert, darauf wies ich ihn hin.

«Entonces», sagte er, «es ist in die andere Richtung gelaufen. Gracias.»

Als er fortritt, überquerte er die Brücke, und das hielt ich für eigentümlich. Ich packte fertig und machte mich auf den Weg zur Küste. Da die Sonne hinter mir am Himmel emporstieg, konnte ich die Landschaft ungestört betrachten und entdeckte ein weiteres Paradies. War ich gestern überwältigt vom großartigen Panorama, nahm mich heute eine Reinheit einzelner Details gefangen, die dem vorindustriellen Zeitalter entstammten. Dies war kein wildes, unberührtes Land. Überall war das Wirken von Menschenhand sichtbar: an den Hecken, den hölzernen Zäunen, Pforten und Scheunen, an Kühen, Schweinen und Hühnern, die in ihnen gehalten wurden. Der vorbeirauschende Fluß hatte das Land sauber eingeschnitten. Die Uferbänke waren gleich hoch und bedeckt von einer dicken, einladenden Grasnarbe, hier und da gemütlich beschattet von Bäumen. Eine ländliche Hängebrücke mit einem kleinen Gatter auf meiner Seite schwang sich über den Fluß. Sie führte zu einem Privatgrundstück, ein Gartenpfad in der Luft. In den Hecken flammten Dolden roter Blüten, die das lange, frische Gras noch tiefgrüner und schwirrender aussehen ließen, als es war. In mittlerer Entfernung hoben und senkten sich die grünen Hügel, und weit jenseits von ihnen erhob sich im Osten grandios ein schneegestreifter Vulkan, eindimensional, als sei er nicht mehr als Projektion auf die Atmosphäre.

Bunte Vögel grüßten mit ihrem Gesang die Sonne unter einem weiten Himmel. Nirgends war auch nur ein Quadratmeter Beton zu sehen, kein Mast, nicht ein Strang Stacheldraht. Bis das erste Auto vorbeikam, schienen für eine Weile die Jahrhunderte zurückgedreht, und ich fiel mit ihnen in einen romantischen Traum pastoraler Perfektion.

Schließlich sanken der Fluß und mit ihm die Straße in eine Schlucht zwischen den Vorgebirgen und fanden ihren Weg in eine kleine, sandige Bucht. Ich starrte hinaus über den Pazifischen Ozean, stillschweigend ergriffen, und fand das Gästehaus, zwischen den Felsen eingebettet und ein kleines Stück weiter die Küste hinunter. Es war acht Uhr, als ich den steilen Pfad zur Tür emporstieg. Zwei Wolfshunde begannen hinter feinmaschigem Drahtgeflecht zu heulen. Ein Hausmädchen mit Käppchen und Schürze antwortete auf das Geheul. Sie war so niedlich, rundlich und farbenfroh wie ein russisches Püppchen.

Ich sagte, ich würde gern einen Tag und eine Nacht dort verbringen. Sie sah mich ein wenig argwöhnisch an und ging wieder ins Haus. Dann kehrte sie lächelnd zurück und bat mich einzutreten.

Hätte ich gern Frühstück? Ich nickte begeistert. Und dann fragte ich, weil es mir nachträglich einfiel, ob es hier irgendwo etwas Benzin gäbe, und fügte hinzu, ich müsse Dollars oder Pesos wechseln. Wie sollte ich noch wünschen, das nicht angesprochen zu haben! Denn sie kam wieder, ohne Tassen oder Krüge oder Brotkorb. Statt dessen sagte sie, mit meinem fremden Geld könnten sie nichts anfangen, denn es sei illegal, es zu wechseln. Benzin gab es auch nicht, und selbstverständlich auch kein Frühstück.

Obwohl die praktischen Probleme, die sich daraus ergaben, im Augenblick unlösbar erschienen, war es der Widerruf der Gastfreundschaft, der mich am schlimmsten traf. Ich saß ein paar Minuten da und sah sie schweigend an, denn ich hoffte, sie werde selbst einen Weg finden, den Knoten zu lösen, den sie geknüpft hatte, aber sie konnte nur vorschlagen, ich möge mich an die Polizei in der nächsten Bucht wenden. Sie war auf eine Weise unversöhnlich, die nicht zu ihrem Charakter paßte, das merkte ich sehr wohl. Das war mein erster Zusammenprall mit dem Régime, und er bekümmerte mich sehr.

Gleich südlich auf der anderen Seite des Flusses war die nächste Bucht, Bahia Mansa. Die Polizeistation, ein kleines Haus mit Garten, war blitzblank und tiptop in Schuß. Der Polizist kam in einer feldgrünen Uniform nach deutschem Zuschnitt an die Tür, gebügelt und geschniegelt. Er hatte helle Haut und sandfarbene Haare, war frischgemacht und rasiert, mit Wangen wie rotpolierte Äpfel. Seine grauen Augen betrachteten mich mit kritikloser Unvoreingenommenheit. In ganz Südamerika hatte ich keinen Polizisten wie ihn getroffen.

Ich war mir sicher, er würde mir helfen, wenn ich ihm die Möglichkeit dazu gab, und daher erzählte ich ihm meine Geschichte in aller Breite, in scheußlichem Spanisch, versuchte, sie möglichst amüsant zu machen und ihm Zeit zu lassen, sich an mich zu gewöhnen.

«Sie waren die ganze Nacht im Freien?» rief er aus, im selben Ton der Überraschung, den auch schon der Reiter gezeigt hatte.

«Da haben Sie großes Glück gehabt. Sie hätten erschossen werden können.»

Es dauerte einen Moment, bis ich das spanische Wort für Ausgangsverbot verstanden hatte.

«Coberta fuego», sagte er. «Nach ein Uhr morgens darf niemand mehr draußen sein. Die Soldaten dürfen Fremde ohne Warnung erschießen. Und das tun sie auch. Überall gibt es Patrouillen, und die Leute sind verpflichtet, jeden zu melden, den sie sehen.»

Mir fiel nichts ein, was ich hätte sagen sollen. Er nahm meinen Kanister und brachte ihn mit fünf Litern Benzin wieder, das Doppelte von dem, um was ich ihn gebeten hatte.

«Ich kann mit Ihrem Geld nichts anfangen, aber Sie könnten es bei den Deutschen in Mucolpue versuchen. Hotel Witmer.»

Meine überschwenglichen Dankesworte waren ihm peinlich, und er winkte mir mit einem «God speed» nach. Also fuhr ich in die dritte und größte Bucht. Hier stieg das Land hinter dem Strand in einem Winkel an, der den Bau von Häusern leicht machte, und die vielen, in strahlenden Farben bemalten Holzhäuser, die am Hang lagen, schienen sich so wenig um Perspektiven zu kümmern wie ein naives Gemälde.

Das Hotel bestand aus drei solcher Häuser, die zusammengehörten. Herr Witmer strich gerade seinen Eingang gelb. Ich fragte, ob ich mit ihm Deutsch sprechen könne. Fröhlich gab er auf spanisch die Antwort, es sei ihm gleich, was er spräche. Jedenfalls wechselte er keine Dollars und deutete an, der Polizist müsse wohl seinen Verstand verloren haben.

Nach einem Jahr auf der Straße hatte ich den Instinkt eines Bettlers. Ich ahnte, wo ich ein weiches Herz finden konnte. Normalerweise hätte ich vielleicht auf eine Einladung gehofft, eine Mahlzeit oder ein Bett für die Nacht, aber hinter seiner jovial scherzhaften Art ahnte ich dieselbe unnatürliche und unversöhnliche Abweisung, die auch das Hausmädchen schon vermittelt hatte. Es war, als sei die Pest über das Land gekommen.

Ich sah in gedankenvoller Enttäuschung hinaus über den Strand auf den Ozean und atmete den strengen, reinen Geruch des Seetangs. Ein Mann fischte in der Brandung mit einer Schnur, die er um eine Öldose gewickelt hatte. Sonst war der Strand verlassen. Keine Geräusche, keine Anzeichen, keine Strukturen, die nicht zugehörig zum Leben in der Bucht und der Menschen gewesen wären, die dort wohnten. Jeder Urlauber, der hierher käme, würde so leben müssen, wie sie es taten, und sich dem anzupassen haben, was es dort gab.

Und wieder hatte ich das übermächtige Gefühl, durch die Zeit zurückgereist zu sein in eine Ära, bevor das Wunder Mensch dem Wahnsinn verfallen war. Schweren Herzens, gehemmt durch die Ironie meiner Situation, nahm ich hin, vielleicht nie wieder derartiges zu sehen.

Nun, dachte ich, zumindest kann ich hier frühstücken. Ich hatte zwei Eier und ein Stück Brot, und ich baute meine Küche auf den glatten schwarzen Felsen eben oberhalb der Linie aus schwarzem Riementang auf. Ich briet mir die Eier, machte Kaffee. Ich hätte den Tag und die Nacht dort verbracht, von meinem Reisvorrat gelebt, und ich wäre sogar das Risiko eingegangen, vielleicht erschossen zu werden, aber ich wußte schon, daß am nächsten Tag die Banken geschlossen hatten, und dann kam das Wochenende. Ich hätte vier Tage und Nächte ohne Geld und Nahrungsmittel überleben müssen.

Also vergrub ich die Eierschalen, spülte mein Geschirr im Meer und packte langsam alles zusammen, um wieder nach Osorno zurückzufahren. Als ich fuhr, hatte der Fischer noch immer nichts gefangen, aber er machte weiter, warf bedachtsam seine Angel aus, als habe er alle Zeit dieser Welt.

Noch auf meinem Rückweg spielte ich mit dem Gedanken, mein Geld zu holen und wieder an diese Stelle zu fahren, aber ein weiteres

Hindernis tauchte auf, das mir diese Möglichkeit nahm. Ein Stoßdämpfer fiel aus, und bei der Last, die ich über die steinige Straße zu transportieren hatte, war ich sicher, daß bald auch der andere seinen Geist aufgeben würde. Als ich schließlich wieder in Osorno anlangte, hatte ich mich davon überzeugt, aus einem Traum aufgewacht zu sein. Der Versuch, wieder in ihn zurückzufinden, hieß, einen Alptraum heraufzubeschwören. Lieber den Traum unversehrt lassen und weiterfahren nach Santiago.

In Santiago gab es Freunde von Freunden. Mit ihnen hatte ich großes Glück. Roberto und Gloria waren ein freundliches und großzügiges Paar aus der Mittelschicht. Mit ihren beiden jungen Töchtern wohnten sie in einem kleinen Haus in Nuñoa, einem angenehmen Ortsteil mit blühenden Gärten und Bäumen. Sie gaben mir ihre Ausziehcouch und ließen mich fünf Wochen darauf schlafen. Immer wieder beteuerten sie mir, ich könne bleiben, so lange ich wolle. Sie schenkten mir dazu ihr Leben und ihre Geschichten und waren wie ein Bollwerk der Normalität, an dem ich all die wilden Extreme messen konnte, die ich auf meinen Streifzügen durch die Stadt erlebte.

Er war ein Regierungsangestellter, der Allende gewählt hatte, während sie, Lehrerin in einer Schule für die Ärmsten der Armen, den Konservativen ihre Stimme gegeben hatte. Er war unglücklich gewesen über das Chaos und die fiebrigen Wirrnisse in den letzten Monaten der Allende-Regierung, aber den Putsch würde er nie gutheißen können. Sie andererseits hatte das Eingreifen der Armee anfangs für gut geheißen. Keiner von ihnen hatte vorausgesehen, welche furchtbaren Dinge sich daraus entwickeln würden, und es war deutlich, daß sie sich eben erst von dem Schock erholten. Wie die meisten anderen ihrer Gesellschaftsschicht, Menschen relativ zurückgenommener Gesinnung, hatten sie ihre Tür der Welt gegenüber verschlossen, weil sie wußten, daß sie nichts ausrichten konnten. Und sie hatten sich einfach aufs Überleben konzentriert.

Erst kürzlich hatte ein Ereignis Gloria zum Nachdenken angeregt. Sie erzählte mir eines Abends davon, als wir den heißgeliebten Meeraal aßen, ein Nationalgericht.

«Da kamen eines Tages einige Gesundheitshelfer der Regierung in die Schule und rasierten vielen unserer kleinen Mädchen die Köpfe, wegen der Läuse. Nun, das war ohne Vorwarnung eine ziemlich herbe Sache. Den Eltern hatte man auch nichts davon gesagt. Am nächsten Tag kamen sie dann – natürlich wutentbrannt. Sie beschwerten sich, aber ich sagte, ich hätte nichts damit zu tun, und sie sollten sich bei der Junta beschweren.»

Das Land wurde regiert von einer Junta hoher Militärs, angeführt von General Pinochet, aber auch auf lokaler Ebene wurden die militärischen Herrscher Juntas genannt.

«Nun, es dauerte nicht lange, da kamen einige Soldaten in die Schule. Direkt ins Klassenzimmer, hielten mir den Gewehrlauf an den Hinterkopf, und vor den Augen der Kinder zwangen sie mich, hinauszugehen und ihnen in ihre Kaserne zu folgen. Vor den Augen der Kinder», wiederholte sie.

«Mein Gott, hatten Sie keine Angst?» fragte ich dummerhaft. Sie lächelte nur. Gloria war stark und starrköpfig.

«Ja, ich hatte Angst. Und dann schlossen sie mich in einen Raum ein. Man führte mich einem Oberst vor, noch immer mit dem Gewehrlauf im Nacken. Und er bezichtigte mich, die Leute aufgestachelt zu haben, einen Aufstand zu wagen. Natürlich leugnete ich das, aber er fuhr mich weiterhin an, und dann steckten sie mich wieder in eine Zelle.

Bueno, einige Stunden mußte ich darin verbringen, und dann kamen sie wieder mit ihren Gewehren und brachten mich zu dem Oberst. Und er sagte, ich solle eine Liste von den Leuten machen, von Freunden und Verwandten, von denen ich wußte, daß sie linksgerichtete Neigungen hatten. Naja, da sagte ich, ich täte das gerne, wenn ich ihm zuerst eine Liste von Bekannten machen könnte, die rechts standen. Da ging es ein wenig hin und her, aber schließlich sagte er: ‹Gut, dann los damit.› Die erste Person auf meiner Liste war Pinochet.»

Es war reines Glück. Sie war entfernt verwandt mit der Familie Pinochet, wovon man früher nie viel Aufhebens gemacht hatte, aber jetzt änderte sich die Laune des Obersten sehr schnell. Man entschuldigte sich bei ihr und ließ sie in die Schule zurückgehen. Dieser Vorfall war der Grund, warum sie sich schließlich doch gegen das Régime wandte.

Ihre Geschichte beeindruckte mich stärker als alle Berichte über Grausamkeiten. Sie war Beweis dafür, wie willkürlich und alles durchdringend das tyrannische Gift die Atmosphäre verseuchte. Ich entschloß mich, soviel wie möglich darüber herauszufinden, was sich hier abspielte, obwohl ich niemals auf den Gedanken kam, daß ich irgendwo helfen konnte.

Meine Zeitungs-Kontaktperson wohnte in den ersten Ausläufern der Berge am südöstlichen Rand der Stadt, und ich fuhr hinaus, um über diese Dinge zu sprechen. Wenn man an einem Frühsommertag durch die Hauptstadt fuhr, kam man nicht auf den Gedanken, daß über ihr der offizielle «Ausnahmezustand» lastete. Santiago zählt zu den schönsten südamerikanischen Hauptstädten und ist erbaut nach altem europäischen Muster. Zu jener Zeit gab es nur wenige hohe Gebäude, denn das Gebiet ist erdbebengefährdet, und Häuser wie Straßen waren auf menschliche Weise einladend. Parks und Bäume umsäumten den Fluß, sogar im frenetisch geschäftigen Zentrum waren sie zu finden, und überall hinter ihnen ragten die Anden auf, fast siebentausend Meter, als seien sie Kulissenmalerei, nur einen Steinwurf entfernt.

Die Stadt war wie geschaffen für Motorräder. Schönes Wetter, herrliche Avenuen und die allgegenwärtigen Berge machten das Fahren zu einem reinen Vergnügen. Die Menschen waren zivilisiert, gastfreundlich und in ihrer Isolierung trotzdem bereit, einen Fremden zu unterhalten und auszufragen. Und die Frauen waren zweifellos attraktiv, wie man mir auf meinem Weg dorthin immer wieder versprochen hatte. Es war eben dieser Kontrast zwischen der sichtbaren Schönheit, der Freundlichkeit und dem Wohlbefinden Santiagos einerseits und, andererseits, dem Wissen um die grotesk barbarischen Taten, die dort ständig vollzogen wurden, der jedem Gedanken und jedem Gefühl erschütternde Vitalität verlieh.

Als ich ankam, bot man mir am Rand des Swimmingpools Drinks und faszinierende Geschichten, und beides verschlang ich, bis eine Fernsehjournalistin eintraf, um über das Programm zu sprechen. Man stellte uns beiläufig auf spanisch vor, als sie hereinkam. Ihren Namen vergaß ich, nicht aber ihr Gesicht. Sie war sehr schön, spanisch, aber ihre Persönlichkeit war ebenso eindrucksvoll wie ihr Aussehen. Sie war ausgeglichen, charmant, intelligent, und sie hatte ganz offensichtlich Sinn für Humor. Schon da, bevor mich noch die blinde Leidenschaft überwältigt hatte, konnte ich keinen Makel an ihr entdecken, außer daß sie anscheinend kein Englisch sprach.

Sie entschuldigten sich, weil sie an einem Tisch Platz nahmen, um sich zu unterhalten. Sie sprach ein sehr klares Spanisch. Ich stellte fest, daß ich ihrem Gespräch leicht folgen konnte. Ich saß auf einem Kissen und betrachtete sie. Ich fand sie sehr aufregend.

Sie unterhielten sich über die Unabhängigkeit der Frau – in Chile ein sehr heißes Thema. In Gedanken konstruierte ich einen Satz auf spanisch und schickte ihn, wie beiläufig, in eine passende Gesprächspause.

«Für mich hat es den Anschein, als fühlten sich die Frauen hier in Chile weitaus freier, als es die Frauen in Argentinien tun.»

Sie drehte sich um und sah mich erstaunt an. Es folgte eine anerkennende kleine Pause.

«Que bárbara! Un gringo que habla Castellano.»

In diese eine Bemerkung legte sie alles. Es war ein Coup de foudre. Ein Hauch von Spott, Bewunderung, Neugier, eine unmißverständliche Herausforderung, und mehr noch als all das: die Wärme in ihren dunklen Augen.

Formuliert war der Vertrag schon in diesem Augenblick. Wir brauchten ihn nur noch zu unterzeichnen.

Die äußere Form unserer Beziehung wurde an jenem Nachmittag umrissen. Da ich ja so weitgereist sei, müßte ich doch viele Eindrücke über die jeweiligen Freiheiten der Frauen in den verschiedenen Ländern gesammelt haben. Das wäre doch Stoff für ein gutes Interview, oder?

Begeistert stimmte ich zu. Wir würden uns treffen und darüber sprechen. Sie gab mir die Telefonnummer eines Büros.

«Ich werde morgen vor dem Lunch dort zu ereichen sein. Wenn Sie Zeit haben?»

«Ja, das habe ich», sagte ich. «Aber entschuldigen Sie bitte. Ich habe ihren Namen nicht mitbekommen.»

«Elena Orrega», sagte sie. «Und Sie, wie darf man Sie nennen?»

«Ted Simon.»

«Ah, bueno, Ted.» Sie schüttelte mir die Hand. Jetzt war ihr Lächeln nur freundlich und geschäftsmäßig. «Hasta mañana.»

Wir trafen uns und aßen zu Mittag, und dann trafen wir uns wieder. Elena war so frei wie ich, aber sie war auch diskret. Eine zu intime Freundschaft mit einem Gringo konnte ihr schaden. Das erklärte sie mir in aller Ehrlichkeit. Zum Beispiel würde ihre Familie überhaupt nicht zustimmen. Sie war eine vielbeschäftigte Frau, und ich fühlte mich geschmeichelt, weil sie so viel Zeit in meiner Gesellschaft verbrachte, aber es war auch nie zuviel, und ich wußte, daß sie sorgfältig dosierte.

Wir machten dann tatsächlich die Sendung, die sie bei unserer ersten Begegnung so schnell konzipiert hatte. Und schließlich unterzeichneten wir auch unseren eher persönlichen Vertrag. Aber da gab es Kleingedrucktes, das ich mir nicht allzu sorgfältig anschaute. Die Klausel lautete sozusagen: «Ich, Elena Orrega, erkläre mich einverstanden, die Bedingungen dieser Übereinkunft aufrichtig zu erfüllen, wenn der oben genannte Ted Simon, auch bekannt unter dem Namen

‹Gringo en Moto›, nach kurzer Zeit seine Reise fortsetzt. Dann läuft der Vertrag aus, und die Zusagen werden nichtig.»

Das war eine Klausel, die ich selbst oft genug auf meinem Weg in Anwendung gebracht hatte, aber es war eine neue Erfahrung, selbst ihr Opfer zu sein, und als der Zeitpunkt kam, mußte ich entdecken, wie hart es sein konnte.

Santiago war eine aufregende und erschreckende Stadt. Oftmals fuhr ich von Elenas Haus nach Nuñoa gerade noch rechtzeitig zurück, bevor das Ausgangsverbot um ein Uhr nachts in Kraft trat. Auf dunklen, verlassenen Straßen, durch die nur bewaffnete Soldaten streiften, raste ich den komplizierten Weg zurück, verließ mich dabei auf mein Gedächtnis und die Genauigkeit von Elenas Küchenuhr. Manchmal hörte ich Gewehrschüsse, die mich anspornten.

Tagsüber war das Militär so gut wie unsichtbar, aber auch die Polizei war eine paramilitärische Organisation, und die Beamten trugen furchteinflößende Waffen über der Schulter. Sogar auf den Stufen der Museen und Kunstgalerien standen sie und ließen ihre Maschinenpistolen baumeln.

Wo immer ich konnte, sammelte ich Informationen und persönliche Geschichten, denn ich war entschlossen, mir meine eigene Meinung über den Mord an der Demokratie in Chile zu bilden. Ich hatte das Gefühl, in einer ungewöhnlich guten Position dazu zu sein. Während des Jahrs nach dem Putsch war ich ziemlich abgeschirmt gewesen, hatte nicht viel von der Propaganda und den offiziellen Stellungsnahmen gehört, aber ich besaß schließlich meine eigenen Erfahrungen mit den Methoden eines südamerikanischen Polizeistaats und war geschult, was lateinamerikanische Mentalität in ihren verschiedensten Variationen betraf. Inzwischen war mein Spanisch ganz passabel. Durch Elena hatte ich gute Kontakte zu den Reichen, mit den Angehörigen der Mittelklasse durch die Duces und andere, und mit den Armen durch die Priester, an die ich durch ihre Confrères in Braslien vermittelt worden war.

Wenn meine Identität als Journalist sich als Hindernis erwies, brachte die Aura eines Abenteurers Vorteile. Meine Erfahrungen setzten mich instand, mich in Elendsquartieren und in Palästen gleichermaßen zu bewegen. Und alles in allem war ich außergewöhnlich gut aufgehoben.

An den Tatsachen war nichts zu deuteln. Vor dem Coup war das Leben immer chaotischer geworden. Manche hatten es als erheiternd empfunden, andere als nervenaufreibend, und diejenigen, die viel zu verlieren hatten, fühlten sich bedroht. Voll dabei waren die Idealisten und die Opportunisten gewesen. Letztere hatten das Chaos verschlimmert und es damit ersteren leichter gemacht, mit mehr Druck und Tempo auf einen rein marxistischen Staat hinzuarbeiten.

Für die Reichen war dann der Zeitpunkt gekommen, an dem sie ganz klar entscheiden mußten: «Jetzt oder nie.»

Die Ansicht, daß die chilenische Demokratie und die Allende-Regierung hätten überleben können, basierte auf einem doppelten Mythos. Da war einmal die sogenannte traditionelle Neutralität der Streitkräfte. Und zum anderen die Überzeugung der gebildeten Schicht, die Idee der Demokratie sei dem chilenischen Volk ein für allemal in Fleisch und Blut übergegangen. Man nannte sich «die Schweiz Südamerikas» und legte einen ziemlich arroganten politischen Snobismus an den Tag.

Die Armee, die ja schon einmal im Jahre 1924 eingegriffen hatte, schlug diesmal erschreckend plötzlich und mit unbarmherziger Brutalität zu. In riesiger Anzahl wurden Menschen inhaftiert, gefoltert, umgebracht. Tonangebende Leute und militante Führer aller Organisationen der Landbevölkerung und der Armem in den Städten wurden kaltblütig eingesperrt oder niedergemetzelt, wenn es ihnen nicht gelungen war, ins Exil zu fliehen oder Zuflucht auf dem Gelände sympathisierender Botschaften zu finden. Besonders gastfreundlich waren die Italiener, Mexikaner und Franzosen, und ihre Konsulate und Gesandtschaften waren noch voller Asylanten, als ich ankam. Nach einem Jahr des Eingesperrtseins waren ihre Lebensbedingungen erbärmlich. Die Weigerung der Regierung, sie auszubürgern, war nur einer der Skandale, die in der ganzen Welt mit Abscheu registriert wurden. Unglücklicherweise hatten sich die Engländer in ihrer Selbstzufriedenheit entschieden, es sei besser, zu versuchen, das Régime zu beeinflussen, als seinen Gegnern Schutz zu gewähren. Es gibt keinen Beweis, aus dem man schließen könnte, daß sie damit recht hatten.

Die Reputation der Vereinigten Staaten hatte so gelitten, daß sie nicht wiedergutzumachen war. Fast jeder glaubte, daß die CIA bei dem Putsch ihre Hand im Spiel gehabt hatte. Der plötzliche Staatsstreich und die nachfolgenden Repressionen wurden mit einer bemerkenswerten Effizienz gemanagt, und man nahm weithin an, allein habe das chilenische Millitär dies nicht bewerkstelligen können.

Zwei Fragen bereiteten mir Kopfzerbrechen. Zum einen, ob die Tragödie ohne das Einverständnis der USA stattgefunden hätte oder nicht. Zum anderen, ob es in der Natur der Generale selbst lag, die andauernde Obszönität der Foltern und Massaker zu organisieren und gutzuheißen, oder ob sie nur zu Rädchen einer Maschinerie geworden waren, die sie selbst ins Laufen gebracht hatten.

Eines Sonntag nachmittags war ich zu einer kleinen Garden-Party bei einem Architekten eingeladen. Er war ein leicht dicklicher und bärtiger Mann Mitte dreißig, unter einem schwarzen Lederjackett demonstrativ schwarz gekleidet. Bei ihm stand eine lebenssprühende Frau mit Sommerkleid und Hut. Er erzählte uns von seinem Besuch in New York und den zwiespältigen Gefühlen bei der Rückkehr nach Chile.

«Ich kann nicht verstehen», sagte ich, «warum die Junta sich jetzt gegen die Mittelschicht wendet. Eigentlich müßten sie doch dort nach Unterstützung suchen. Aber jetzt werden mehr und mehr Mitglieder dieser Schicht inhaftiert, verhört und sogar gefoltert.»

«Oh, das dürfen Sie nicht glauben», sagte die Frau. «In jeder Gesellschaftsklasse gibt es Marxisten, und die müssen eben gefunden werden. Aber unschuldige Menschen foltern sie nicht. Das ist eine Lüge.»

«Da habe ich aber anderes gehört», sagte ich.

«Nun», sagte der Mann, «da müssen Sie vorsichtig sein. Die DINA hat eine einfache Methode. Jeder, den sie inhaftieren, wird aufgefordert, die Namen aller Leute zu nennen, die er kennt. Dann inhaftieren und verhören sie alle diese Leute. Mit diesem Netz fangen sie jeden. Ich sage ihnen ganz offen, ich unterstütze die Armee. Aber sie hat auch mich eingesperrt, und ich hatte verdammt viel Angst.»

«Was haben sie mit Ihnen gemacht?» fragte ich.

«Eine Woche haben sie mich in einer Zelle festgehalten. Jedesmal, wenn man mich zum Verhör führte, bekam ich eine Augenbinde umgelegt, und so habe ich nie einen der Männer gesehen, die mich verhörten. Physisch hat man mir nichts getan, weil ich auch nicht protestiert habe. Aber was ich hörte, war schrecklich. Schreckliche Schreie. Nun, was kann man erwarten? Die sind skrupellos, und das sind die Marxisten auch.»

«Nun», sagte ich, «es kommt mir so vor, als habe die Junta langsam die Kontrolle verloren.»

«Schreiben Sie Artikel für eine Zeitung?» fragte die Frau. Ihre Neugier kam mir zielstrebig vor.

«Manchmal», erwiderte ich. «Aber ich schreibe über meine persönlichen Erfahrungen. Kaum je etwas Politisches. Nur Wahres aus erster

Hand. Die ‹Sunday Times› unterstützt meine Reise, und von Zeit zu Zeit schicke ich denen etwas.»

Eine Weile ließen sie mich noch von meinen Reiseabenteuern erzählen, und die Frau führte mich auf dem Rasen herum und stellte mich vor. Bevor ich ging, fragte sie mich, ob ich Interesse habe, ein Mitglied der Junta zu treffen.

«Aber natürlich», erwiderte ich, zurückhaltend. «Wenn damit keine besondere Verpflichtung verbunden ist.»

«Ich werde sehen, was sich da machen läßt», sagte sie. «Vielleicht gibt es eine Möglichkeit.»

Sie ließ sich meine Telefonnummer geben.

«Kommen Sie doch mal zum Lunch», sagte sie. «Jetzt muß ich gehen. Ich habe eine Familie zu beköstigen.»

Ich erzählte Elena später von ihr.

«Oh, Perla», sagte sie. «Sie schreibt für den ‹Mercurio›. Die Gesellschaftsspalte. Aber sie steht dem Herausgeber sehr nahe. Man kann ja nie wissen ...»

«El Mercurio» war die einzige Tageszeitung von Bedeutung, die noch in Chile erschien. Schon immer ein altmodisches und konservatives Blatt, galt es jetzt allgemein als Sprachrohr der Junta. Als mich der Herausgeber zum Tee in seine Wohnung einlud, war ich ganz sicher nicht darauf eingestellt, ihn zu mögen, aber es fiel mir schwer, ihm nicht den angemessenen Respekt zu erweisen. Réné Silva Espejo war ein alter Mann und ganz offensichtlich nicht bei bester Gesundheit. Mehr als einmal entschuldigte er sich dafür, nicht aufstehen zu können, um mich zu begrüßen. Während unseres Gesprächs blieb er auf der Couch, aber sein Gebaren war rücksichtsvoll und aufgeräumt. Hinter seiner Brille funkelten die Augen voller Leben und Intelligenz. Ich stellte fest, daß ich gern bereit war, ihn zu entschuldigen, denn ich ahnte, welch quälende Kompromisse man in seiner Stellung einzugehen versucht ist.

Seinerseits zeigte er eine vergleichbare Toleranz. Ich trug Stiefel, Jeans und Lederjacke, und mein Macho-Aufzug war wohl völlig unangemessen zwischen seinem altehrwürdigen Mobiliar, den teuren Teppichen und den Reihen in Leder gebundener Bücher sowie den mit Widmungen versehenen Porträts ehemaliger Staatspräsidenten. Dies war jedoch die Kleidung, die ich trug, weil sie für meine Reise zweckmäßig war, und ich hatte mich dagegen entschieden, meine einzigen respektablen Schuhe und Hosen herauszuholen, weil ich im Gedächtnis behalten wollte, daß ich nicht zu ihm gekommen war, um mich auf jene wohlbekannten Komplikationen einzulassen, die sich zwischen Journalisten immer wieder einstellen. Wenn er meinen Aufzug für ziemlich proletarisch hielt, ließ er es sich zumindest nicht anmerken. Er sprach nur wenig Englisch, aber wir unterhielten uns ohne Mühe auf französisch, und er deutete an, der Luftwaffengeneral Gustavo Leigh Guzman könne es vielleicht für nützlich halten, ein paar Worte mit mir zu wechseln. Nur am Ende unseres Gesprächs lächelte er, nickte in Richtung meiner Stiefel und sprach auf höfliche Weise die Frage aus, ob ich sie wohl tragen würde, wenn ich mit einem Mitglied der Junta zusammenträfe.

«Davon könnten sie eventuell ein wenig schockiert sein», sagte er und lachte. «Obwohl, Gott weiß, da werden Sie Stiefel genug sehen.»

Ich wartete sehr lange, bevor mich der General empfing. Zweimal wurden Termine arrangiert, aber dann wieder abgesagt. Ich hatte jedoch keine Eile.

Ich war glücklich mit Elena. Immer mehr Zeit verbrachten wir miteinander. Sie führte mich in die chilenische Literatur ein, wir gingen zusammen ins Kino und auf Parties, und oft aßen wir in ihrer hübsch eingerichteten Wohnung zu zweit ungestört und harmonisch zu Abend. Schritt für Schritt wurde sie offener, gab ihre Reserve auf und öffnete ihr Herz. Sie war freier. Und es war wundervoll mit anzusehen, wie es ihr gelang, ein Leben im Rampenlicht der Öffentlichkeit als berufstätige Frau zu führen und gleichzeitig eine derartige Wärme und natürliche Fraulichkeit zu behalten. Gewiß hatte sie es etwas leichter, da sie sich wohl aufgehoben fühlen konnte in der kleinen Schicht gebildeter Menschen mit privatem Vermögen, die es in Chile gab. Von dem erbitterten Konkurrenzkampf mit all seinen Ängsten und Komplikationen, an den ich mich in meinem eigenen Land hatte gewöhnen müssen, war bei ihr und ihresgleichen nur sehr wenig zu spüren. In einer so patriarchalischen Gesellschaft wie der Chiles konnte sich Elena einer sorglosen Sicherheit erfreuen, die ihr als Frau besonders zugute kam.

Natürlich belastete es ihr Gewissen, Mitglied dieser Elite zu sein. Wann immer sie die Möglichkeit hatte, stürzte sie sich mit ihren Fotoapparaten in die Slums, um das wachsende Elend zu dokumentieren, aber das Régime duldete keinen zu weiten Blickwinkel. Auch sie gewährte Menschen Zuflucht, die der DINA entkommen mußten, und einmal begegnete ich bei ihr einem jungen Mann, der sich verzweifelt von einem Haus ins andere retten mußte, um dem polizeilichen Zugriff zu entkommen. Während wir also unsere Beziehung unter den bestmöglichen Umständen pflegen konnten, teilte sich uns dennoch mit, daß Gefahr in der Luft lag. Aber unsere Gefühle für einander blühten, bis ich mir sicher war, daß wir einander wirklich und wahrhaftig liebten.

Einmal fragte ich sie, ob sie sich vorstellen könne, woanders als in Chile zu leben, aber schon in ihrem Versuch, sich diese Vorstellung zu vergegenwärtigen, zeigte sich deutlich, wie unmöglich es war. Leidenschaftlich liebte sie ihr Land. Sie sprach von den Bergen, dem Ozean und den Menschen mit einer Liebe, die tiefer zu gehen schien als alle persönlichen Gefühle. Für jemanden, der sich so unverwurzelt fühlte wie ich, war es ein Schock, sich bewußt zu werden, daß den Tausenden, die aus Chile hatten ins Exil fliehen müssen, das Herz gebrochen war. Und in dem Wissen, daß auch ich früher oder später würde fahren müssen, empfand ich ein ständiges Vorgefühl der Trauer, die mich ergreifen mußte, wenn wir uns trennten. Ich tat mein bestes, das zu vergessen. Ich ließ das Thema fallen, und nicht ein einziges Mal sprachen wir wieder davon.

Schließlich wurde dann doch das Zusammentreffen mit Leigh arrangiert. Perla bat mich in ihr Büro und sagte, sie würde mich persönlich ins Regierungsgebäude begleiten. Zweifellos deswegen, so dachte ich, um zu vermeiden, daß ich dort auf einem Motorrad auftauchte. Wie fürchterlich. Am verabredeten Tag zog ich mir meine guten Hosen an, gereinigt und gebügelt, und machte mich auf den Weg, dem Teufel ins Auge zu sehen.

Der alte Regierungspalast, die Moneda, lag noch in Trümmern, Resultat jenes Bombenangriffs, der ein Jahr zuvor von eben dem General befohlen worden war, den ich jetzt treffen sollte. Als Übergangslösung hatte die Junta ihr Hauptquartier in einem modernen Gebäude mit gläserner Fassade eingerichtet, das ursprünglich für eine Behörde der Vereinten Nationen, die UNCTAD, ausersehen war. Zwanzig Stockwerke war es hoch, eine Seltenheit in Santiago, und über dem Dach knatterten die Hubschrauber, die dort landeten und aufstiegen.

Wir warteten draußen auf dem Gehsteig, bis Silva ankam und mich mit hineinnahm. Schon das war ein eigentümliches Erlebnis, denn gefährlich aussehende Carabinieri mit möderischen Waffen und den auf Hochglanz polierten Stiefeln, die man mir versprochen hatte, säumten die Straße. Dann glitt eine Limousine neben uns und hielt an.

Der Fahrer half Silva hinaus, und ich sah, wie schmächtig und kränklich er war. Er konnte kaum einen Fuß vor den anderen setzen und schien auch Schwierigkeiten mit seinen Schuhen zu haben. Ich zollte ihm meinen Respekt, daß er sich die Mühe gemacht hatte zu kommen. Ich hatte das Gefühl, er erfülle nur eine Pflicht.

Perla verließ uns, und im Schneckentempo gingen wir in die Lobby, die ebenfalls schwer bewacht war. Man durchsuchte mich und bat darum, ich möge meine Kameratasche öffnen. Dann tauschte ein Mädchen meinen Paß gegen ein Stück Papier aus, und wir gingen zum Fahrstuhl. Es gab einige Treppen hinaufzusteigen, und Silva stützte sich mit seinem ganzen Gewicht auf mich. Zweimal mußte ich ihn davor bewahren hinzufallen.

Ein Wächter fuhr mit uns hinauf und geleitete uns zu einem weiteren Empfangsraum. Dann ging Silva hinein, um unter vier Augen mit Leigh zu sprechen, bevor man mich bat einzutreten.

Auf den ersten Blick machte General Gustavo Leigh Guzman keinen besonderen Eindruck auf mich. Er war ein kleiner Mann mit leicht geflecktem Teint und dunklen Haaren, die pomadisiert nach hinten gekämmt waren. Sein Lächeln zeigte eine Menge Zähne. Wenn man ihn mochte, konnte man vielleicht sagen, es sei charmant, mochte man ihn nicht, war es das Zähneblecken eines Hais. Er trug eine einfache Uniform, begrüßte mich ohne viel Umschweife auf spanisch und setzte sich mir gegenüber an einen Tisch, mit Silva zwischen uns.

Er fragte mich, welche Länder ich besucht hatte und ging die Liste schnell durch. Dann fügte ich wahrheitsgemäß hinzu, wie schön Chile war.

«Und wie finden Sie die Situation hier?» fragte er.

Ich sagte, es wäre mir sehr wichtig, ihn darüber zu informieren, daß von mir nicht verlangt oder erwartet wurde, etwas zu schreiben. Ich würde es auch nur tun, wenn ich es für konstruktiv hielte. Daher seien meine Ansichten, die ich ihm gegenüber äußerte, wirklich meine Überzeugung und nicht einfach deswegen gesagt, weil ich ihm nach dem Mund reden wollte.

«Chile macht mich nervös», sagte ich. «Ich finde, daß die Menschen hier sehr viel Angst davor haben, mitten in der Nacht verschleppt zu werden.»

Wir sprachen jetzt Englisch, und das konnte er sehr gut. Er verbrachte lange Zeit damit, mich zu überzeugen, daß Chile Opfer einer weltweiten kommunistischen Verschwörung sei, daß der militärische Eingriff nötig gewesen sei, um ein Vietnam in Südamerika zu verhindern, und daß im Moment Peru von den Russen bewaffnet werde, um Chile anzugreifen. Zudem äußerte er sein Befremden, daß England Chiles Luftwaffe außer Funktion setze, indem es sich weigere, seine Flugzeuge zu warten.

«Das sind Ihre kommunistischen Gewerkschaften. Die wollen uns erpressen. Ich sehe mich gezwungen zu erwägen, ob wir nicht unsere Gelder aus England abziehen und nach Washington transferieren sollen. Und dann werden wir vielleicht nicht mehr in der Lage sein, Ihnen Kupfer zu verkaufen.»

All dies wurde leichthin gesagt, ohne Bedrohung oder den Versuch, mich prahlerisch einzuschüchtern. Ich wußte nicht einmal, ob er von mir erwartete, daß ich ihm glaubte, ohnehin wußte ich zu wenig vom Handel mit Waffen und Waren, um einschätzen zu können, welche Konsequenzen seine Aussagen hatten. Ich konnte mich nur des Eindrucks nicht erwehren, daß er auf seltsame Weise unberührt war von der Weltmeinung.

«Ich frage mich, ob Ihnen klar ist», sagte ich höflich, «wie stark man in Großbritannien an der Frage der Menschenrechte interessiert ist? Man braucht kein Kommunist zu sein, um einem Land Waffen zu verweigern, in dem man Tausende eingekerkert, gefoltert und getötet hat. Niemand, der Chile helfen wollte, kann es angesichts dessen tun.»

«Sicher müssen Sie doch», fuhr ich fort, «nach einem Jahr der Repressionen die Bedrohung Ihrer inneren Sicherheit beseitigt haben? Sicher brauchen Sie doch nicht noch mehr Menschen zu jagen und ins Gefängnis zu werfen? Warum lassen Sie nicht statt dessen einige Leute das Land verlassen?»

Er schien nicht im geringsten überrascht, dies zu hören.

«Ja», sagte er. «Die Marxisten sind besiegt. Sie sind kein innenpolitisches Problem mehr.»

«Dann können Sie doch den Repressionen ein Ende setzen?»

«Ja», wieder. «Wir müssen ruhiger werden. Ich werde noch in diesem Monat mit den anderen Generälen reden.»

«Und Ihre Gefangenen?»

«Es ist uns klar, daß wir sie freilassen müssen.»

Ich war verblüfft.

«Wie viele Gefangene haben Sie denn eigentlich?» fragte ich.

«Die Zahlen sind sehr übertrieben. Es befinden sich nicht mehr als 2500 im Gefängnis. Wir haben gerade die Entlassungspapiere für die ersten hundert unterschrieben. Aber es ist drei Monate her, seit Pinochet sein Angebot gemacht hat, die politischen Gefangenen zu entlassen, wenn Rußland und Kuba dasselbe tun. Warum hat man da nicht auf der Welt die Arme gehoben und gesagt: ‹Gut. Gute Idee. Das ist der Weg zum Frieden?›»

Er schien ehrlich überrascht, daß die Welt nicht auf der Stelle Pinochet einen Friedenspreis überreichte. Ich fragte ihn, wann seiner Meinung nach in Chile die Demokratie wieder hergestellt sei. Da stand er auf und begann herumzulaufen. Er zeigte Erregung.

«Wir haben diese Arbeit satt», sagte er unerwartet. «Wir waren erstaunt, an die Macht gerufen zu werden. Wir wurden gezwungen, die Macht zu übernehmen. Die Mehrheit der Bevölkerung hat uns zur Hilfe gerufen. Wenn ich diesen Schreibtisch verlassen und auf der Stelle nach Hause gehen könnte, wäre ich glücklich.

Man nennt uns Faschisten und Nazis. Wir wollen Demokratie. Ich will Demokratie. Aber wenn wir jetzt den Politikern die Macht überlassen, wird ein Vakuum entstehen. Zuerst müssen wir eine Verfassung haben, die verhindert, daß eine einzelne Partei die absolute Macht gewinnen kann.»

Dann sprach er von der guten Arbeit, die die Junta, wie er sagte, in den Schulen, den Slums, den Krankenhäusern und den Gewerkschaften leiste.

«Also sehen Sie», sagte er voller Stolz, «wir führen nur die Stabilisationsprogramme durch, die Allende versprochen hat.»

«Und wann, glauben Sie, wird Chile wieder zur Demokratie in der Lage sein?»

Er lächelte unsicher.

«Nun, so schnell geht es nicht. Vielleicht dauert es noch einen Augenblick, morgen. Aber wissen Sie, Sie sollten auch nicht zu kritisch mit uns umgehen. Ich habe gerade im ‹Economist› gelesen, daß vielleicht auch in Großbritannien die Armee die Macht ergreift.»

Und das, ich muß es zugeben, raubte mir den Atem.

Wir unterhielten uns anderthalb Stunden. Silva, der inzwischen weiter entfernt von uns saß, sprach kein einziges Wort. Dann gab ich Leigh und Silva die Hand.

Auf französisch fragte mich Silva: «Glauben Sie, da haben Sie etwas?»

«Ja, das glaube ich schon», erwiderte ich.

«Gut. Dann au revoir.»

Als ich das Gebäude verließ, versuchte ich mir zu vergegenwärtigen, was ich eigentlich hatte. Eine Handvoll sensationeller Versprechen, die, soweit ich wußte, zuvor noch nie abgegeben worden waren. Und wenn man sie groß in der «Sunday Times» herausbrachte, müßte dann die Junta einige von ihnen auch einhalten? Vielleicht würde das auch die Junta entzweien. Ich war ganz aufgeregt bei dem Gedanken, daß ich vielleicht etwas Nützliches tun konnte.

Ich fuhr zurück nach Nuñoa, und dort ordnete ich meine Notizen, die ich in aller Hast zusammengekritzelt hatte. Und dann machte ich die Runde durch Botschaften und Flüchtlingshilfe-Organisationen, um zu erfahren, ob sie schon die geringsten Anzeichen für die Absicht der Junta hatten, Gefangene freizulassen. Niemand hatte davon gehört.

Einer meiner letzten Besuche galt einem Diplomaten mittleren Ranges bei der Britischen Botschaft. Gelegentlich und unverbindlich hatte ich mich schon mit ihm unterhalten. Ich besuchte ihn in seinem Haus in einem der reicheren Stadtteile, wo er so luxuriös lebte, wie er zugegebenermaßen nicht hätte leben dürfen, wenn man seinen eigenen Status und den Zustand der britischen Wirtschaft zu jener Zeit in Betracht zog. Seine Selbstzufriedenheit war unangemessen.

Er gab mir einen Drink in die Hand und führte mich hinaus auf seine Veranda, um den Rasen zu begutachten, der mit teurem Geld aufgepäppelt worden war. Ein Gärtner, der gerade den Rosen Wasser gab, hatte aus Versehen auch die Gartenmöbel naßgemacht, und der Diplomat sagte zu ihm mit geheucheltem Gleichmut:

«Sie haben die Stühle naßgemacht.»

Der Gärtner lächelte selbstzufrieden.

«Si, Señor», sagte er und ging dann weiter zu den Rhododendronbüschen.

Wir saßen auf nassen Stühlen.

«Sie sind nur feucht», sagte er und versuchte mich davon zu überzeugen. Überhaupt schien er von Überzeugungssucht geprägt zu sein. Seine Kleidung, sein Gehabe, sein Akzent und wahrscheinlich auch seine ethischen Grundsätze strebten eine gewisse Rechtschaffenheit an und verfehlten sie um ein Haar. Und eben dieses knappe Verfehlen der gewünschten Wirkung war so störend wie ein Bild, das schief an der Wand hängt.

«Also, erzählen Sie mir von Ihrem Treffen mit Leigh», sagte er. «Finden Sie nicht auch, daß er ein pathologischer Fall ist?»

«Er hat vorstehende Kiefer», erwiderte ich vorsichtig und bedauerte schon, daß ich überhaupt dort war. Da ich keinen Ausweg sah, berichtete ich ihm, was Leigh gesagt hatte. Er legte seine Finger zu einer Pyramide, balancierte sein Kinn darauf und gab sich Mühe, aufmerksam ernst dreinzuschauen.

«Der Botschafter ist heute nicht da, aber es wäre sehr schön, wenn Sie dies bei mir ließen. Ich werde mit dem Ersten Sekretär sprechen, und morgen bringen wir es dem Botschafter zu Gehör.»

Ich sah keinen Hinderungsgrund und stimmte zu.

Zwei Tage später trafen wir uns wieder zum Tee. Ich war mit meinen Nachforschungen nicht weitergekommen.

«Wir haben das Gefühl», sagte er mit einem Anstrich von Erhabenheit, «daß es unklug wäre, Leighs Vorschläge der Öffentlichkeit zugänglich zu machen. Wir sind alle übereinstimmend der Meinung, daß es sich um eine Finte handelt. Er möchte sich ganz einfach ein positiveres Image verschaffen, aber es gibt nicht den geringsten Grund anzunehmen, daß sie irgend jemanden freilassen. Sie würden ihm nur in die Hände spielen.»

Wäre ich ein Reporter mit einem bestimmten Auftrag gewesen, hätte ich seinen Worten keine Beachtung geschenkt. Es wäre dem Außenministerium überlassen geblieben, seine Moralpredigten an meinen zuständigen Redakteur in London zu richten. Aber ich war zu lange fort gewesen, um in diesem Rahmen zu denken, und hatte die Gewohnheit angenommen, mein eigenes, unabhängiges Urteil zu fällen. Was war, wenn sie recht hatten? Das letzte, was ich wollte, war, es der Junta leichter zu machen, Unterstützung zu finden.

Als ich ging, sagte ich noch, ich werde es mir überlegen. An jenem Abend besuchte ich Elena. Noch immer war ich unentschlossen. So wie ich es sah, konnte mein Interview mit Leigh nur dann von Nutzen sein, wenn es mir gelang, den Eindruck zu erwecken, als sei es höchst bedeutsam. Ein Korrespondent kann da manchmal nachhelfen. Indem er dramatische und kostspielige Telefongespräche zu ungewöhnlichen Zeiten mit den Großkopfeten seiner Zeitung führt, vermag er einer Geschichte die Aura von Bedeutsamkeit und Dringlichkeit zu geben, die sie nie hätte, wenn sie routinemäßig über Telex käme. Aber ein derartiges Vorgehen birgt auch seine Risiken. Der Reporter spielt mit seiner Glaubwürdigkeit, setzt auf «Alles oder Nichts». Das war jedoch nicht mein Problem. Ich hatte ein gutes Verhältnis zum Herausgeber der Zeitung. War dies der richtige Moment, es auszunutzen? Oder würde ich nichts anderes tun, als wunderbare Propaganda für die Junta zu machen?

Elena zeigte sich seltsam unwillig, mir zu helfen, und mein Mangel an Entscheidungsfreudigkeit ließ sie unduldsam werden. Sie verhielt sich kühl und distanziert, und ich versuchte vergeblich, von ihr jene Bewunderung wiederzuerlangen, von der ich so abhängig war.

Schließlich sah sie mich unverblümt an und sagte:

«Vielleicht bist du zu lange hiergewesen.»

Diese Anklage traf mich in den Magen. Nichts ist schmerzhafter, als auf eine Wahrheit hingewiesen zu werden, die anzuerkennen man sich geweigert hat. Der Überschwang meiner ersten Wochen mit Elena war vergangen. Wir waren an einen Punkt gelangt, wo die praktischen Realitäten ihres Lebens neue Probleme schufen. Ihre Arbeit und ihr gesellschaftliches Leben erlaubten nur bis zu einer bestimmten Grenze, mich einzubeziehen. Ich war in ihrer Welt ein bizarres Phänomen. Sie nannte mich ihre «Wildente». Wenn wir noch viel länger so weitermachten, mußte ich in aller Form als Teil ihrer Lebensumstände akzeptiert werden. Das war jedoch unmöglich, und sie wußte es, hatte es von Anfang an gewußt.

Mein Treffen mit Leigh hatte die Spannung zwischen uns schon über das normale Maß hinaus gesteigert. Und jetzt, da ich mich gleichsam suhlte in einem Sumpf des Zweifels über meine Rolle in dem Spiel – War ich der Bauer oder der König? –, sah sie mit erbarmungsloser Klarheit, daß sich mein Nutzen, sowohl für sie wie für Chile, erschöpft hatte. Sie war eine Frau voller Wärme und Mitgefühl. Das hatte sie mir auf wunderbare Weise bewiesen. Aber diese Eigenschaften durften nicht in einer von vornherein aussichtslosen Affäre wie der unseren ausgelaugt werden.

Während der folgenden Tage bereitete ich mich auf meine Abreise vor und mußte dabei entdecken, wie viele Bande ich in den fünf Wochen schon geknüpft hatte. Überall gab es Leute, für die ich mein Herz entdeckt hatte und die ich zumindest noch einmal sehen wollte. Wie immer, wenn ich meine Reise für einen Zeitraum unterbrach, hatte sich meine Organisationsstruktur fast aufgelöst. Ich reiste mit einem stattlichen Aufgebot an Dingen, die ihre Nützlichkeit wieder und wieder unter Beweis gestellt hatten, und wenn sie auf mein Motorrad gepackt waren, ordneten sie sich ohne Schwierigkeiten in ein Arrangement, das ich für sie geschaffen hatte und in dem ich mich orientieren konnte, ohne nachdenken zu müssen. Jetzt waren alle diese Dinge im Haus in Nuñoa verstreut, und sie alle wieder zusammenzufinden, war kaum weniger schwierig, als meine verstörten und zerstreuten Gedanken zu ordnen.

Meine Idee, die Vorschläge Leighs mit Hilfe dramatischer Anrufe in London zu einem Medienereignis zu machen, kam mir langsam kindisch und unverantwortlich vor. Ich hatte kein Vertrauen darin, daß meine Intervention von Nutzen sein könnte, und verabscheute den Gedanken, daß ich eventuell dazu beitragen könnte, das Überleben eines Regimes sicherzustellen, das ich haßte. Ich entschied mich statt dessen, meine Geschichte in aller Ruhe und Nüchternheit zu schreiben und sie später als einen Hintergrundartikel über Chile abzuschicken.

Während jener Tage war Elena zu beschäftigt, um sich mit mir zu treffen. Sie machte eine Modesendung mit einem deutschen Fotografen namens Siegfried. Ich war Siegfried einmal begegnet, als Elena und ich noch auf so wundervolle Weise harmonierten, und schon damals hatte er mich verunsichert. Ein großer blonder Mann mit autokratischem Gebaren, der seine eigene Stärke auf eine Weise kundtat, die ich als aufdringlich und fast ein wenig widerwärtig empfand. Zu jener Zeit, als mein Selbstvertrauen noch intakt war, war er für mich kaum mehr gewesen als einer von vielen eigenartigen Charakteren auf diesem Schauplatz, einer jener Männer, die davon lebten, daß sie andere erniedrigten, ein Psycho-Vampir, der auf ganz natürliche Weise angezogen wurde von einer Gesellschaft, in der aus Machthunger Blut vergossen wurde. Jetzt machte mich der Gedanke krank, daß die beiden zusammenarbeiteten, aber dieser Ekel bewirkte zumindest, daß ich um so entschlossener wurde, von hier zu verschwinden.

Ich wurde mir jedoch noch einer anderen Konsequenz meines sorgenvollen Zustands bewußt. Zum erstenmal war ich nervös und fürchtete um meine eigene Sicherheit. Es kam mir in den Sinn, daß sich Leigh und sein Stab vielleicht fragen mochten, warum ich meine Geschichte nicht auf den Weg geschickt hatte. Würden sie mich nicht überwachen? Konnte ich unbesorgt diejenigen besuchen, von denen ich wußte, daß sie aktiv Widerstand gegen das System leisteten? Würde man mir überhaupt gestatten abzureisen, bevor ich eindeutig Stellung bezogen hatte? Und wenn ich unbehelligt davonkam, würde die DINA nach meiner Abreise den Menschen, die ich so sehr in mein Herz geschlossen hatte, ihre unseligen Besuche abstatten?

Hatte ich mich zuerst noch als der kühne Ritter gesehen, so schwang meine Selbsteinschätzung jetzt in das andere Extrem, und ich sah mich als den tadelnswertesten aller derer, die sich in die Angelegenheiten anderer einmischen. Ich sah mich als jemanden, der naiverweise seine Nase in Dinge steckt, die viel zu kompliziert für sein Verständnis sind, und der sich dann davonmacht, ohne über das Leid und die Trümmer nachzudenken, die er hinterläßt. Wenn das zutrifft, so dachte ich, dann habe ich Verrat an meiner Reise begangen, und das auf die schlimmste erdenkliche Weise. Bei der Vorstellung, daß Roberto und Gloria für ihre grenzenlose Gastfreundlichkeit würden leiden müssen, wurde mir übel, und ich verhielt mich unnatürlich vorsichtig und reserviert. Im selben Maße drängte es mich, endlich wegzufahren, bevor dieser Schaden, den ich fürchtete, angerichtet war.

Ich entschloß mich, am Montag zu fahren. Am Tag davor veranstalteten wir in Nuñoa ein Abschiedsessen. Roberto kaufte alle erdenklichen chilenischen Spezialitäten ein, damit ich nur keine einzige verpaßte. Ein riesiger Centolla-Hummer rekelte sich mitten auf dem Tisch. Wir tranken wundervollen Drei-Sterne-Wein aus Santa Carlina, und für eine Weile ertränkte ich meine Furcht in der Flut ihrer warmherzigen und grenzenlosen Freundschaft.

«Mein lieber Ted», sagte Roberto. «Bist du sicher, daß du uns verlassen mußt? Du kannst bleiben, solange du willst. Du wirst uns so sehr fehlen. Unsere Töchter werden nicht wissen, was sie mit sich anfangen sollen.»

Das kleine Mädchen, dem ich den Spitznamen Mosquitito gegeben hatte, sah mich über den Tisch hinweg mit schmachtendem Blick an.

«Ich habe nur Angst, daß ich euch doch noch Schwierigkeiten bereite, wenn ich länger hierbleibe», wagte ich zu sagen.

«Was für Schwierigkeiten?» spottete Gloria. «Bin ich nicht mit Pinochet verwandt?»

Sie lachten fröhlich, und ich fand Kraft in ihrer furchtlosen Großzügigkeit, die stärkere Wirkung hatte als jeder Wein.

Und doch konnte ich wie ein liebeskrankes Hündchen nicht verzichten auf die Möglichkeit, Elena noch ein einziges Mal zu sehen. Ich rief sie an und sagte, als müsse ich mich entschuldigen, daß ich am folgenden Tag abfahren wolle.

«Dann solltest du rüberkommen», sagte sie in einem Tonfall, in dem kein Gefühl mitschwang.

Als ich ankam, mußte ich feststellen, daß wir nicht allein waren. Siegfried war da, offensichtlich, um Modefotos zu zeigen, die er in Viña de Mar gemacht hatte. Er projizierte sie auf eine Leinwand und sprach mit einer Bedeutsamkeit von ihnen, als handle es sich um Rembrandt-Gemälde. Elena reagierte mit kleinen Aufschreien: «Oh» und «Ah» und «Wie zauberhaft!».

Das Lob, das sie seinen Fotos spendete, und ihre Bereitwilligkeit, sich mit Siegfried auf analytische Diskussionen über ihre exzellente Qualität einzulassen, waren mir lästig. So gut kamen sie mir denn auch nicht vor. Ich mußte mich entscheiden, ob ich an ihrem Geschmack zweifeln oder einfach akzeptieren sollte, daß sie andere Motive hatte, weswegen sie ihm schmeicheln wollte. Keine von beiden Möglichkeiten sagte mir zu, denn sie waren unserem Verhältnis abträglich, aber in meinem niedergeschlagenen Zustand war es für mich leichter, mir vorzustellen, daß sie sich bereits entschlossen hatte, ihre Gunst einem neuen Helden zu schenken.

Die Zeichen kündeten, daß ich überflüssig war in Walhalla, und wenn ich darauf bestand, weiter zu bleiben, würde ich die unausweichlichen Erniedrigungen erdulden müssen. Wie immer, wenn ich unglücklich mit mir selbst bin, hatte ich Schwierigkeiten mit der Fremdsprache. Siegfried hingegen war in geradezu triumphaler Stimmung. Er redete mit all der Eloquenz, die ich verloren hatte, über das erregende Leben in Santiago, umgeben von Gefahr und Tod. Ich hatte das Gefühl, daß er nicht nur meine Position beanspruchte, sondern auch noch einen Teil meines Charismas, und daß er sie obendrein noch schamlos mißbrauchte.

In einer Atmosphäre der Gefahr, so sprach er, offenbart sich die wahre Natur eines Mannes. Er könne sich vielleicht vor der DINA verstecken, aber nicht vor sich selbst.

«Es ist, wie Heidegger schon sagt», fuhr er fort. «Jede Persönlichkeit verfügt über einen festen Bezugspunkt, der alles andere an ihr färbt. Zum Beispiel», und dann richtete er seinen erbarmungslosen Blick auf mich, «sind Sie, nehme ich an, auf Furcht fixiert.»

Brillant in Szene gesetzt.

Wie betäubt von den Ängsten, die sich in der vergangenen Woche in mir aufgestaut hatten, und todunglücklich, weil ich sah, daß sich Elena in seiner Gesellschaft so wohl fühlte, war ich außerstande, etwas Überzeugendes zu erwidern. Elenas forschender Blick drang durch mich hindurch wie ein Fleischspieß, und ich wand mich in Qualen.

Schließlich ging Siegfried, nur eine halbe Stunde vor Beginn der Sperrstunde. Ich hatte verzweifelt auf diese letzte Chance gewartet, etwas von Elena zu bekommen, das ich mit auf meine Reise nehmen konnte. Sie war freundlich, aber furchtbar distanziert. Ich hoffte auf einen letzten Kuß, aber sie wandte ihr Gesicht ab, und ich verließ sie, nachdem ich kurz mit den Lippen ihre Wange gestreift hatte. Ein letztes Mal ging es auf die Spießrutenfahrt um die Straßensperren.

Die Abfahrt am nächsten Tag war schwieriger und unangenehmer, als je eine gewesen war. Das vollbeladene Motorrad fiel in Robertos Garten um, als ich versuchte aufzusteigen. An jenem Tag ließ ich es noch zweimal fallen. Das war mir noch nie passiert. Noch bevor ich Santiago verlassen hatte, setzte die Zündung an einem Zylinder aus, und ich mußte wieder fast alles abpacken, um die Reparatur auszuführen. Ich nahm die falsche Ausfahrt aus Santiago und brachte es auf zusätzliche fünfunddreißig Meilen auf meiner Reise an die Grenze. Die Landschaft um mich herum war anfangs langweilig, dann deprimierend, als ich zwischen häßlichen und kargen Bergen hinauffuhr.

Die Straße führte nach Norden, zurück nach Argentinien. Die Grenze war bei Caracoles, in dreitausend Meter Höhe, und es gab eine Straße über den Paß nach Mendoza, die jedoch von den Grenzposten für den Verkehr gesperrt worden war. Der einzige Weg führte durch den Eisenbahntunnel. Ich wartete zwei Stunden lang in ständig wachsender Gesellschaft von Autos und Lastwagen, bis der Zug aus Argentinien durchgekommen war. Dann schickte man mich vor den vierrädrigen Fahrzeugen auf den Weg.

Der Tunnel war drei Kilometer lang, ein grob geschlagenes Loch im rohen Felsen. Man hatte zu beiden Seiten der Schienen Planken ausgelegt, mich aber ermahnt, rechts zu bleiben, zwischen der Schiene und der Felswand. Licht gab es keins. Aus den Felsen tropfte das Wasser auf mich und auf die Planken, die glitschig waren vom Matsch. Ich bewegte mich mühsam und langsam durch die Düsternis, immer des Wagens hinter mir gewahr, der ständig zu dicht aufzufahren schien. Wieder und wieder spürte ich, wie das Hinterrad rutschte und nicht unter Kontrolle zu halten war, bis ich schließlich fast zu der Überzeugung gelangte, ich müsse einen Platten haben. Ich fragte mich, welche der beiden Horrormöglichkeiten gefährlicher sein mochte: Sollte ich einen Unfall riskieren oder versuchen, den Reifen zu reparieren?

Ich fuhr weiter und weiter und weiter, endlos krauchend durch das miese Loch, bis ich schließlich vor mir ein schwaches Glimmern sah.

Nie war ich froher gewesen, das Licht am Ende des Tunnels zu sehen. Ich kam hinaus in ein herrliches Tal, und während ich in schneller Fahrt an einem reißenden Bergbach entlangfuhr, wurde es immer schöner, immer zauberhafter. Das Tal verbreiterte sich und wurde tiefer, und meine Lebensgeister, befreit aus dem düsteren Tunnel, schwangen sich auf, und ich war wieder auf dem Weg, war auf der Straße unterwegs und flog dahin.

25

Die Erwähnung des Krankenhauses ließ mich eiskalt erschauern. Nach dieser langen Zeit weckte schon das Wort Assoziationen von Katastrophe. Der Optimismus, um den ich so gerungen hatte, löste sich in Nichts auf, zerfiel. Ich nahm an, daß Teresa einen Höllenschreck bekommen würde. Ihre Worte klangen in meinen Ohren wider – «Ich habe Krankenhäuser schon immer gehaßt» –, und ich hatte schreckliches Mitgefühl mit ihr und fühlte mich nutzlos, unfähig, ihr zu helfen. Ihr Gesicht verriet keine starke Reaktion. Sie schien sich in Trance zu befinden, und ich wollte nicht mit ihr sprechen, solange ich mich so niedergeschlagen fühlte.

Der Arzt und die Hebamme übernahmen, praktisch und entschlossen.

Ich fühlte mich ausgeschlossen, meiner Funktionen entledigt, als sei ich leicht in Ungnade gefallen. Das spielte sich nur in meinem Kopf ab, aber ich konnte mich dessen nicht erwehren. Nichts hatte ich mir mehr gewünscht, als daß die Zuversicht meiner Frau auch ihren angemessenen Lohn bekam.

Da gab es Sachen einzupacken, Sachen, die wir für diese abwegigste aller Möglichkeiten vorbereitet hatten – eine reine Formalität, damit der Arzt beruhigt und guter Dinge wäre. Jetzt konnte ich mich kaum entsinnen, was diese Sachen waren. Meine Schwäche verblüffte mich. Mir war nicht bewußt geworden, wieviel ich im Laufe des Tages von mir selbst fortgegeben hatte. Dennoch schaffte ich es, alles zusammenzukramen, dachte sogar daran, das Brathähnchen einzupacken, und raffte schließlich genügend Hoffnung zusammen, um auch noch den Wein mitzunehmen.

Tee half Teresa aus dem Haus und hinunter ins Auto. Sie hielt die Flasche mit der Salzlösung über Teresas Kopf, und der lange durchsichtige Schlauch schlängelte sich zu dem Pflaster auf ihrem Arm. So stiegen sie hinten in den Valiant ein.

Ich mußte fahren, immer hinter dem Arzt her. Er hatte ein kleines italienisches Auto, zu klein für einen so großen Mann. Dann sah ich, daß auf seinem Nummernschild FIFI stand. Ich prustete los vor Lachen. Ich sagte es den beiden hinten, und sie lachten ebenfalls. Es war befreiend, meine Frau lachen zu hören. Fast den ganzen Weg ergötzten wir uns an diesem Witz, während der Arzt sich durch den Verkehr schlängelte.

«Wo ist Fifi?» fragte ich immer wieder. «Fifi darf uns nicht entwischen.»

Aber ich hatte auch Angst. So ein bizzarer Trip, aberwitzig. Hätten wir uns verhalten, wie es alle normalen Menschen tun, wären wir nicht so entschlossen gewesen, alles anders zu machen, hätten wir diese Fahrt ins Krankenhaus schon vor Stunden gemacht, in aller Ruhe, entspannt. Nicht so wie jetzt, in gespannter Krisenstimmung.

War es eine Krise? Ich hatte keine Ahnung. Die Flasche mit der Salzlösung vermittelte den Eindruck einer Notsituation. Mir kamen Bilder von gehetztem Transport in den Operationssaal in den Sinn, Momente zwischen Leben und Tod. Meine Ängste nahmen plötzlich um mich herum Gestalt an. Polizeiwagen und ein Krankenwagen überholten uns auf dem Highway, blitzten rot und blau in unsere Augen.

Tees Stimme brach dringlich in meine Gedanken.

«Das Blut läuft in die Flasche zurück. Ich kann sie nicht hoch genug halten. Was soll ich machen?»

«Jesus», sagte ich. «Ich weiß nicht.»

Ich sah über die Schulter nach hinten, und der Schlauch war schwarz im Licht des Highways.

«Zieh die Nadel raus», sagte ich. Besonders vernünftig war das nicht, aber ich konnte meine Gedanken nicht sammeln, denn ich war damit beschäftigt, Fifi nicht zu verlieren. Ich hatte Angst, vielleicht eine Ausfahrt zu verpassen und ihn zu verlieren, denn er nahm nicht den Weg, den ich mit ihm durchgesprochen hatte.

Die Nadel ließ sich unter dem Verband leicht herausziehen, also war das in Ordnung.

«Ist bei dir alles in Ordnung?» fragte ich, und Teresa antwortete ziemlich nüchtern, es sei alles in Ordnung. Sie war die ruhigste von uns dreien, aber ich konnte nicht einschätzen, wie sie sich fühlte. Es war eine unheimliche Fahrt, und unentwegt fragte ich mich: Warum? Warum? Warum?

Kaum waren wir durch die Krankenhaustür, hatten sie sie schon auf einem Rollstuhl, mit einem Etikett am Handgelenk. Wir schossen hinauf in den vierten Stock, und als wir ausstiegen, hefteten sie ihr das nächste Etikett an. Ich dachte erst später darüber nach, wieviel Fehler sie gemacht haben mußten, welche Mühe sie sich gaben.

Man brachte uns in einen der Räume, die man für Frauen in den Wehen reserviert hatte, und erst dort löste sich meine Angespanntheit. Kein schlechter Raum, so heimelig, wie sie ihn nur machen konnten. Es gab Vorhänge und eine gemusterte Tapete, ein Sofa unter dem Fenster, einen Sessel mit verstellbarer Rückenlehne und ein fast normales Bett. Wenigstens waren wir nicht in einem der Kreißsäle, echten Operationssälen, gebadet in gleißendes Licht und voller Maschinen.

Meine Frau zog ihr Nachthemd an und legte sich ins Bett, und wir alle entspannten uns. Dann gesellte sich eine Krankenschwester zu uns. Sehr freundlich stellte sie sich meiner Frau vor, und nachdem sie mit dem Arzt gesprochen hatte, äußerte sie die Vermutung, meine Frau solle vielleicht lieber etwas nehmen, um «dem körperlichen Unwohlsein entgegenzuwirken» und ihr die Kraft zu bewahren für die Zeit, wenn sie sie wirklich brauchte. Meine Frau stimmte ohne Protest zu, und ich war froh. Jetzt war das Spiel anders, folgte anderen Regeln. Sie richteten eine neue Flasche und ließen dann eine neue Nadel in ihren Arm gleiten.

«Wir werden Petosin intravenös geben», sagte die Krankenschwester. «Es dauert eine kleine Weile, aber dann sollten Sie in der Lage sein, sich ohne Schwierigkeiten zu weiten. Und jetzt versuchen Sie, es in aller Ruhe anzugehen. Sie haben reichlich zu tun gehabt, das weiß ich.»

«Wie lange dauert es, bis es wirkt?» fragte ich.

«Oh, so eine oder zwei Stunden», antwortete die Schwester.

Für mich gab es nichts mehr zu tun. Ich setzte mich aufs Sofa, glücklich für meine Frau, aber mit einem hohlen Gefühl im Bauch.

«Nehmen Sie den Sessel», sagte der Arzt freundlich. «Schlafen Sie ein bißchen. Sie wird Sie später brauchen.»

Ich war ihm dankbar für seine Worte. Sie retteten mich aus einem Gefühl absoluter Nutzlosigkeit. Ich lehnte mich auf den Stuhl neben dem Bett zurück und hielt Teresas Hand. Die Krankenschwester half ihr durch die Wehen, und während sie kamen und gingen, hielt sie meine Hand ganz fest. Ich liebte sie sehr, und das Gefühl war stark.

Man hatte ihr nur die Minimaldosis Schmerzmittel gegeben, und es wirkte nicht. Also verdoppelten sie die Dosis.

«Mach dir keine Sorgen, mein Liebes», sagte sie. «Ich bin sehr erleichtert, daß wir hier sind. Ich bin jetzt viel glücklicher.»

Bald wurden die Schmerzen schwächer, das Medikament half. Ich schloß die Augen.

Tee und die Hebamme aßen Hähnchen und unterhielten sich über Windsurfing, Musik und Autos. Ihr Gespräch drängte sich in meinen Halbschlaf, unzusammenhängend wie Traumfetzen.

«Nun, ich denke, ich geh und schreib meine Rechnung im Büro», sagte die Hebamme. «Sonst finde ich doch keine Zeit dazu.»

Zwanzig Minuten nach Mitternacht wachte ich auf. An der Wand war eine Uhr. Ich trank Kaffee aus dem Automaten und aß etwas Hähnchen. Teresa saß jetzt aufrecht, und die Wehen kamen schneller und stärker. Tee war bei ihr, redete mit ihr die Wehen weg. Die Hebamme kam zurück. Dann kam die Krankenschwester mit einem Wagen, auf dem ein Oszilloskop stand.

«Was ist das?» fragte ich, obwohl ich es genau wußte.

«Das ist ein Fötusmonitor», sagte sie. «Teresa ist jetzt acht Zentimeter geweitet, und es wird nicht mehr lange dauern. Wir können damit sehr gut beobachten, welche Fortschritte das Baby macht.»

Der Arzt hatte jetzt seine Gummihandschuhe an. Er führte die Elektrode ein und befestigte sie an Iswas' Kopf. Ich mochte nicht fragen, wie er das machte. Der Bildschirm erwachte zum Leben, registrierte den Herzschlag des Babys und den Blutdruck. Sie waren äußerst unregelmäßig, und ich bekam es mit der Angst zu tun, denn ich erinnerte mich an den stetigen Schlag, den ich vor Zeiten gehört hatte.

«Stimmt da etwas nicht?» fragte ich nervös. Ich befürchtete, sie hielten vielleicht mit schlechten Nachrichten hinter dem Berg, aber sie erklärten, es sei die normale Reaktion des Fötus' auf die überaus starken Kontraktionen der Gebärmutter. Der Monitor diente zur Warnung für jene seltenen Fälle, wenn der Druck den Herzschlag völlig zum Stillstand brachte.

«Mein Gott», dachte ich. «Wie muß es nur sein, das da drinnen mitzumachen?»

Jetzt wurde das Baby für mich wieder real, und die Atmosphäre im Raum begann zu knistern. Aus der Ecke beobachtete uns ein weiterer Arzt in aller Stille. Das hatte irgendwie mit den Krankenhausbestimmungen zu tun. Wir waren also sieben. Es war unmöglich, in dieser Situation dabeizusein und sich nicht beteiligt zu fühlen. Teresa arbeitete jetzt sehr schwer, keuchte vor Schmerzen und Anstrengung, aber sah wundervoll lebensstark und siegesgewiß aus.

«Pressen Sie nicht», sagte der Arzt. «Noch nicht. Halten Sie zurück. Halten Sie noch. Sehen Sie, man kann schon den Kopf des Babys erkennen.»

Es stimmte. Ein grauer Kreis Schädel war zu erkennen. Sie hielten meiner Frau einen Spiegel zwischen die Beine, damit sie es auch sehen konnte.

«Ich möchte aber pressen», sagte sie, sehr bestimmt.

Es war erstaunlich, sie mit solcher Selbstsicherheit über ein Gefühl sprechen zu hören, das sie noch nie in ihrem Leben empfunden haben konnte. Ihre wahre Stärke offenbarte sich in diesem Augenblick.

«Nein. Noch nicht», sagte der Arzt. «Halten Sie zurück. Schwester, ich muß schneiden.»

Die Schwester reichte ihm eine Spritze, und er stach sie hinein, nahe am Kopf des Babys.

«Halten Sie zurück», sagte er immer wieder. «Noch nicht. Helfen Sie ihr, es noch zurückzuhalten.»

Dann hatte er eine Schere in der Hand und schnitt ihr tief ins Fleisch, aber, seltsam genug, es machte mir nichts aus, und auch meine Frau fühlte nichts. Unsere normalen Reaktionen waren im Drama dieses Geburtskampfes total ausgeschaltet. Sie ging auf in der Anstrengung, einer unwiderstehlichen Kraft Einhalt zu gebieten. Es war unbeschreiblich aufregend und ehrfurchtgebietend, dabei zuzuschauen.

«All right. Ich weiß, Sie können nicht mehr warten. Also dann los. Helfen Sie ihr.»

Die Hebamme und ich standen links und rechts von ihrem Bett. Wir hatten je einen Arm unter ihrem Oberschenkel und um ihren Rücken. Sie preßte wie wahnsinnig. Einmal. Zweimal. Ich sah den Kopf hervorkommen, Gesicht nach unten. Dreimal. Und das Baby purzelte hinaus in die Hände des Arztes, schneller, als man sehen konnte. Und mit einem elementaren Seufzer der Befreiung waren die Wehen vorüber.

«Es ist ein Junge», sagte der Arzt.

Ich hatte nicht mal daran gedacht, danach zu schauen. Aber jetzt sah ich hin, und während ich hinschaute, schrie der Junge, ganz von selbst, lebenshungrig, perfekt in allen Einzelheiten.

Es gab noch andere kleine Wunder. Man gab mir die Schere, und ich schnitt selbst die Nabelschnur durch. Dann lag er für einen Augenblick ganz still an der Brust seiner Mutter.

«William Alexander», sagte sie.

«Oh, du meine Güte», sagte ich zu ihr. «Dank dir.»

Der Arzt brachte die Nachgeburt heraus und zeigte sie uns, ein wenig befangen. Sie war ein Wunder für sich, eine Oberfläche wie polierter violetter Marmor mit feinstem Adergeäst.

«Wir werden Sie jetzt wieder zusammennähen müssen», sagte der Arzt. «Sie hatten es nach all dem Warten sehr eilig. Sie sind ein wenig aufgerissen. Also kann Ted das Baby tragen.»

«Das ist schön für dich», sagte sie zu mir. «Ich bin froh, daß du ihn hast. Er gehört dir.»

«Ja, das tut er», sagte ich. «Er gehört uns, und er ist wundervoll.»

Die Krankenschwester reichte mir das winzige Baby, eingehüllt in die Spezialdecke, und zeigte mir, wie ich es an meinem kleinen Finger saugen lassen sollte, damit der Reflex stimuliert wurde, der es später an der Brust saugen ließ.

«Sie haben da eine wichtige Aufgabe», sagte sie. «Je eher er zu saugen anfängt, desto besser.»

Er nahm meinen kleinen Finger zufrieden und ohne Schwierigkeiten, und ich stand da und hielt eine kleine Rede über ihn. Ich hatte es nicht vorgehabt. Sie kam einfach aus meinem Gefühl heraus. Ich versprach ihm alle möglichen Herrlichkeiten, ein langes Leben voller Liebe, Aufregung und Wissen, und viele gute Freunde. Dann brachten sie Teresa fort, damit sie genäht werden konnte.

Und so hatte ich ihn die erste halbe Stunde seines Lebens, und ich glaube nicht, daß ich je wieder eine friedvollere Zeit mit irgend jemandem verbringen werde. Die ganze Zeit saugte er sanft an meinem Finger, und ich sah auf ihn hinunter. Mein Geist war reingewaschen durch die Katharsis seiner Geburt. Keine Furcht, kein Zweifel, nicht ein Hauch des Bedauerns, nicht ein Augenblick der Selbsterforschung. Ich brauchte nicht zu denken.

Er besaß keinen der Makel, die zu erwarten man uns beigebracht hatte. In achtundzwanzig Stunden Wehen hatte er alle Zeit gehabt, sich auf die Welt vorzubereiten. Seine Haut war rosig gesund, der Kopf nur ein wenig langgezogen. Nirgends auf seinem Körper hatte er auch nur ein Härchen, und ich dachte, er sieht wirklich glücklich aus. Wenn er vielleicht auch häßlich war wie die meisten Neugeborenen, war ich doch blind dafür.

Tee machte die Flasche Wein auf und schenkte uns jedem einen Plastikbecher ein.

«Er sieht einfach großartig aus», sagte sie. «Er ist wirklich ein gutaussehender Bursche. Der wird mir nichts, dir nichts auf seinem Bike sitzen, und weg ist er.»

Kurz vor Morgengrauen kam ich Zuhause an. Das Zimmer war ein reines Chaos und das Bett verwüstet in langen und fruchtlosen Kämpfen. Es war kalt. Ein Nachgeschmack der Verzweiflung. Ich räumte einige Bündel befleckter Bettwäsche weg, das noch nicht abgewaschene Geschirr, die schmutzigen Pappkartons und die abgelegten papierdünnen Gummihandschuhe, die bleich waren wie ein Embryo. Das Krankenhaus, die Aufregung der Geburt, das Baby selbst, alles schien weit, weit fort in einer anderen Welt.

Eine furchtbare Öde erfaßte mich, erstreckte sich von Horizont zu Horizont.

Nun, dachte ich, das ist einer, vor dem kannst du nicht wegfahren.

Kann das Pendel wirklich hier anhalten?

Was machen wir jetzt? Bauen wir ein Haus? Pflanzen wir einen Garten an? Ziehen wir ein Kind auf? Und dann noch eins? Und dann noch eins? Werden wir eine glückliche Familie?

Aber was haben all diese Dinge mit mir zu tun? Wo stehe ich in alledem? Was weiß ich von solchen Dingen?

Ich machte mir Tee und wanderte durch die Zimmer, daran nippend.

Zwischen irgendwelchen Papieren fand ich zwei beschriebene Bogen, vor langer Zeit hingekritzelt, als ich gerade von der Reise zurück war, während meiner ersten Tage im alten Haus, verwirrt, ohne Orientierung, nicht wissend, was ich tun sollte, sagen sollte, wie ich aufhören konnte, in Bewegung zu sein.

Warum bin ich von Istambul so zurückgehetzt? In mein Verhängnis. Warum bin ich vor vier Jahren überhaupt fortgehetzt? Vor meinem Verhängnis. Ich hatte eine Verabredung in Samara.

Verhängnis ist namenlose Furcht, ist Mangel an Glauben, ist ausgetrocknete Quellen, ist Kinderlosigkeit? Plötzlich fühle ich mich fruchtbar.

Was ist dies für ein Ort? Ein Ort, an dem man sein kann, ein Ort, den man hat? Wer wird ihn mir nehmen? Habe ich die Welt umrundet, um in Zement gegossen zu werden?

Ich fühle, wie es sich lockert. Erinnerst du dich jetzt an das Gefühl? Du fuhrst durch Afrika, du fuhrst durch all die Furcht, jene namenlose Todesfurcht. Und du benanntest sie damals.

Es gibt keine Schuld, sagt Claude. Das ist nur eine jüdisch-christliche Erfindung. Nun, ich bin jüdisch-christlich, klar, aber der Witz ist, ja, das Geheimnis daran ist, ich sollte es eigentlich gar nicht sein. Meine Mutter war eine arische Atheistin, mein Vater verschwand, und sie ließen mich zurück, verloren in jüdisch-christlichem Schuldgefühl. Wie ist das möglich? Liegt es im Blut? In der Reinlichkeitserziehung? In dem Bemühen, zu entfliehen?

Die Fenster sind offen. Ich habe mir den Schnurrbart abrasiert. Die Brise ist kühl und vielversprechend, und sie küßt meine Oberlippe. Ich fühle mich erlöst.

Wohin wird mich die Erlösung bringen? An meine Schreibmaschine? Nach Kalifornien? Auf eine zweite Runde, noch mal dasselbe?

Wie hat es begonnen? Mit einem Schmerz im Magen wie von einem Geschwür, und einem Schmerz im Nacken, und mit einem Schmerzschauder über die Schultern, und mit einer schrecklichen Furcht, daß ich es vielleicht nicht um die nächste Kurve schaffe. Was hat mich also veranlaßt, es zu tun? Verhängnis hinter mir und namenlose Todesfurcht vor mir. Aber ich sagte, es geschah, weil ich neugierig war auf die Welt und mit meinen eigenen Augen sehen wollte. Weil ich nie glauben wollte, was mir andere erzählten.

Bin ich den ganzen Weg gefahren, um herauszufinden, wie weit es wirklich war? Habe ich mehr zurückgebracht als einen Speer und einen Teppich und einen Satz Silberlöffel von, weiß der Teufel noch mal, wo?

Seien wir ehrlich. Nichts von alledem bedeutet mir jetzt noch etwas. Nichts bedeutet soviel wie meine rasierte Oberlippe. Ich mußte das alles tun, um mir die Oberlippe rasieren zu können. Wie weit muß ich fahren, um mir den Kopf rasieren zu können?

Ja, ich kann mich in Kapstadt zurechtfinden und in Cartagena und San Francisco, und wen schert es, ob ich nicht dort bin, um es zu tun? Kann ich mich hier zurechtfinden?

Und habe ich bewiesen, wie mutig ich bin? Mir selbst nicht. Wie ausdauernd ich bin? Ich wußte schon immer, das war mein Hauptfehler. Wie jung ich bin? Ich bin sechsundvierzig. Wie anders ich bin? Keine Neuigkeit. Wie es sein könnte, wenn … Ach, ein Echo eines lebendigen Gedankens …

Wie es sein könnte, wenn es sein könnte wie an jenem Tag in der Wüste, in einer Teehütte namens «Crocodile's Mouth»…

Erinnerungen an die Wüste flackerten golden in der trüben Kälte, und dann formten sich Bilder unseres Landstücks, ein Flecken Grün, den Dunst vertreibend.

Ich werde zuerst eine kleine Hütte bauen, im Schatten der Walnußbäume, nahe am Brunnen, zwischen den Brombeeren. Ich müßte es schaffen, das in ein paar Wochen hinzukriegen, bevor der Regen kommt. Das kann ich schaffen. Das wird ein Anfang sein. Dann können wir alle nach dort oben ziehen.

Ich sah mich bei der Arbeit, graben, sägen, hämmern. Das könnte meine Rettung sein, wenn ich beschäftigt war. Wenn ich etwas zu tun hatte, auf etwas hinarbeitete, an das ich glaubte, dann würde es vielleicht in Ordnung gehen.